法学求是前沿书系

行政行为专题研究

本成果受河北大学燕赵文化高等研究院学科建设经费资助

尚海龙 伊士国◎著

知识产权出版社
全国百佳图书出版单位
—北京—

图书在版编目（CIP）数据

行政行为专题研究／尚海龙，伊士国著．—北京：知识产权出版社，2020.9
（法学求是前沿书系／孟庆瑜主编）
ISBN 978-7-5130-7086-7

Ⅰ．①行… Ⅱ．①尚… ②伊… Ⅲ．①行政行为—行政法—研究—中国
Ⅳ．①D922.112.4

中国版本图书馆 CIP 数据核字（2020）第 140705 号

内容提要

规范和控制行政行为是行政法的核心任务，对行政行为进行分析是行政法学研究的重点内容。随着社会的发展变迁，现代政府的职权、职能、职责逐渐扩张，行政行为明显呈现出类型多样化、主体多元化、内容专业化、程序民主化的趋势，从而对传统的行政法学理论体系提出了新的挑战。为了透过纷繁复杂的行政行为现象，把握行政行为的本质特征、内在规律和规制特点，本书综合运用实证分析、价值分析、历史分析、比较分析等多种研究方法，对行政不作为、行政规划、行政约谈、行政裁量怠惰、明显不当行政行为以及行政行为的说明理由制度等展开系统而深入的专题研究，勉力构建我国较为成熟和完善的行政行为理论体系、制度体系。

责任编辑：韩婷婷　　**责任校对**：潘凤越
封面设计：博华创意·张冀　　**责任印制**：孙婷婷

行政行为专题研究
尚海龙　伊士国　著

出版发行：	知识产权出版社有限责任公司	网　　址：	http://www.ipph.cn
社　　址：	北京市海淀区气象路 50 号院	邮　　编：	100081
责编电话：	010-82000860 转 8359	责编邮箱：	176245578@qq.com
发行电话：	010-82000860 转 8101/8102	发行传真：	010-82000893/82005070/82000270
印　　刷：	北京建宏印刷有限公司	经　　销：	各大网上书店、新华书店及相关专业书店
开　　本：	720mm×1000mm　1/16	印　　张：	12
版　　次：	2020 年 9 月第 1 版	印　　次：	2020 年 9 月第 1 次印刷
字　　数：	215 千字	定　　价：	59.00 元

ISBN 978-7-5130-7086-7

“法学求是前沿书系”总说明

习近平总书记反复强调：“历史是最好的老师。经验和教训使我们党深刻认识到，法治是治国理政不可或缺的重要手段。法治兴则国家兴，法治衰则国家乱。什么时候重视法治、法治昌明，什么时候就国泰民安；什么时候忽视法治、法治松弛，什么时候就国乱民怨。”但是，在中国搞社会主义法治建设，是一件前无古人的伟大创举，没有现成的道路可走，没有现成的模式可以借鉴，没有现成的理论可以遵循，其困难之大，超出想象。因此，我们只能坚持从中国实际出发，围绕中国特色社会主义法治建设中的理论和实践问题，把法治建设的普遍规律与中国的国情相结合，不断探索并形成中国特色社会主义法治道路、制度和理论。这就要求我们在全面推进依法治国的进程中，必须践行实事求是的思想路线，认清中国法治之真国情，探索中国法治之真道路，构建中国法治之真制度，探究中国法治之真理论，解决中国法治之真问题。唯有如此，我们才能穷中国法治之理、探中国法治之道。这也正是将本套丛书命名为“法学求是前沿书系”的目的和意义所在。同时，本套丛书的名称也暗合了河北大学“实事求是”的校训传统，体现了河北大学“博学、求真、惟恒、创新”的校风精神。

本套丛书以法治中国为目标图景，坚持建设性立场，聚焦法治中国建设中的理论与实践问题，探寻法治建设的中国之道，主要着眼于以下几个方面的问题：

第一，中国法治之真国情。实践证明，任何国家的法治建设都必须立足于本国国情，坚持从本国实际出发，而不能从主观愿望和想当然出发，不能从本本和概念出发，更不能照搬照抄外国的东西。在中国进行法治建设，必须要深刻揭示和正确认识中国的基本国情，并将之作为中国法治建设的出发点和落脚点。同时，中国的国情比较复杂，异于西方国家。因此，我们对中国国情的研究，必须要从多维度入手，既要研究地理意义上的中国，也要研究政治意义上的中国，更要研究文化意义上的中国。

第二，中国法治之真理论。中国的法治建设需要法治理论的支撑与指导。如果我们不能够从理论上对中国法治建设的性质、方向、道路、总目标、指导思想、基本原则、主要任务等阐释清楚，中国的法治建设就无从开展，也必然无法成功。为此，我们必须清楚地认识到，与中国法治建设的要求相比，我国远未形成与之相对应的中国特色社会主义法治理论。现有的西方法治理论既不能真正满足中国法治建设对法治理论的需求，难以引领中国法治的科学发展，也不能真正与中国的优秀文化传统相融合，难以实现传统与现代、本土与外来、国内与国际的有机统一。这就需要我们在中国法治建设的实践中，在借鉴西方法治理论的基础上，不断推进中国法治理论的探索和创新，并努力形成立足中国基本国情、总结中国法治经验、适应中国法治需求、体现中国法治规律、解决中国法治问题、彰显中国法治特色的中国特色社会主义法治理论，为中国法治建设提供理论指导和学理支撑。

第三，中国法治之真道路。道路关乎前途和命运。法治道路是法治建设成就和经验的集中体现，是建设法治国家的根本遵循。中国法治建设之所以要坚持走中国特色社会主义法治道路，而不能照搬照抄别的国家的法治道路，是由法治与法治模式的不同决定的，也是由我国的基本国情决定的。尽管法治如同民主、人权一样具有普遍共识，但不同国家的基本国情决定了各国的法治模式不同，也决定了各国的法治建设道路不同。因而，努力探索并找到一条既不同于欧美资本主义国家又不同于其他社会主义国家、既遵循法治建设普遍原理又具有鲜明中国特色的社会主义法治道路，自然就成为中国法治建设的重要选择和任务。

第四，中国法治之真制度。法治制度既是法治建设的制度基础，也是法治建设的制度保障，集中体现了一国法治建设的特点与优势。中国的法治建设之所以要以中国特色社会主义法治制度为依托，是因为照抄照搬他国的法治制度行不通，会水土不服，会出现“橘生淮南则为橘，生于淮北则为枳”的尴尬局面。各国国情不同，每个国家的法治制度都是独特的，都是由这个国家的内生性因素决定的。只有扎根本国土壤、汲取充沛养分的法治制度，才最可靠，也最管用。因而，在中国的法治建设实践中，构建中国特色社会主义法治制度，既要坚持从国情出发、从实际出发，也要注重借鉴国外法治建设的有益成果；既要把握中国长期形成的历史传承，也要把握当前中国特色社会主义事业建设的现实需求，以实现历史和现实、理论和实践、形式和内容的有机统一。

此外，这里还须说明的是，本套丛书的作者大多为中青年学者，囿于理论基础与实践能力所限，难以对中国特色社会主义法治建设中的重大理论与实践问题展开深入系统研究，故此，我们只能选取中国特色社会主义法治建设中的若干具体理论与实践问题展开研究，以求“积跬步，至千里”“积小流，成江海”。同时，鉴于能力和水平有限，本套丛书中定然存在不足，乃至错误之处，恳请学界同仁批评指正！

“法学求是前沿书系”编委会

2019 年 10 月

目录 contents

第一章
行政不作为类型化研究

行政主体应作为、能作为却怠于作为的行为构成行政不作为。为了及时应对和解决不断涌现、纷繁复杂的各种社会问题，现代政府逐渐摆脱传统的“守夜人”角色，而担负起越来越多的对国民进行“生存照顾”的积极作为义务。诚如德国的毛雷尔教授所言，“现代行政主要是积极的，针对将来的塑造活动”。[1] 民众所期待的是一个敢于担当、勇于任事、有所作为的政府，而非拖延懈怠、消极守成、无所作为的政府。相应地，法律对现代政府提出了越来越多、愈来愈高的主动作为要求。然而，由于权限划分不科学、履责能力不匹配、监督救济不充分等原因，行政机关怠于履行法定职责，懒政怠政、消极无为的问题时有发生，且呈蔓延之态势，行政不作为现象也变得越来越复杂。在这种情况下，对行政不作为展开类型化研究，进而深入把握其共同规律及个性特征显得愈来愈重要。本章旨在围绕行政不作为类型化的意义、路径及主要类型展开研究。

一、类型化：深入推进行政不作为研究的必由之路

“谁能够对法律进行完美的分类，谁就能获得关于法律的完美知识。”[2] 类型化是透过纷繁复杂的行政不作为现象，把握行政不作为的共同规律及个性特征，进而推进行政不作为研究向纵深发展的必由之路。目前我国有关行政不作为的类型化研究在深度、广度与高度等方面均存在较为明显的问题。为了克服这些问题，应当以构建“关注民生、有所作为”的政府为目标，从动态的、立体的角度，选择作为义务的发生原因、不作为所针对的对象等要素对行政不作为进行类型化。

---

[1] ［德］哈特穆特·毛雷尔：《行政法学总论》，高家伟译，法律出版社 2000 年版，第 7 页。

[2] ［美］约翰·奇普曼·格雷：《法律的性质与渊源》，马驰译，中国政法大学出版社 1931 年版，第 3 页。

（一）行政不作为类型化的意义

行政不作为的类型化，是指按照一定标准和要素将行政不作为划分为不同类别的活动。为了把握行政不作为的共同规律与个性特征，进而有针对性地建立行政不作为的救济与预防机制，有必要对行政不作为进行类型化研究。

首先，类型化是认识行政不作为本质的重要方法。透过行政不作为现象发现行政不作为的本质是行政不作为研究的最终目的。随着福利国家时代的来临以及给付行政的不断发展，政府的职能日益扩张。相应地，行政不作为现象日趋复杂。在这种情况下，只有对形态各异的行政不作为现象进行类型化研究和模式化处理，才能认识行政不作为的本质，把握行政不作为的规律。

其次，类型化是构建行政不作为救济制度的理论基础。“无救济即无权利”，要建设一个有所作为、切实维护公民合法权益的政府，就必须构建一个全面系统、富有实效的行政不作为救济制度。要构建全面系统的行政不作为救济制度，就需要对行政不作为的各种类型或者形态有切实的把握，而只有深刻认识各种类型的行政不作为所具有的不同特点，才能在此基础之上构建出具有针对性进而具有实效性的不作为救济制度。

最后，类型化是完善行政不作为预防机制的前提条件。“预防重于补救”，对行政不作为的法律规制，除了建立事后救济制度和责任追究制度外，还必须建立起完善的事前预防机制。只有这样才能防患于未然，从根本上避免行政不作为对公民合法权益的侵害。要建立完善的行政不作为事前预防机制，就必须深刻认识不同种类的行政不作为各自的产生原因与特点，而这种认识的取得同样有赖于对行政不作为的类型进行深入研究。

（二）行政不作为类型化的现状

1. 国外的研究

在英美法系国家，行政法被理解为“控权法”，即控制、约束政府权力的法。以“控权法”为理论依据，英美法系国家形成了成熟的行政救济体系，并在行政救济理论体系内关注行政不作为。但是，英美法系国家并不重视对概念的分析和演绎，行政行为理论，包括行政不作为理论并不发达。因此，英美法系国家并未对行政不作为的类型进行系统而深入的研究。即使有所研究，也仅仅是从权力的分立与制衡，特别是从法院审查密度的角度对行政不作为进行大致的分类。例如，在英国，行政不作为大致有三种类型：第一种，法律明确课以行政主体作为义务的不作为；第二种，法律授予行政主体裁量权限的不作为；第三种，依据传统，行政主体拥有固有权限之不作为。[1] 在美国，根据《联邦行政程序法》的规定，行政不作为属于法院司法审查的范围。但是，与英国类似，美国学者也不重视对行政不作为进行细致的类型化分析。

大陆法系国家特别注重对法律概念的演绎与解析，因此形成了系统而成熟的行政行为理论。其中，有关行政不作为问题的学说及判例在大陆法系国家“已灿然大备”[2]，对于行政不作为的类型化研究也较为成熟。在大陆法系国家中，日本对行政不作为的类型化研究开始较早，也较为深入，堪为这些国家的代表。在日本，较有影响的行政不作为分类有五种。第一种，以作为义务的类型为标准，将行政不作为分为：公务员的作为义务由法令明文规定或者依法令的解释得以明确；法令赋予公务员作为权限，然而作为权限之行使与否由公务员裁量；公务员的作为权限在法令上没有具体规定。第二种，以法律责任的类别为标准，将行政不作为分为：直接打击型不作为，即内在于国家活动本身之危险所生的“危险责任”；防备失败型不作为，即国家未能防范自然现象或第三人所生危险的“危险管理责任”。第三种，以行为领域为标准，将行政不作为分为：行政裁量权限之不行使；行政指导之不作为；食品与药品公害之不作为等。第四种，以法令的目的为标准，将行政不作为区分为：行政相对人为原告的不作为；行政第三人为原告的不作为。第五种，以行政行为所欲防止的危险类型为标准，将行政不作为分为：因自然界的危险所引发的不作为；因人类社会活动所引发的不作为。[3]

2. 我国的研究

我国台湾地区学者对行政不作为的分类直接受到了日本相关学说的影响。如，王和雄先生认为，依据加害行为之态样或者发生之原因类型，行政不作为可以分为：迟延不作为、作为起因性之不作为、危险管理责任或危险防止责任之不作为。[4] 蔡志方先生则以不作为之状态及其基准时为标准，将行政不作为分为：完全未作为、无价值之作为、未完成全部作为以及迟到的作为。[5]

---

[1] 罗明通：《英国行政法上法定权限不作为之国家赔偿责任》，《宪法体制与法治行政——城仲模教授六秩华诞祝寿论文集》（第 2 册），三民书局 1998 年版，第 442 页。

[2] 王和雄：《行政不作为之权利保护》，三民书局 1994 年版，前言。

[3] 参见刘宗德：《行政不作为之国家赔偿责任——日本国家赔偿诉讼之新动向》，《政大法学评论》第 35 期；王和雄：《行政不作为之权利保护》，三民书局 1994 年版，第 278 ~ 280 页；廖瑞珍：《违章建筑取缔不作为之行政救济》，中正大学法律学研究所 2008 年硕士学位论文，第 115 ~ 118 页；卢文琦：《行政立法请求权之研究》，私立东海大学法律学系研究所 2004 年硕士学位论文，第 43~45 页。

[4] 王和雄：《行政不作为之权利保护》，三民书局 1994 年版，第 279 ~ 280 页。

[5] 蔡志方：《论行政违法不作为之国家赔偿要件——国家赔偿法第二条第二项后段之分析与检讨》，《植根杂志》第 11 卷第 7 期。

我国大陆学者也注意到了行政不作为的分类问题。综合目前的有关研究，行政不作为的分类主要包括九种[1]。第一种，以作为义务的产生条件为标准，分为应申请行政不作为与依职权行政不作为。第二种，以不作为所侵犯的客体为标准，分为侵犯公共利益的行政不作为与侵犯个人利益的行政不作为。第三种，以不作为所针对的对象为标准，分为具体行政不作为与抽象行政不作为。第四种，以不作为的发生阶段为标准，分为行政复议不作为与行政不作为。第五种，以行政行为的功能为标准，分为排除性行政不作为与授益性行政不作为。第六种，以不作为程度为标准，分为完全行政不作为与不完全行政不作为。第七种，以行政主体是否具有裁量权为标准，分为羁束行政不作为与裁量行政不作为。第八种，以不作为的主体为标准，分为职权行政主体的不作为与授权行政主体的不作为。第九种，以行政主体的主观状态为标准，分为故意的行政不作为与过失的行政不作为。另外，依据发生领域之不同，分为行政立法之不作为、行政执法之不作为和行政司法之不作为。依据行政主体是否立即履行，分为即时性违法行政不作为和持续性违法行政不作为。依据发生时间的不同，分为事前行政不作为、事中行政不作为和事后不作为。还有学者依据不作为是否违法，分为合法的行政不作为与违法的行政不作为。依据不作为的表现形式，分为积极的行政不作为和消极的行政不作为等。

（三）行政不作为类型化的反思与探讨

1. 行政不作为类型化的反思

上述研究为我们深入分析行政不作为的类型化问题奠定了坚实基础。但是，既有的研究也存在一些问题。如，上述日本和我国台湾地区学者的分类存在标准不统一、分类未穷尽和重复分类的问题。但总体上而言，日本和我国台湾地区学者的分类较为全面、细致。反观目前我国大陆有关行政不作为的类型化研究，存在的问题较为突出，这主要表现在：

第一，类型化研究的深度不够，缺乏对各形态的具体分析。我国的行政法学体系奠基于行政作为之上，有关行政作为的理论较为成熟。相对而言，对行政不作为的研究起步较晚，行政不作为的类型化问题更是近年来才受到

[1] 参见熊菁华：《论行政不作为的救济》，中国政法大学 2001 年博士学位论文，第 26～29 页；周佑勇：《论行政不作为》，《行政法论丛》（第 2 卷），法律出版社 1999 年版；王世涛：《论行政不作为为侵权》，《法学家》2003 年第 6 期；王玉兰：《不完全作为行政行为的法律性质及分类归属》，《政治与法律》2009 年第 2 期；唐尧：《行政不作为刍议》，《西南师范大学学报》（哲学社会科学版）1991 年第 4 期；张劲松：《对行政不作为性质的理论研究》，《湖北社会科学》2001 年第 9 期。

学者们的关注。因此，行政不作为的分类基本上是参照了行政作为的分类。这本无可厚非。但是，行政不作为具有不同于行政作为的结构与特征，行政不作为的分类不能完全移植行政作为的分类。如，将行政不作为分为内部行政不作为与外部行政不作为、故意的行政不作为与过失的行政不作为等类别，这对行政不作为的规制与救济而言，意义不大。更突出的问题是学者们多是提出分类标准之后简单提及区别的意义，而未就行政不作为的个性特征进行深入而具体的研究。因此，既缺乏对行政不作为类型理论的阐述，又缺乏联系司法实践的分析。例如，对依职权行政不作为与应申请行政不作为的分类研究就存在这方面的问题。

第二，类型化研究的广度不够，缺乏对新形态的密切关注。类型化研究的一个重要功能是保持理论对实践的开放性的同时引领实践。因此，对行政不作为的类型化研究应当时刻关注社会生活中，特别是司法实践中出现的行政不作为新现象，及时概括和提炼出行政不作为的新形态。然而，我国目前有关行政不作为的类型化研究中的一个突出问题就是缺乏对新形态的密切关注。例如，松花江污染事件、三鹿奶粉事件提出了纯粹不作为和侵犯公共利益不作为的问题。桂亚宁诉民航总局案、养路费征收事件则提出了行政立法不作为这一新问题。但很少有学者密切关注这些具有广泛社会影响的事件并展开深入的类型化分析。

第三，类型化研究的高度不够，缺乏对诸形态的体系化思考。我国学者对行政不作为的分类可谓多种多样。但是，综观这些分类，有的在标准的选择上具有某种程度的盲目性，缺乏对行政不作为诸形态的整合性分析和体系化思考。这种分类研究可能产生两方面的不利后果：一是分类可以无限增多，但很多分类没有实际意义，从而妨碍了对真正有意义的不作为类型展开深入研究。如，将不作为分为合法不作为与违法不作为即属于此种分类。二是无法揭示行政不作为诸形态之间的内在联系，从而无法提升人们对行政不作为本质特征的认识水平。如，将不作为分为积极的行政不作为和消极的行政不作为即是如此。

2. 行政不作为类型化的探讨

鉴于上述有关行政不作为类型化研究中所存在的问题，我们认为，应当以构建“关注民生、有所作为”的服务型政府为目标，从动态的、立体的角度对行政不作为形态展开体系化研究，特别是要突破目前行政救济制度框架的限制，对行政不作为新形态进行前瞻性研究。

要实现上述目标，就必须将行政不作为视为一个动态发展的过程，选择这一过程中的关键要素对行政不作为予以类型化。这些要素的选择，一是要能够凸显行政不作为本身的特点；二是要具有实践意义，特别是要对行政不作为的司法审查具有指导作用。据此，我们认为，可以选择作为义务的发生原因、行政不作为所针对的对象、行政主体是否具有决定裁量权、行政不作为所侵害的法益性质等因素为标准对行政不作为进行类型化。具体而言，对行政不作为可以做如下分类。

第一，以作为义务的发生原因为标准，将行政不作为分为迟延不作为、作为起因性不作为与纯粹不作为。作为义务是行政不作为的本质性要素，也是行政不作为区别于行政作为的最显著特征。作为义务发生原因之不同会直接造成作为义务的性质、不作为的成立要件、法院审查的重点和标准等的不同。因此，这种分类在不作为类型化研究中居于首要地位。

第二，以不作为所针对的对象是否特定为标准，将行政不作为分为抽象行政不作为与具体行政不作为。抽象行政不作为又可以分为行政立法不作为与行政规范制定之不作为。行政不作为所针对的对象是否特定直接影响到行政救济的可能性、行政救济的方式方法的不同。这种分类在我国目前具有重要的实践意义。

第三，以行政主体是否具有决定裁量权为标准，将行政不作为分为羁束行政不作为与裁量行政不作为。这种分类对于分析和认定不作为的合法性与合理性具有重要意义。在法律适用上，羁束行政不作为只存在着合法性问题，而裁量行政不作为不仅存在合法性问题而且存在合理性问题，这进一步影响到法院司法审查的标准。羁束行政不作为只涉及合法性问题，因而全部都构成法院司法审查的对象。但是，对于裁量行政不作为，法院司法审查的强度受到限制，除非构成裁量逾越和裁量滥用，法院不得审查。

第四，以不作为所损害的法益性质为标准，将行政不作为分为侵犯个人利益的不作为与侵犯公共利益的不作为。侵犯个人利益的不作为又可以分为侵犯相对人利益的不作为与针对第三人利益的不作为。这种分类对于全面把握行政不作为的形态与类型，充分保护各种不同性质的法益，实现行政法应有之目的与功能具有重要意义。

当然，理论是灰色的，而生活之树常青，随着社会生活的不断变迁以及政府职能的不断调整，行政不作为必将呈现更加丰富的面貌。相应地，行政不作为的类型化研究也不可能一蹴而就，而是需要直面社会生活，联系行政管理与司法审判实践，及时总结和提炼出行政不作为的新类型。本章以下分别针对迟延不作为、纯粹不作为、侵犯公共利益的不作为以及侵犯第三人利益的不作为展开研究。

二、迟延不作为

迟延不作为是行政不作为的基本类型之一。[1] 此类不作为又称应申请行政不作为，是指行政主体基于相对人的法定申请，负有一定作为义务而逾期有所不为的行为。[2] 此类不作为即我国台湾地区“行政诉讼法”第5条第1项及“诉愿法”第2条所谓的“中央或地方机关对于人民依法申请之案件，于法定期间内应作为而不作为损害人民利益者”；或者日本《行政事件诉讼法》第3条第5项及《行政不服审查法》第2条第2项所谓的“行政机关对于依法令之申请，于相当期间内不为处分或裁决的行为”。在法律上，此类行政不作为最先受到法律规范和控制。在学术上，此类行政不作为最先受到学者关注和研究。然而，在司法实践中，有关迟延不作为案件的起诉、受理和审理的争议仍时有发生。其中，迟延不作为的构成要件是这些争议的核心问题。本节拟以相关的法院裁判为重点，围绕着迟延不作为的三个构成要件，即法定申请、程序不为、期限逾越展开研究。

（一）法定申请：迟延不作为的前提要件

无作为义务则无行政不作为。相对人的申请是迟延不作为中行政主体作为义务的产生原因，也是迟延不作为得以构成的前提要件。但是，并非任何申请均能引发行政主体的作为义务。能引发行政主体作为义务的申请不仅必须在事实上存在，而且必须具有法律依据，同时在程序上合法。

1. 事实上的申请

在行政行为的分类理论中，以是否需要相对人的申请为标准，可以将行政行为分为应申请行政行为与依职权行政行为。应申请行政行为是指行政主体只有在相对人提出申请后才能实施的行为。[3] 也就是说，对于应申请行政行为，必须以相对人的申请为前提条件，行政主体不能主动为之。但是，对于相对人的申请，行政主体负有一定的作为义务，应为一定的行为，否则就构成应申请行政不作为，即迟延不作为。可见，在迟延不作为中，行政主体作为义务的产生原因系相对人事实上提出的申请。

---

[1] 王和雄：《行政不作为之权利保护》，三民书局1994年版，第279页。

[2] 周佑勇：《行政不作为判解》，武汉大学出版社2000年版，第98页。

[3] 姜明安主编：《行政法与行政诉讼法》，北京大学出版社、高等教育出版社2007年版，第180页。

申请作为一种典型的私人公法行为，即公民、法人或其他组织请求行政主体为一定之许可、认可或其他行政行为的公法上的意思表示。[1] 首先，应当将这种意思表示与备案加以区分。备案是相对人向行政主体作出的单纯的通知行为。这种通知是相对人的法定义务，而申请则是相对人的一项权利。更重要的是，对于相对人的申请，行政主体具有批准与否的权力；而对于备案，行政主体并不具有批准与否的权力。同时，“提出申请之后，行政厅便负有回答是否批准的义务，这是必不可少的要素，而备案则并非如此”。[2] 例如，在开顺二手车交易市场有限责任公司诉湖北省商务厅一案中，原告取得营业执照后，要求被告予以备案，被告拒绝备案，理由是原告“没取得当地商务主管部门出具的二手车交易市场是否符合所在地商业发展规划证明”。法院最终支持了被告的主张。[3] 我们认为，此案被告和主审法院混淆了备案通知与申请，相应地，混淆了备案制度与审批制度。依据《二手车流通管理办法》第33条的规定，取得营业执照的二手车交易市场经营者只需向省级商务主管部门备案，而无须经过商务部门的许可。湖北省商务厅、公安厅等部门联合制定的《关于贯彻实施二手车流通管理办法的意见》规定：“设立二手车交易市场、二手车经销企业，应当符合所在地城市发展和城市商业网点发展规划要求，申请取得符合当地商业网点发展规划的证明。”此规范性文件实际上是将法定的备案制度转变为了审批制度。对于这种转变，法院不应予以支持，对该规范性文件，法院不应予以适用。其次，应当注意的是，一般情况下，申请的意思表示必须明确表达出来才能引发行政主体的作为义务，但有时，申请也可能隐含在相对人的其他行为之中。如，在王某诉杭州市地税局一案中，即使原告没有向被告提出奖励的请求，只要原告没有明确放弃奖励，就应当将其举报行为视为已经包含了奖励申请。[4] 又如，在贾某某诉五峰县国土局一案中，虽然原告未向被告提交换发《采矿许可证》的申请，但其缴纳6000元换证费的行为被法院认定为包含了换证申请。[5] 上述情况实际上属于对申请的法律推定。这种推定应当坚持两个原则：一是尊重民主与人权；二是没有明确

---

[1] 蔡茂寅、林明锵等：《行政程序法实用》，学林文化事业有限公司2001年版，第92~93页。

[2] ［日］室井力、芝池义一等主编：《日本行政程序法逐条注释》，朱芒译，上海三联书店2009年版，第18页。

[3] 湖北省武汉市中级人民法院行政判决书（2007）武行终字第29号，http://vip.chinalawinfo.com/Case。本章所引我国大陆裁判文书，没有特别说明的，均引自该数据库（北大法宝司法案例在线数据库）。

[4] 孙正云：《公民行政问题法律向导》，法律出版社1999年版，第162页

[5] 案情详见：湖北省宜昌市中级人民法院行政判决书（2005）宜中行终字第22号。

提出的申请与已经作出的行为之间具有内在的逻辑联系。❶

相对人提出申请的“事实”是指“法律事实”，即有证据证明的事实。“在起诉被告不作为的案件中，原告应当提供其在行政程序中曾经提出申请的证据材料。”❷ 也就是说，原告对申请的事实负举证责任。不能证明的，迟延不作为不能成立。例如，在李某某等诉佛山市三水区国土资源局一案中，虽然原告在诉讼中提供了一份被告作出的关于办理土地登记的复函，但该复函仅能证明西布村村民小组这一集体经济组织向被告提出过办证申请，而不能证明原告李某某等 257 名个人向被告提出过办证申请。据此，二审法院最终维持了一审法院驳回原告起诉的裁定。❸ 但是，“原告因被告受理申请的登记制度不完备等正当事由不能提供相关证据材料并能够作出合理说明的”，❹ 由被告证明原告未提出申请。不能证明的，推定原告提出了申请。如，在魏某某诉太康县劳动局一案中，原告以曾向被告提出了退休申请，但被告一直不置可否为由提起履行之诉。被告辩称：“没有收到原告魏某某的申请，因此没有主动为原告办理退休手续的义务。”法院最终认定：“原告因被告受理申请的登记制度不完备等正当理由不能提供相关证据材料原件并能够作出合理说明，因此而造成的后果，不能由原告承担。故认定原告在行政程序中曾经提出申请的事实成立。”❺

2. 法律规定的申请

在迟延不作为中，相对人事实上提出的申请是行政主体作为义务产生的必要条件。但是，并非任何事实上的申请均能引发行政主体的作为义务。《日本行政程序法》第 2 条规定：申请“谓基于法令，请求行政机关为许可、认可、核准或其他赋予申请人利益之处分之行为，对该行为，行政机关应为允否之答复”。德国学者平特纳在论及“需共同参与的行政行为”即应申请行政行为时指出：“这里所说的是法律上对一决定的共同参与，不是确定一内容时的预先参与。”❻ 我国台湾地区“最高行政法院”也认为：“所谓‘依法申请’，系指人民依据法令，得向中央或地方机关请求就具体事件，为一定之决

❶ 叶必丰：《应申请行政行为判解》，武汉大学出版社 2000 年版，第 83~89 页。

❷ 《最高人民法院关于行政诉讼证据若干问题的规定》第 4 条第 2 款。

❸ 案情详见：广东省佛山市中级人民法院行政裁定书（2003）佛中法行终字第 13 号。

❹ 《最高人民法院关于行政诉讼证据若干问题的规定》第 4 条第 2 款。

❺ 胡晓瑜、李太生：《申请退休劳动局不办 法院依法判限期办理》，http://hnfy.chinacourt.org/public/detail.php? id=44589。

❻ ［德］平特纳：《德国普通行政法》，朱林译，中国政法大学出版社 1999 年版，第 122 页。

定，且中央或地方机关对于该申请负有法定作为义务者而言。”❶

上述的立法、学说和判例均表明，对于迟延不作为的认定，应当以法定申请为标准。❷ 在法律未规定以申请为行政行为的实施条件时，即使相对人事实上提出了申请，也不能够必然引起行政主体的作为义务。因此，无关个人利益的检举、举报等不属于法定申请。如，在李某诉中原区执法局一案中，原告请求被告对互助路一违章建筑进行处理，但未得到答复，因而提起行政诉讼。❸ 此案中，该违章建筑的存在与原告没有法律上的利害关系，原告的请求是检举、揭发或者告发，其作用在于使行政主体知晓相关情况，以便履行相应职责，并不是一种法定申请，法院对其起诉应当裁定不予受理或者受理后裁定驳回起诉。又如，在我国台湾地区发生的陈某诉台南市政府一案中，“最高行政法院”认为：“‘烟酒管理法’第 37 条为酒之广告或促销，应标示‘饮酒过量，有害健康’或其他警语规定，该规定乃提醒社会大众于饮酒时应注意饮酒勿过量，以免损及健康，所涉仅社会大众普遍之公益，尚难依据该规定，推论其有保护个别人民如检举人之私益之目的。”据此，“最高行政法院”认定原告要求被告对第三人违反‘烟酒管理法’第 37 条的行为予以处罚，属于检举而“非属依法申请之案件”，进而驳回了原告的起诉。❹

法定申请是指有特别法根据的申请。日本行政法学家盐野宏指出：“申请人方面需要有法令上的申请权。其有无申请权，被委任给个别法的规定，在这种意义上，程序法的制定，关于申请权是否存在本身，是中立的。”❺ 据此原理，在我国，法院不能仅凭《行政诉讼法》第 12 条第 1 款第 3 项、第 6 项和第 10 项以及《行政复议法》第 6 条第 8 项、第 9 项和第 10 项这些一般法的规定，就认定相对人的申请是法定申请。上述条款必须与相应的单行法结合起来才能认定相对人具有申请权，也才能认定行政主体的不作为是迟延不作为。❻ 如，在汤某诉当涂县劳动局一案中，原告向被告递交书面申请，请求被告履行保护劳动者合法权益的法定职责，而被告两个多月之后仍然未予答复的行为被法院认定为不作为。❼ 本案原告的申请没有特别法，即劳动法的依

---

❶ 我国台湾地区“最高行政法院”2008 年裁字第 1991 号，http://jirs.judicial.gov.tw/Index.htm。本书所引我国台湾地区裁判文书，均引自该网站（台湾地区“司法院”）。

❷ 叶必丰：《应申请行政行为判解》，武汉大学出版社 2000 年版，第 83~89 页、第 68~69 页。

❸ 孙娟：《举报与己无关的违章建筑无答复 市民起诉执法局》，《郑州晚报》2005 年 4 月 19 日。

❹ 我国台湾地区“最高行政法院”2008 年裁字第 1991 号。

❺ ［日］盐野宏：《行政法总论》，杨建顺译，北京大学出版社 2008 年版，第 195 页。

❻ 叶必丰：《应申请行政行为判解》，武汉大学出版社 2000 年版，第 70~73 页。

❼ 案情详见：《最高人民法院公报》1996 年第 4 期。

据，而只有一般法，即《行政诉讼法》第12条第1款第6项的依据。因此，原告的申请并非法定申请，被告的不作为不属于迟延不作为而是依职权行政不作为。同样的道理，在尹某某诉卢氏县公安局案、[1] 彭某某诉上海市工商局案[2]中，原告的申请均非法定申请，被告的不作为也均非迟延不作为，而是依职权行政不作为。当然，赋予相对人申请权的特别法是广义的，不仅包括法律、法规和规章，也应当包括行政规范性文件。在日本，法定申请不限于法律明文规定可以申请的情况，还包括通过法律的解释对特定者承认申请权的情况。[3]

3. 程序合法的申请

申请作为一种私人公法行为，其效果主要表现为对行政程序的发动。日本行政法学家盐野宏指出："申请的权利，是指与对其应答的行政处分的实体法上的性质无关，从程序上所赋予的权利。"[4] 我国台湾地区"最高行政法院"认为："所谓'依法申请'，系指法规有赋予人民申请之权利。故若法规有赋予人民得为此申请之权利，仅是个案申请人之情形不合于法规规定要件，则属申请有无理由问题，尚非其申请非此所谓依法申请。"[5] 也就是说，申请人无论在实体法上有没有权利，都有通过程序合法的申请，要求行政主体予以应答的权利。对于符合程序法规定，但不符合实体法规定的申请，行政主体可以依法拒绝，但不得对此类申请没有任何意思表示。否则，即构成迟延不作为。如，在柳某诉某市公安局出入境管理处一案中，原告提出的出境申请可能确实不符合相关实体法的规定，但是原告的申请是符合程序法规定的。对此，被告应当在法定期间内作出明确的意思表示，即要么批准，要么不批准。被告以慎重为由逾期未予答复的行为构成了迟延不作为。[6]

程序合法的申请是指形式上符合法律规定的申请。在法律规定申请必须以书面形式提出时，相对人以口头方式提出的申请只能被视为咨询、情况反映、申诉或者信访，不能产生启动行政程序的法律效果。如，在黄某诉石嘴山市房产管理局一案中，原告曾向被告的工作人员询问如何办理7间小房的房产证，也曾以信函的形式向被告的领导反映，要求办理7间小房的房产证。然而，咨询、情况反映不同于申请，申请房屋登记依法应当向房屋登记机关

---

[1] 案情详见：《最高人民法院公报》2003年第2期。
[2] 案情详见：《最高人民法院公报》2003年第5期。
[3] 江利红：《日本行政诉讼法》，知识产权出版社2008年版，第517页。
[4] 杨建顺：《日本行政法通论》，中国法制出版社1998年版，第438页。
[5] 我国台湾地区"最高行政法院"2008年裁字第3144号。
[6] 案情详见：姜明安主编：《行政诉讼案例评析》，中国民主法制出版社1993年版，第308页。

提交书面申请及相关的证明材料。由于原告未提出过书面申请，法院最终驳回了其要求判令被告履行房屋登记职责的诉讼请求。❶ 又如，在向某某等诉石柱土家族自治县国土和房屋管理局一案中，原告虽然多次申诉和信访，要求归还房屋产权、赔偿损失，但一直未依法向被告提交房屋权属登记的书面申请。法院最终认定："原告的申诉和信访不具备法律规定的申请房屋权属登记的形式要件，该申诉、信访不能作为在行政程序中所提出的申请，也不能作为起诉被告行政不作为的依据。"❷ 当然，行政机关有义务对未提出法定申请的信访者进行教示，建议其依法提出申请，以免错过法定的申请期限，最终沦入缠访的怪圈，浪费行政和司法资源。有时，即使相对人未提出书面申请，法院也不宜对申请的效力一概加以否认，而应当作具体的分析。例如，在日本有判例认为，"申请人要求行政机关提供书面用纸而行政机关不提供时，请求提供申请用纸的行为视为提出申请的行为"。❸ 另一方面，如果法律对申请的形式没有作出明文规定，就不应当将当事人的请求作为申诉、信访加以处理。如，在张某某诉湖南省民政厅一案中，当时的《军人抚恤优待条例》没有要求评残申请必须以书面形式提出，因此，原告就评残问题向被告上访的行为应当解释为提出了法定申请。❹ 又如，在马某某诉朱村乡人民政府一案中，原告"多次找被告解决"的行为也应当认定为提出了法定申请。因为《中华人民共和国土地管理法》未规定申请土地使用权争议裁决必须以书面形式提出。❺

（二）程序不为：迟延不作为的核心要件

程序不为是迟延不作为得以构成的核心要件。把握这一要件的关键是正确区分程序不为与实体不为、程序不为与程序违法、程序不为与不明确作为等几组概念。

1. 程序不为与实体不为

对相对人的法定申请，行政主体的"不为"有两种可能：一是程序上消极不为，从而实体上也没有任何作为，如行政主体对相对人要求颁发许可证的申请没有任何答复。二是虽然程序上积极而为，但反映的实体内容却是不为。如，行政主体对相对人要求颁发许可证的申请明确予以拒绝。前者属于

---

❶ 案情详见：宁夏回族自治区石嘴山市中级人民法院行政判决书（2009）石行终字第 9 号。

❷ 案情详见：重庆市石柱土家族自治县人民法院行政判决书（2006）石行初字第 9 号。

❸ 江利红：《日本行政诉讼法》，知识产权出版社 2008 年版，第 519 页。

❹ 案情详见：湖南省长沙市中级人民法院行政判决书（1998）长中行初字第 10 号。

❺ 案情详见：河南省焦作市中站区人民法院行政判决书（2001）站行初字第 1 号。

典型的行政不作为，这在学术上没有争议。但对于后者应定性为作为还是不作为，无论理论上还是实践中都存有不同的观点。❶

韩国著名行政法学家金东熙认为："对于申请，不仅是接受处分，即使是否决处分也不能算是不作为，无效，不存在的情况也是如此，一旦进行了处分就不能说是不作为。"❷ 在德国和日本，明确拒绝相对人申请的行为均属于行政作为而非行政不作为。❸ 在我国，最高人民法院同样持此观点。《最高人民法院关于审理行政许可案件若干问题的规定》第 11 条规定："人民法院审理不予行政许可决定案件，认为原告请求准予许可的理由成立，且被告没有裁量余地的，可以在判决理由写明，并判决撤销不予许可决定，责令被告重新作出决定。"我们认为，行政主体程序上"为"而实体"不为"的行为，即明示拒绝相对人申请的行为是一种否定性作为而非行政不作为。这种行为在程序上已表现出积极作为的行为状态，在实体上对行政相对人的权益已经产生了实质影响。同时，否定相对人的申请是行政主体依法享有的处置权的组成部分，属于履行法定职责的行政作为，只存在正确履行或者错误履行的问题，而不存在再履行某项特定职责的问题。如果法院认定该拒绝行为违法，应当首先撤销这一拒绝的违法具体行政行为。然后，如有必要，可以附带作出一个重作具体行政行为的判决。在没有作出撤销判决之前，法院不能直接限令行政主体履行法定职责。可见，行政主体程序不为的行为与否定性作为在表现形式、实体内容及法律后果、救济方式等方面都存在着明显区别。因此，我们主张，行政不作为与行政作为的区分，应从程序方面认定，只要行政主体作出了一系列实质性程序行为，即表现出积极的作为行为状态，无论该行为在实体内容上反映的是为或者不为，都属于行政作为。反之，就是行政不作为。❹

2. 程序不为与程序违法

迟延不作为属于程序违法的行为，主要表现为行政主体在程序上没有任何作为，即完全未作为。例如，在龚某诉某司法厅一案中，被告对原告提出的申请未作出任何决定，也未向其说明原因的行为是典型的迟延不作为。❺ 然

---

❶ 陈小君、方世荣：《具体行政行为几个疑难问题的识别判析》，《中国法学》1996 年第 1 期；吴偕林：《关于不作为行政行为与不作为案件范围的思考》，《行政法学研究》1995 年第 1 期。

❷ ［韩］金东熙：《行政法 I》，赵峰译，中国人民大学出版社 2008 年版，第 566 页。

❸ 参见德国《行政法院法》第 42 条、日本《行政事件诉讼法》第 37 条。

❹ 周佑勇：《行政不作为判解》，武汉大学出版社 2000 年版，第 35~41 页。

❺ 最高人民法院中国应用法学研究所编：《人民法院案例选》（行政卷），人民法院出版社 1997 年版，第 523 页。

而，迟延不作为还表现为行政主体虽然采取了某些行动，但在程序上没有做出具有法律意义的意思表示的行为，即未完全作为。例如，在马某某诉焦作市中站区朱村乡人民政府一案中，虽然被告的信访办会同造店村委会做了调解工作，但被告未对原告与第三人之间的责任田纠纷作出处理决定并向原告送达。[1] 又如，在陈某等110人诉永嘉县人民政府一案中，虽然被告领导和指导下级行政机关为处理当事人间的水事纠纷做了一些工作，但纠纷并未解决，被告亦未及时作出处理决定。[2] 再如，在羊西四队诉三亚市人民政府一案中，虽然被告做了一些工作，如到法院调查取证，走访了一些老干部，批示羊栏镇进行调查，并会同有关部门进行调解，但总以土地情况、机关资料匮乏、暂无法确定为由，长时间对原告的合法申请不予答复。[3] 上述案件中，被告都有所作为，但在程序上都没有作出决定原告权利义务的意思表示，因此均构成迟延不作为。另外，程序不为还表现为行政主体没有完成一系列的程序行为，尤其是具有实质性的最后行为。这是一种未至终了的迟延不作为。例如，在王某诉杭州市地税局一案中，被告虽然对原告举报有功的行为作出了给予2000元奖金的决定，但一直未向其兑现奖金的行为。[4]

迟延不作为是程序违法的行为，但程序违法的行为还包括作为程序的违法，即程序违法性作为。它主要表现为“不审而决、程序混用、程序环节的遗漏和违反程序制度等”。[5] 对于后者，法院应当按照行政作为的合法性标准进行审查。如，在刘某某诉北京大学一案中，被告在决定不授予原告博士学位后，没有给出决定的理由，没有以书面形式通知本人，没有给他申辩的机会。法院以被告不授予原告博士学位的决定违反法定程序为由，判决撤销该决定，并责令被告重新作出决定。这里的程序违法属于典型的作为程序违法而非行政不作为。[6] 又如，在金筑新型建材制品厂诉北京市昌平区劳动和社会保障局一案中，被告依据原告的申请签发了锅炉使用登记证，但是在未审查有无委托手续的情况下准予第三人京北公司领走。[7] 本案被告对原告的法定申请已经做出了行政决定，即颁发使用许可证。但是，该决定在送达程序方面存在重大瑕疵，属于违法或者无效的行政行为。因此，本案被告的行为同样

[1] 案情详见：河南省焦作市中站区人民法院行政判决书（2001）站行初字第1号。
[2] 案情详见：浙江省高级人民法院行政判决书（2000）浙行终字第30号。
[3] 案情详见：海南省三亚市中级人民法院行政判决书（2001）三亚行初字第5号。
[4] 孙正云：《公民行政问题法律向导》，法律出版社1999年版，第162页。
[5] 叶必丰：《行政法学》，武汉大学出版社1996年版，第245页。
[6] 案情详见：北京市海淀区人民法院行政判决书（1999）海行初字第104号。
[7] 案情详见：北京市第一中级人民法院行政判决书（2000）一中行终字第123号。

属于程序违法性作为而不构成迟延不作为。

3. 程序不为与不明确作为

行政主体在程序上是否做出了明确的意思表示是判断迟延不作为是否成立的客观标准。一般情况下，这种判断很容易做出。但是，在有的案件中，却需要加以分析和解释。如，在高某某诉上海市工商行政管理局普陀分局一案中，被告受理了原告的验照申请后，在受理申请验照通知书上添写了“请提供有效场地证明，再办理验照。现为暂缓通过”的意见，书面告知了原告。同年 10 月、11 月，原告两次以口头方式向被告提出要求办理验照手续，给予一个验照究竟是通过还是不通过的明确结论。因被告未予答复，原告遂提起行政诉讼。[1] 与此案相类似的，如，在刘某某诉佛山市公安局禅城分局一案中，被告以涉案住宅原户主一直未能将户口迁出为由，对原告提出的入户申请作出了暂缓办理的决定。原告不服，遂提起诉讼请求法院判令被告履行职责。[2] 又如，在唐某某等诉新晃县司法局一案中，被告答复原告：“县司法局要你们完成 1998 年 1700 元、1999 年 3000 元的管理费上交任务后，才签署年审意见，否则，不予签署意见上报注册。”[3] 另外，如在姜某某等诉衢州市文化局一案中，被告对原告的申请做出答复：“届时再组织市文物鉴定专家组鉴定。”[4]

上述案件中，被告的行为都有一个共同的特点，即形式上做出明确的意思表示。也正因为如此，审理上述案件的法院，除佛山市中级人民法院外，最终均认定被告的行为构成迟延不作为。我们认为，应当从实质上而不是形式上判断行政主体是否已经做出了明确的意思表示。在高某某诉上海市工商行政管理局普陀分局一案中，被告的“暂缓通过”的意思表示在实质上是明确的，即由于原告未提供有效场地证明，不予通过。在刘某某诉佛山市公安局禅城分局一案中，被告的意思表示实质上也是明确的，即由于涉案住宅原户主一直未能将户口迁出，不予入户。在唐某某等诉新晃县司法局一案中，被告的意思表示为：由于原告未完成管理费上交任务，不予上报注册。而在姜某某等诉衢州市文化局一案中，被告的意思表示为：予以鉴定，但要等待时机。这些案件中，被告的意思表示可能存在瑕疵，但均已经做出了意思表示，在程序上已有所作为。因此，被告的行为均不构成迟延不作为。原告不

[1] 案情详见：上海市普陀区人民法院行政判决书（2003）普行初字第 79 号。

[2] 案情详见：广东省佛山市中级人民法院行政判决书（2005）佛中法行终字第 31 号

[3] 案情详见：湖南省新晃侗族自治县人民法院行政判决书（2000）晃行初字第 8 号。

[4] 案情详见：浙江省高级人民法院行政判决书（2003）浙行再字第 2 号。

服的，应当针对被告的行政作为提起撤销之诉，而非履行职责之诉。这些案件表明，对于行政主体形式上不明确的意思表示，不宜不加分析地认定为迟延不作为。如果能够通过必要的解释确定行政主体已经做出了拒绝或者许可的意思表示的，就应当认定为行政作为而非行政不作为。

（三）期限逾越：迟延不作为的时间要件

迟延不作为在客观上表现为行政主体程序上有所不为。但是，只有当不作为已经超过了法定期限，迟延不作为才能够构成。因此，法定期限是判断迟延不作为是否构成的重要因素。关于此问题，学术界已经有了较为深入的研究，[1] 一些法律也对行政行为的期限作出了明确规定。但是，在司法实践中，有关期限的中止与延长、迟延不作为与推定作为、迟延不作为与迟延作为的关系这几个问题仍然比较突出，需要做进一步的分析。

1. 期限的中止与延长

期限的中止是行政程序中止的结果。所谓行政程序的中止是指行政程序在进行过程中，因某些特殊情况的发生而暂时停止，待障碍消除后，行政程序继续进行。期限的延长则是指由于案情重大、复杂，在原定期限内无法结案，行政主体对作出决定的时间加以延长。期限的中止与延长都对法定期限的计算产生直接影响。期限的中止意味着法定期限的停止计算，而期限的延长则意味着法定期限的重新计算。

就期限的中止而言，实践中主要存在两个方面的问题。一方面，有的行政机关不善于利用此制度，从而承担了本不应当承担的迟延不作为责任。如，在王某某诉澄迈县文儒镇人民政府一案中，被告由于未对原告与第三人的土地使用权纠纷作出处理决定，被法院认定为不作为。[2] 然而，被告之所以未在法定期限内做出裁决，原因在于系争土地的所有权也处于争议之中（另案），而县政府对此还没有作出确权决定。在县政府作出集体土地所有权的确权决定之前，被告无法也不应当先行对个人之间的土地使用权争议作出裁决。因此，被告本应当中止行政裁决程序并告知当事人从而可以免除迟延不作为责任。另一方面，有的行政机关滥用此制度，推脱迟延不作为责任。例如，某食品药品监管部门以学校放假，食堂也随之关门为由，决定中止对该食堂是否涉嫌违法的调查，等到学校开学后再继续进行。我们认为，学校食堂有协助行政机关调查的义务，此义务不能因为学校放假而免除。同时，等到开学

[1] 周佑勇：《行政不作为构成要件的展开》，《中国法学》2001 年第 5 期。

[2] 案情详见：海南省海南中级人民法院行政判决书（2007）海南行终字第 16 号。

后再进行调查，有关证据可能已经灭失。❶ 因此，学校放假不能成为行政程序中止的正当理由。上述案件表明，我国迫切需要参照诉讼中止、复议中止、许可中止的有关规定，建立统一的行政程序中止制度，对行政程序中止的事由作出明确规定。

就期限的延长而言，目前存在的主要问题是相关行政法规范未限定延期决定的告知时间。实践中，行政机关可能利用此漏洞，规避迟延不作为责任。如，在杨某某诉沈阳市人民政府一案中，2005 年 2 月 6 日被告收到原告的复议申请材料后未予答复。4 月 11 日，原告提起行政诉讼，要求法院判令被告履行复议职责。4 月 14 日，被告的复议延期通知书送达原告，该通知书上所记载的延期决定作出时间为 4 月 1 日。法院认为："被告于 2005 年 4 月 1 日作出决定延期通知书，应及时送达，在原告起诉以后送达该通知书，系程序上有瑕疵。"❷ 我们认为，这不仅仅是程序上的瑕疵问题，而是关系到被告的迟延不作为是否成立、原告的起诉是否有理由的重要问题。如果被告的延期决定是 4 月 6 日前（包括 4 月 6 日）作出的，那么迟延不作为不能成立；而如果被告的延期决定是 4 月 6 日后作出的，那么被告已构成迟延不作为。本案被告的延期决定确有可能是 4 月 6 日前作出的，但也有可能是被告为了避免败诉，把作出延期决定的时间向前填写为 4 月 1 日。被告做到这一点很容易，然而原告要举证证明这一点基本上属于无法完成的任务。为了保护申请人的合法权益，同时督促行政机关及时履行告知义务，法律应当将延期决定的告知时间限定在原定期限届满之前。除此之外，我们认为，在建立了期限中止制度、期限扣除制度的前提下，法律应当将行政机关延长期限的次数明确限定为一次。否则，行政机关可能将其解释为可以多次延长，从而使有期变为无期，在根本上背离法定期限制度的本意。❸

2. 迟延不作为与推定作为

迟延不作为表现为行政主体在程序上逾期不为。但有时，行政主体在程序上逾期不为并不构成迟延不作为，而是依据法律的明文规定被推定为行政作为。推定作为制度是行政行为理论的重要组成部分，其目的在于确保行政效率、敦促公务员的服务态度及保障人民能迅速经济地享有其权利。❹ 依据法

---

❶ 林沈节：《行政程序的中止事由如何确定》，《中国医药报》2010 年 5 月 15 日。

❷ 案情详见：辽宁省沈阳市中级人民法院行政判决书（2005）沈行初字第 15 号。

❸ 如《婺城区延长行政许可办理期限制度》第 6 条第 1 款第 3 项规定："行政机关延长作出行政许可决定的期限以一次为宜，防止久拖不决"，http://wcfz.cn/xiang.asp? id=249。

❹ 蔡志方：《拟制行政处分之制度》，《东吴法律学报》第 6 卷第 2 期。

律效果的不同，推定作为分为两种情况。第一种情况是将“不作为”推定为对申请的拒绝。这类推定，如《葡萄牙行政程序法》第109条第1款、《西班牙公共行政机关及共同的行政程序法》第43条第3款以及我国台湾地区旧“诉愿法”第2条第2项等。第二种情况是将“不作为”推定为对申请的许可。这类推定如《葡萄牙行政程序法》第108条第1款、《西班牙公共行政机关及共同的行政程序法》第43条第2款、《中华人民共和国行政许可法》第50条第2款等。

无论是推定拒绝还是推定许可都属于行政作为而非迟延不作为。被法律推定为拒绝的行为系否定性的行政作为，申请人不服的，应当提起撤销诉讼。[1] 而推定许可则系肯定性的行政作为，实质上是法律对迟延不作为的补救。[2] 迟延不作为只能是不合法的，但经法律推定而成立的许可则是合法有效的。因此，推定许可产生赋予申请人相关权利的法律效果，它与行政主体明示许可的法律效果并无不同。申请人不能、也没必要向法院起诉，法院也不能判决被告履行法定职责。[3] 如在大德广告公司诉徐州市城市管理委员会一案中，法院认为：“根据《江苏省户外广告管理办法》第15条的规定：工商、城建、市容、公安等部门审批户外广告，必须简化手续、提高效率。各审批部门在接到经营者或者发布者符合要求的申请文件和资料后，应当在10日内做出书面决定，逾期视为同意。据此，被告在上述时限内未做出书面决定，其行为违法。同时根据规定，原告的申请已被视为同意，因此，法院再判决责令被告履行职责已无实际意义。”据此，法院最终判决确认被告不履行审批户外广告职责的行为违法。[4] 显然，此判决存在自相矛盾的问题：既然被告的“不作为”已经依法被推定为“同意”，该“不作为”在法律上已不复存在，法院又如何能认定被告的“不作为”违法？

3. 迟延不作为与迟延作为

迟延不作为在客观上表现为行政主体程序上有所不为，而且不为已经逾期。如果行政主体期限届满而为，则是迟延作为，而不能视为迟延不作为。如，在兴荣公司诉厦门市同安区人事劳动和社会保障局一案中，被告在超过《企业职工工伤保险试行办法》规定的30天法定期间之后作出的工伤认定行

[1] ［日］盐野宏：《行政救济法》，杨建顺译，北京大学出版社2008年版，第157页。

[2] 周佑勇：《行政法原论》，中国方正出版社2005年版，第207页。

[3] 叶必丰：《应申请行政行为判解》，武汉大学出版社2000年版，第128页。

[4] 案情详见：江苏省徐州市云龙区人民法院行政判决书（2000）云行初字第28号。

为。[1] 又如，在王某诉某县计划生育委员会一案中，被告在超过《行政复议条例》规定的复议期限 27 天后作出的维持乡政府罚款行为的复议决定。[2] 这些行为均属于迟延作为，而非迟延不作为。

迟延作为与迟延不作为，都属于违背法定期限的违法行政行为，在这一点上两者是相同的。因此，在美国，它们都被归属于行政迟缓之类，被认定为行政机关滥用自由裁量权的典型。[3] 但是，毕竟两者在行为方式上存有明显的区别，前者虽然逾期但仍然属于行政作为。另一方面，迟延作为与迟延不作为存在紧密的关联。逻辑上，没有迟延不作为的存在也就不可能有迟延作为的出现，而迟延作为的出现则表明在此之前已经存在迟延不作为。实质上，迟延作为是行政主体对迟延不作为的自我补救行为。无论这种补救行为的内容是对申请的批准还是拒绝，法院都没必要再判令被告履行法定职责。但是，应当注意的是：迟延不作为与迟延作为是不同的诉讼标的，法院应当根据案件的具体情况和原告的诉讼请求，分别或者同时加以审查。在甘露饺子馆诉沈阳市房产局一案中，原告向被告提出注销第三人房产证的申请，但被告未在法定期限内作出答复，故原告诉至法院，要求法院判令被告履行职责。一审过程中，被告答复原告：不予注销该房产证。然而，原告坚持不撤诉。在这种情况下，法院应当作出确认被告迟延不作为违法的判决，而不宜“为避免诉累”直接就迟延作为，即不予注销该房产证的答复进行审查。因为，“不告不理”是司法审判的基本准则，只有在原告另行对迟延作为起诉时，法院才能启动相应的司法审查程序。当然，司法审查程序启动后，法院可以将迟延作为案件与迟延不作为案件合并审理，分别作出判决。[4]

三、纯粹不作为

纯粹不作为系行政不作为的典型形态，也是晚近发展起来的行政不作为新形态。[5] 此类不作为是指对于存在于自然界或社会上的危险，行政主体怠于行使规制权从而导致损害发生的行为。在日本行政法学上，行政主体因此而承担的责任被称为“危险防止责任”或“危险管理责任”。依据传统的“自

---

[1] 最高人民法院中国应用法学研究所编：《人民法院案例选》（行政·国家赔偿专辑），人民法院出版社 2004 年版，第 209 页。

[2] 案情详见：姜明安主编：《行政诉讼案例评析》，中国民主法制出版社 1993 年版，第 3 页。

[3] 参见［美］伯纳德·施瓦茨：《行政法》，徐炳译，群众出版社 1986 年版，第 572~574 页。

[4] 案情详见：辽宁省沈阳市中级人民法院行政判决书（2006）沈行终字第 19 号。

[5] 参见周佑勇：《行政不作为判解》，武汉大学出版社 2000 年版，第 97 页；王和雄：《行政不作为之权利保护》，三民书局 1994 年版，第 278~280 页。

由裁量论”，行政主体对“是否”以及“何时”行使规制权拥有决定裁量空间，法院不得干涉。相应地，行政主体并不承担防止危险发生的法律责任。但是，随着福利国家的逐渐兴起和给付行政的日益发达，“自由裁量论”逐步被“裁量收缩论”所取代，行政主体的危险管理责任逐渐被认可。依据“裁量收缩论”，虽然行政主体享有决定裁量空间，但在特定条件下，该裁量空间缩减，甚至缩减为零。此时，作为义务产生，行政主体必须采取行动，否则即构成纯粹不作为之违法。这些特定条件包括被害法益之重大性、危险之迫切性、危险发生之预见可能性、损害结果之回避可能性、规制权限发动之期待可能性。本节拟以相关的法院判决为重点，围绕纯粹不作为的这五个构成要件展开研究。

（一）构成要件之一——被害法益之重大性

“被害法益之重大性”是指自然界或者社会上所发生的危险对公民的重要法益形成威胁。这是行政裁量缩减的基本考量点，也是导出行政主体作为义务的关键之所在。[1]“重大性”是一个具有弹性的概念。被害法益愈重大，行政裁量空间收缩的幅度愈大，成立纯粹不作为的可能性愈大。相反，被侵害的法益愈轻微，则成立纯粹不作为的可能性愈小。按照重大性程度，可以对被害法益做如下排序。

第一顺位的法益是生命、身体、健康等人身法益。生命是公民从事一切活动的物质前提和生物基础，其重要性自不待言。身体的完整性、生理上或者心理上的健康以及人身自由权亦属重要法益，这在学说上也没有争议。实践中，大部分有关纯粹不作为的案件都是因为此种法益被侵犯而发生。如，德国的“雪橇事件”“别墅事件”，日本的“兵库县雪崩事件”“大东锰金属职业病诉讼事件”，我国台湾地区的“日月潭船难事件”“民生别墅辐射屋事件”，我国大陆的“三鹿奶粉事件”“福寿螺事件”等。

第二顺位的法益是职业生计基础或者生活根据等重大经济或者财产利益。此类利益的丧失将危及公民的生存权和人格尊严。因此，侵害此类利益的危险管理责任也较容易成立。如，在日本高知县南国市发生的农用废弃物公害事件中，被告怠于履行处理废弃物的义务而导致原告的渔场荒废即属于生计基础之丧失。[2]

第三顺位的法益是日照、通风等相邻者利益。此类利益的损害意味着公

[1] 李建良：《论行政裁量之缩减》，《当代公法新论（中）》，元照出版公司2002年版，第120页。

[2] 刘宗德：《行政不作为之国家赔偿责任》，《政大法学评论》1987年第35期。

民生活质量的下降，但公民的职业生计基础未遭破坏，生活根据也没有丧失。因此，涉及此类利益的危险管理责任不容易成立。如在日本发生的“违章建筑不予强制拆除事件”中，原告以第三人的违章建筑侵害了其相邻权而被告怠于强制拆除该建筑为由提起诉讼。法院最终以“自由裁量论”为依据驳回了原告的诉讼请求。然而，随着“裁量收缩论”的提出，相邻者利益开始受到行政法保护，标志性的案件是联邦德国的“带锯事件”。此案中，行政法院支持了原告要求被告禁止临近的煤炭加工者使用带锯的诉讼请求，其判决理由称：危险显著增高时，行政机关不介入的决定构成裁量瑕疵。[1] 然而，应当注意的是，相邻利益毕竟不同于生命、健康等人身利益。只有当这种利益遭受到严重的、不可期待的损害时，如因邻居发出的噪声造成失眠等情况，才发生裁量缩减的效果。[2]

第四顺位的法益是其他轻微的损害。如地板以下浸水即属于此类法益，行政机关对此类损害未予防止的不构成纯粹不作为。

（二）构成要件之二——危险之迫切性

被害法益所面临的危险具有迫切性也是行政裁量缩减的重要条件。此要件又可以分为“危险性之程度”和“迫切性之程度”两个方面。危险性程度和迫切性程度越高，则行政裁量收缩的幅度越大，危险管理责任成立的可能性也越大。

就“危险性之程度”而言，一般认为，被害法益所面临的必须是具体的危险，而不能仅仅属于抽象的危险，如，日本比岛山灾害诉讼第一审判决、山梨县大腿四头筋短缩症第一审判决都是以对国民的身体、健康有具体危险作为认定行政机关危险管理责任的条件。但也有人认为“具体危险说”容易产生延误而难以防止损害结果的发生，因此主张采用“限制的抽象危险说”。如，日本的佐藤英善教授认为，危险本身以抽象为已足，但是为了避免使行政机关承担无过失责任，应当以其发生的可能性极大之场合或者极容易预测之情形为限。我国台湾地区学者王和雄亦持此说。[3]

就“迫切性之程度”而言，目前学界主要采取“缓和说”。此说主张，对于国民生命、健康的危险无须非常迫切，而只要存在盖然性即可。例如，

---

[1] 王和雄：《行政不作为之权利保护》，三民书局 1994 年版，第 260—265 页。

[2] 《建筑许可与邻人之权利保护——德国联邦行政法院判决（1977 年 2 月 25 日）》，林丽珍译，《植根杂志》1993 年第 3 期。

[3] 王和雄：《行政不作为之权利保护》，三民书局 1994 年版，第 299 页。

日本油症第一阵诉讼第二审判决认为："食品制造之要求绝对安全性，乃因一旦发生事故将有大量发生之可能性，故若有可资怀疑其安全性之具体证据存在者当然勿论，即令于高度盖然性事项存在之场合，行政机关已无自由裁量之余地，而负有预防地行使规制权限之法律上义务。"但也有人主张，危险的迫切性并非纯粹不作为成立的必要条件。芝池义一教授在评论"新岛残留炮弹爆炸事件"时认为："将危险的迫切性作为不作为责任的要件，这并不是法理论上的要求，而是顾及行政任务的扩大、责任的扩张，以及被规制者权利利益之后所作的现实的考虑。在该案中，残留炮弹爆炸并无被规制者，后者的考虑就并不妥当；而虑及前者，就需要从迫切性要件之外来思考。因本案已经具备持续性的危险状况，这就能足以代替危险迫切性的要件。"[1]

"危险性之程度"和"迫切性之程度"实际上是对同一个问题的不同说法而已。抽象的危险实际上是仅具盖然性的危险，具体的危险是具有急迫性的危险，而限制性的抽象危险则是缓和的迫切危险。为了保护公民的合法权益，又不至于使行政机关承受过重的负担，我们认为，一般情况下，应当采用限制性的抽象危险说或者迫切性的缓和说。

（三）构成要件之三——危险发生之预见可能性

只有行政机关有可能预见到危险的发生，才有可能发动规制权限，保护受害者之法益。否则，纯粹不作为不能成立。预见可能性要件既是行政不作为的违法性要件，同时也是认定行政机关主观上具有过失的要件，此要件"对决定国家责任之存否，实占举足轻重之地位"。[2]

首先，预见可能性的标准既不是具体案件中的行政机关的预见能力，也不是公众的预见能力，而是良好行政所应当具有的预见能力。[3] 未达到此标准，应预见而未预见危险发生的，行政机关本身即已存在过失而具备了违法的主观要件。如在"福寿螺事件"中，9 名患者以北京市卫生局未及时履行应急处理职责导致损害的发生及扩大为由，提起国家赔偿诉讼。原宣武区人民法院审理后认为，"广州管圆线虫病"在北京首次群体发生，同时该病症状多变、易与其他疾病相混淆，而北京绝大多数医疗机构的医生对该病缺乏认知，很难作出临床诊断，不能认定被告怠于履行法定职责。据此，判决驳回

[1] 王贵松：《行政裁量权收缩之要件分析》，《法学评论》2009 年第 3 期。
[2] 刘宗德：《行政不作为之国家赔偿责任》，《政大法学评论》1987 年第 35 期。
[3] 王贵松：《行政裁量权收缩之要件分析》，《法学评论》2009 年第 3 期。

了原告的诉讼请求。❶ 我们认为，卫生行政管理机关应当具备良好的预见能力和专业判断水准。“广州管圆线虫病”虽然是在北京首次群体发生，但此前并非没有相关的病例，更何况此病并非疑难杂症，只要具备相关的专业知识就能迅速地做出判断。法院的判决混淆了普通公众的预见能力与良好行政的预见能力，不当降低了对行政机关的要求。

其次，预见可能性同样是一个弹性概念。以预见程度为标准，可以将之区分为如下类型。

第一种类型是行政机关实际上已经预见到了危险的发生，如受害人反复要求行政机关施救的情况。在李某某诉阆中市公安局一案中，第三人郑某某为“集资”，在连续四天的时间里多次持凶器追杀、殴打原告并多次毁坏其财产，原告也先后多次要求公安机关予以保护。这些情况已充分说明，被告已经预见到原告的人身安全处于急迫的危险之中。但是，被告却未采取任何救助措施，导致原告为躲避郑某某的追杀，不得已从二楼跳下致残的结果。法院最终认定被告已构成不作为之违法并应承担赔偿责任。❷

第二种类型是定量的预见可能性，即依据时期、场所、规模等因素而被确定的具体的预见可能性。定量的预见可能性意味着行政机关能够行使规制权，其作为义务容易得到认定。如在尹某某诉卢氏县公安局一案中，群众先后两次报警、报警内容具体明确、报警发生在凌晨3时左右。依据这些情况，被告应当预见到“工艺礼花渔具门市部”确实发生了盗窃，公民的合法财产正处于危险之中。此种预见即属于定量的预见可能性。本案被告由于过失而未预见，没有出警，构成纯粹不作为之违法。❸

第三种类型是定性的预见可能性。这是指预见可能性虽然未达到定量的程度，但是依据科学上的调查研究，对自然现象所生危险的原因已大致清楚，而这些原因已经满足，发生危险的盖然性已经存在。对于盖然性的因果关系，我国台湾地区“高等法院”在“民生别墅辐射屋事件”的判决中有详细的说明：“在辐射受害事件中，欲以自然科学方法阐明事实性因果关系甚为困难，对于缺乏科学知识之一般人而言，要求因果关系之举证，殆属不可能，此于一般公害事件亦然。日本学说与实务为因应公害事件之举证困难，乃发展出优势证据说、事实推定说等盖然性因果关系理论。其见解大都认为，在公害

❶ 李罡：《状告市卫生局不作为 福寿螺患者一审败诉》，《北京青年报》2008年3月8日；裴晓兰：《北京福寿螺患者认为卫生局不作为 索赔一审败诉》，《京华时报》2008年3月8日。

❷ 甘霖：《向不作为的公安局索赔364万元》，《政府法制》2001年第11期。

❸ 案情详见：《最高人民法院公报》2003年第2期。

事件上，因果关系存在与否之举证，无须严密的科学检证，只要达到盖然性举证即足，即只要有‘如无该行为，即不致发生此结果’之某程度盖然性即可……本件情形亦复如此，是采取前开台湾医界联盟基金会认定之流行病学因果关系以认定被上诉人等之健康确已受损及其与长期辐射暴露间有因果关系，诚属必要。”❶ 日本比岛山灾害诉讼第一审判决和飞驒川游览车落海事故第二审判决也都以盖然性的因果关系理论认定行政机关对事故的发生具有预见可能性。❷

第四种类型是不确定的危惧感。对于食品、药品企业而言，只要对产品的安全性稍怀危惧感就应当立即停止制造、贩卖，以免发生对生命、健康的重大损害。然而，行政机关所担负的责任与企业所担负的责任性质并不相同。因此，是否仅以行政机关怀有不确定的危惧感就断定其具有预见可能性，这在学说上仍然存在争议。❸

（四）构成要件之四——损害结果之回避可能性

“损害结果之回避可能性”是指如果行政机关行使规制权，就能够有效防止损害结果的发生。这是追究行政机关危险管理责任的必要条件。如果行政机关行使规制权也不能避免损害结果发生，就不应非难行政机关，纯粹不作为不能成立。如，在池某诉北京市工商局一案中，原告以被告未依法吊销第三人海铃·华星建设工程有限公司的营业执照，导致其合同保证金被第三人骗走为由提起赔偿诉讼。法院认为：“即使市工商局作出吊销营业执照行为，也不足以阻止相关企业利用营业执照从事活动。换言之，即使市工商局依法履行了法定职责，也未必能够避免池某所称的损失的发生。”据此，法院判决驳回了原告的赔偿请求。❹

对回避可能性的判断应当以当时的社会通念为标准，而不能由行政机关主观加以认定。“当生有具体危险之预见，且有行使权限之根据规定时，即应采取回避结果之一切对策或手段。”❺ 包括配备足够的工作人员、筹措充足的办案经费等。如果由于人员、经费不足而未能回避损害结果发生的，行政机关仍应受到非难。如在“卫而康餐厅大火事件”中，我国台湾地区台中地方法院判称：“原告只需证明公务员违背其职务义务之行为造成其损害即可，被

---

❶ 我国台湾地区高等法院民事判决书1998年度重上“国”字第1号。

❷ 刘宗德：《行政不作为之国家赔偿责任》，《政大法学评论》1987年第35期。

❸ 王贵松：《行政裁量权收缩之要件分析》，《法学评论》2009年第3期。

❹ 陈良刚：《行政不作为的国家赔偿责任》，《人民司法·案例》2008年第14期。

❺ 刘宗德：《行政不作为之国家赔偿责任》，《政大法学评论》1987年第35期。

告必须提出公务员之行为有不可归责事由之证明，始可免责。查被告所提未有合格消防安全设置之建筑物过多，碍于编制、人员之不足等纵然属实，然亦难以据此而为被告免责之事由。”❶ 又如，在胥某某等诉邛崃市交通局路政队一案中，一审法院判称：“邛崃市交通局路政队提出的因‘国庆’放假无法及时排除的理由，不能视为正当客观的理由。”❷

依据行政机关回避义务程度的不同，可以区分为如下类型。

第一种类型是行政机关积极帮助、加工致使损害发生。在这种情况下，行政机关的回避可能性或者回避义务程度最高。如，在药害诉讼中，国家率先开发、贩卖有问题的药品之后，又许可他人制造、贩卖即属于此类。

第二种类型是行政机关虽然未积极帮助或者加工，但本来有防止损害结果发生的机会却未适时采取措施。这种情况下的回避可能性也容易认定。如，在赵某家人诉某市公安局一案中，交警对司机赵某酒精检测的结果为每百毫升血液中酒精含量为 80 毫克，即对赵某当场处以 50 元罚款之后让赵某自行驾车回家。赵某在驾车回家途中，由于酒后判断和反应能力降低，转向不及时，车辆失控，冲出公路，翻进路边的深水沟内，赵某经抢救无效死亡。被告如果对醉酒的赵某依法采取约束至酒醒的措施，损害结果必然不会发生。但是，被告却放任其继续违章驾车，导致交通事故的发生，其行为已构成纯粹不作为之违法，应当承担赔偿责任。❸

第三种类型是回避可能性受到财政、技术、社会环境等条件的限制。这种情况下，对行政机关危险管理责任的认定也相应地受到限制。如，在龚某某等诉宝安区环境保护局一案中，被告接到投诉后采取了一系列的规制措施，并先后两次对施工单位处以罚款。但施工单位宁愿违法施工被处罚也不愿超出工期向开发商赔款。因此，噪声扰民的问题没有得到根本解决。❹ 然而，被告的行为并未构成纯粹不作为之违法。因为，依据相关法律规定，环保部门对违规的施工单位最高处罚是责令其停工和罚款 1 万元，而无权吊销施工单位的施工许可证。同时，被告也不可能每天 24 小时派人监控每一个施工工地。也就是说，被告对噪声扰民这一危害的回避可能性受到了法律和人员条件的限制。

第四种类型是对于发生率相当高的违法、犯罪、交通事故、火灾等，一

---

❶ 我国台湾地区台中地方法院民事判决书 1997 年度重“国”字第 3 号。

❷ 案情详见：四川省成都市中级人民法院行政判决书（2003）成行终字第 63 号。

❸ 案情详见：《交警对酒后驾车者未加约束，导致交通事故》，http://www.shigu.org/566a.html。

❹ 案情详见：广东省深圳市宝安区人民法院行政判决书（2002）深宝法行初字第 31 号。

般不在行政机关的守备范围之内。对此，行政机关原则上不负危险管理责任。然而，在具体案件中，就行政机关是否应当承担责任可能出现截然不同的看法，从而发生激烈的争议，我国台湾地区台南县“野狗伤人事件”即为典型。在该事件中，黄某某外出到田里割草遭到野狗群体攻击，因失血过多而死亡。受害人的继承人以七股乡公所怠于履行职责为由提起赔偿诉讼。台南县法院认为，被告对于被弃养的动物负有捕捉的作为义务，并无不作为之裁量余地。被告如因人力不足或执行上有困难，应向上级政府反映并争取人力，而不得以系争事件发生于河川公地，被告并不知道该地区有野狗，及该地区占地很广，捕捉不易为由而解免责任。据此，法院支持了原告的诉讼请求。❶ 被告不服，提起上诉。台湾地区高等法院台南分院同样以被告对损害结果的发生具有回避可能性为由驳回上诉。❷ 被告仍不服，再次提起上诉。台湾地区“最高法院”认为，遭人弃养的野狗具有流动性，捕捉起来具有相当程度的不确定性，主管机关对此仍有相当的裁量空间。❸ 据此，将案件发回台南分院。台南分院依据“最高法院”的判决意旨，进行了改判。❹ 原告不服，提起上诉，“最高法院”最终裁定予以驳回。❺ 本案中，就被告对野狗伤人是否具有回避可能性这一问题，各级法院的意见不一且有反复，足见此问题的复杂性。但是，至少有一点是可以肯定的，即对于野狗伤人这类发生频率较高的事件，课予行政机关回避义务，要求其承担危险防止责任是比较困难的。

（五）构成要件之五——规制权限发动之期待可能性

“规制权限发动之期待可能性”是指被害人自力无法排除危险而期待行政机关发动权限。此要件又可以分为“规制权限发动之补充性”及“国民期待性”两个要件。

“补充性”要件是指被害人个人没有回避危险发生的能力和有效手段，而只有依赖行政机关规制权的发动。对于危险的回避，受害人应负第一责任，行政机关所负责任属于第二责任或者补充责任。如果仅凭个人的努力就能回避危险，就不应当请求和期待行政机关发动规制权。相应地，行政机关未行使规制权不构成纯粹不作为之违法。如在日本发生的“食用河豚肝中毒死亡事件”中，法院以当事人依靠自己的力量足以回避危险的发生为由，否定了

---

❶ 台湾地区台南地方法院民事判决书 2003 年度“国”字第 14 号。

❷ 台湾地区高等法院台南分院民事判决书 2004 年上“国”字 3 号。

❸ 台湾地区“最高法院”民事判决书 2006 年台上字 301 号。

❹ 台湾地区高等法院台南分院民事判决书 2006 年上“国”更（一）字 1 号。

❺ 台湾地区“最高法院”民事裁定书 2007 年度台上字第 562 号。

行政不作为的成立，驳回了原告的诉讼请求，其判决称："回避摄食河豚中毒事故，仅须顾客不强求餐厅提供河豚之剧毒肝脏即可。而医药品或食品添加物之场合，一般消费者却无选择之能力与机会，而须期待行政之规制以求安全性与有效性。故两者之回避与期待可能性，实有其本质上之差异。"❶

"期待性"要件是指国民期待行政机关发动规制权限，保护自己的合法权益。此要件涉及行政机关的"守备范围"问题，通说认为不应当从严解释，以免不当妨碍行政不作为责任的成立。因此，此要件的完成不需要国民已有现实的期待规制权限发动的事实，而以国民如果知悉有具体危险的急迫性，必然会期待规制权限发动就可以认定。据此，危险管理责任的成立并不以受害人已经向行政机关提出了发动规制权的请求为前提条件。在被害法益陷于急迫的危险之中时，即使受害人没有提出请求，行政机关也应当主动行使规制权。否则，即构成纯粹不作为之违法。我国台湾地区"最高法院"1983 年台上字第 704 号判例曾将"经请求其执行而怠于执行"与"当事人享有公法上的请求权"作为"国家"承担赔偿责任的条件。"司法院"认为这些条件"系对人民请求国家赔偿增列法律所无之限制，有违宪法保障人民权利之意旨，应不予援用"。❷

纯粹不作为的上述每一个构成要件都具有弹性的阶梯性概念：从可以忍受的轻微损害到不可回复的生命权损害，从抽象的危险到具体的危险，从仅怀有不确定的危惧感到实际上已经预见了危险的发生，从对一般违法行为的规制到行政机关参与违法行为致使损害发生，从以私人力量足以回避危险到完全依赖行政机关的规制权才能避免损害，"被害法益之重大性""危险之迫切性""危险发生之预见可能性""损害结果之回避可能性""规制权限发动之期待可能性"分别依次递增。相应地，行政决定裁量空间依次递减，而纯粹不作为成立的可能性依次递增。反之，行政决定裁量空间依次递增，而纯粹不作为成立的可能性依次递减。

通过阶梯性的增减，这些构成要件在总体上发挥着双重功能：压缩行政裁量空间，促使行政权发动，保护受害人利益的功能；放宽行政裁量幅度，限制行政权发动，维护私人自治的功能。具体到每一个案件中，行政裁量权是否已经缩减为必须行动的义务，纯粹不作为是否已经成立，必须将上述构成要件与系争案件的具体情况结合起来，在均衡受害人利益、加害人利益以及公共利益的基础上作出审慎的判断。

---

❶ 刘宗德：《行政不作为之国家赔偿责任》，《政大法学评论》1987 年第 35 期。

❷ 台湾地区"司法院"大法官会议释字第 469 号解释。

四、侵犯公共利益的不作为

行政不作为是当前干扰我国政府依法行政的严重障碍。为了克服这一障碍，深入推进依法行政、建设法治政府，不仅要继续研究传统的行政不作为，而且要特别关注新型的行政不作为。侵犯公共利益的行政不作为是随着社会环境的变迁以及社会思潮的转变而出现的一种新的行政违法形态。对此类行政不作为展开研究，追溯其源流、分析其特征、归纳其类型对于构建一个重视公益、关注民生、有所作为的政府具有重要的理论价值与实践意义。

（一）行政违法的新形态：侵犯公共利益的不作为

行政机关应作为、能作为，却怠于作为进而导致公共利益受到损害的，构成侵犯公共利益的行政不作为。这种新的行政违法形态是随着社会环境的变迁以及社会思潮的转变而出现在现代行政法中的。

行政法产生于资本主义自由竞争时期。此一时期，资产阶级政权刚刚建立，封建专制统治的阴影仍然存在。为了防止封建专制统治复辟，一方面，对社会实行自由放任主义；另一方面，高度戒备国家权力，尤其是行政权的扩张。[1] 当时，行政机关的角色是“守夜人”，消极无为在这一时期被认为是优良政府的标志。相应地，行政法的主要任务在于克制行政机关的积极作为，限制行政权的发动与行使，行政机关的消极怠惰在法律上并不受违法的评价。同时，个人主义是当时社会的主流思潮，维护和保障个人利益是国家之所以存在的正当性依据。为了防范国家以公共利益为名侵犯个人利益，行政机关的职能范围受到了严格限制。行政权原则上只能在国防、外交、治安、税收等非常狭小的领域内运作。相应地，行政法的宗旨也在于救济和保护个人利益。只有当行政权有可能侵犯公民的个人利益之时，行政诉讼的大门才有可能开启。以维护公共利益为目的而提起的行政诉讼，法院不予受理。也就是说，行政公益诉讼在当时是不被承认的。在自由主义与个人主义的双重作用之下，行政机关怠于维护公共利益的行为在当时并不属于行政法的调整对象。换言之，侵犯公共利益的行政不作为这样一种违法形态在行政法上尚未出现。

19 世纪末 20 世纪初，资本主义从自由竞争发展到垄断经营阶段。这一时期，因自由主义、个人主义所导致的贫富差距增大、社会矛盾激化等问题不断出现，资产阶级统治受到了严重威胁。为了及时、有效地应对和处理这些

[1] 叶必丰、周佑勇：《行政规范研究》，法律出版社 2002 年版，第 3 页。

问题，行政机关必须积极地发挥其功能与作用，放弃之前的“守夜人”角色，转而对国民进行“生存照顾”。此时，良好政府的标志不再是因袭保守、消极无为，而是富于活力、积极作为。相应地，行政法的任务也由原来的克制行政权发动转变为督促行政权的行使，行政机关怠于履行法定职责的行为开始进入法律的视野。与此同时，绝对的个人主义被抛弃，连带主义、团体主义兴起，行政机关的职权范围由传统的秩序行政领域急剧扩张到教育、交通、卫生等给付行政领域。行政职能的急剧扩张不仅意味着公共利益范围的大幅拓展，而且意味着公共利益地位的大幅提高。在这种情况下，行政法的宗旨也由原来的注重个人利益之维护逐步转变为侧重于公共利益之保障。公民、法人以及社会组织等不仅可以提起以维护个人利益为目的的主观诉讼，而且有权提起以维护公共利益为目的的客观诉讼。随着行政公益诉讼大门被打开，侵犯公共利益的行政不作为随之成为司法审查的标的和法院关注的热点，一种新型的、重要的行政违法形态由此出现于现代行政法中。❶

（二）侵犯公共利益的不作为之特征分析

侵犯公共利益的行政不作为是一种新型的行政违法行为。把握这一新型违法行为的关键在于将之与传统的侵犯个人利益的行政不作为做比较分析。

1. 损害对象的不特定性

公共利益是指不特定多数人所享有的共同利益。与个人利益相比，公共利益最大的特点在于其受益主体的不确定性。相应地，侵犯公共利益之行政不作为的损害对象也具有不特定性。这是侵犯公共利益之不作为和侵犯个人利益之不作为最显著的区别。

不特定性即广布性、散在性或漫射性。因此，侵犯公共利益的行政不作为所损害的不是某一个或者几个人的利益，而是不确定的多数人利益。如，在英国发生的布莱克本诉大伦敦市政府一案中，被告未依法采取行动制止第三人放映色情影片。这一行政不作为所侵犯的主要不是原告的个人利益，而是不特定的市民，尤其是青少年的身心健康利益。❷ 又如，在沈某诉浙江省桐乡市国税局一案中，被告未依法对第三人某建材厂偷漏税的行为予以查处，

❶ 2017年6月27日，第十二届全国人大常委会对《行政诉讼法》作出修改：“第二十五条增加一款，作为第四款：‘人民检察院在履行职责中发现生态环境和资源保护、食品药品安全、国有财产保护、国有土地使用权出让等领域负有监督管理职责的行政机关违法行使职权或者不作为，致使国家利益或者社会公共利益受到侵害的，应当向行政机关提出检察建议，督促其依法履行职责。行政机关不依法履行职责的，人民检察院依法向人民法院提起诉讼。’”

❷ ［英］丹宁：《法律的训诫》，杨百揆、刘庸安、丁健译，法律出版社1999年版，第138页。

此不作为所侵犯的也不是原告的个人利益，而是不特定的公众所享有的财政税收利益。❶

损害对象是否特定，关键是看不作为的对象是否可以统计和确定。如果可以统计和确定，那么该行为即属于侵犯个人利益的不作为，反之，则构成侵犯公共利益的不作为。例如，在某律师事务所诉某市公安局交警支队一案中，被告没有在洛阳市中级人民法院门口施划免费停车位。这种不作为所侵犯的是需要使用此停车位的人的利益。由于需要使用此停车位的人的数量是无法统计和确定的，所以本案的诉讼标的是侵犯公共利益的行政不作为。❷ 在孙某等 101 户农民诉某区环保局一案中，原告请求法院判令被告履行对第三人某炼焦厂进行查处的职责。此案原告虽然人数众多，但是可以统计和确定。因此，其诉讼标的是侵犯个人利益的行政不作为而不是侵犯公共利益的行政不作为。❸

2. *存在范围的广泛性*

侵犯公共利益的行政不作为所损害的是不特定多数人的利益。因此，与侵犯个人利益的行政不作为相比，这种不作为所危害的范围更广，所造成的后果更严重。但是，由于监督体制不健全以及公众的“搭便车”心理等原因，此类不作为在我国广泛存在。

首先，监督体制上的原因。行政救济是规范和控制侵犯公共利益之不作为的重要手段。然而，我国目前的行政救济制度贯彻的是“个人利益中心论”，申请行政复议以及提起行政诉讼原则上须以侵犯特定个人利益为前提条件。❹ 对于侵犯公共利益的行政不作为，除检察机关提起公益诉讼外，只能依靠行政系统本身的自我监督机制进行一定程度的约束。然而，行政监督部门有时并不能及时发现此类行为。即使发现了此类行为，也往往由于行政责任追究体制不健全，或者出于对本部门利益的考虑而不予处理。

其次，公众的“搭便车”心理。公共利益的总量可能很大，但是具体到公众中的某一个人，其分享的公共利益却可能是极其微小的。如果仅从经济的角度考虑，公民个人维护公共利益所付出的成本与其收益是显然不成比例的。大部分人所持的是“搭便车”的心理，即都盼望他人举起维护公共利益的大旗，客观上使自己受益，但自己却不愿付出人力、物力保护公共利益。

❶ 朱乔夫、由拳：《署名举报不查处 一怒状告国税局》，《浙江青年报》2001 年 2 月 18 日。

❷ 河南省洛阳市中级人民法院行政判决书（2010）洛行终字第 48 号。

❸ 河南省平顶山市卫东区人民法院行政判决书（2001）卫行初字第 52 号。

❹ 2017 年我国《行政诉讼法》修改后，检察机关有权提起行政公益诉讼。

在这种心理交互作用之下，很少有人提起此类诉讼进而导致大量的侵犯公共利益的行政不作为无法受到司法机关的监督和审查。

另外，不作为本身所具有的隐蔽性也增加了对此类行为进行查处的难度。这也是侵犯公益的行政不作为在我国现实中大量存在的原因之一。

3. 司法救济的限制性

侵犯公共利益的行政不作为具有严重的社会危害性，因此必须对之施以有效的救济。但是，此类不作为所损害的对象是不特定的多数人。为了避免滥诉对法院造成过度负担以及避免严重损害行政效率，无论是大陆法系国家还是普通法系国家，均对此类公益诉讼加以限制。这也是侵犯公共利益之不作为区别于侵犯个人利益之不作为的重要特征。

在大陆法系国家，行政公益诉讼一般仅限于有特别法明文规定的场合。如《联邦德国行政法院法》第 42 条规定："除非法律另有规定，原告人只有在认为其自身权利被一个行政行为、拒绝行政行为或不作为侵害时，方可以提起诉讼。"目前德国仅有 9 个邦的环境保护法例外承认团体诉讼这种行政公益诉讼形式。❶ 在日本，依据《行政事件诉讼法》第 42 条的规定，民众诉讼只有在"法律规定的情况下，限于法律所规定者才可以提起"。而日本目前对民众诉讼作出特别规定的只有地方自治法、公职选举法等少数几部法律。❷ 我国台湾地区对行政公益诉讼采取的是与德国、日本相同的模式。根据台湾地区"行政诉讼法"第 9 条的规定，公益诉讼"以法律有特别规定者为限"。目前，在台湾地区有这种特别规定的也仅限于"空气污染防治法""水污染防治法"以及"环境基本法"等。❸

与大陆法系国家和地区相比，英美法系国家对行政公益诉讼持较为宽松的态度。从 20 世纪的 50 年代起，英国法院通过一系列相关案件的判决，大幅改革了传统的诉权理论，进而建立了较为完善的对损害公共利益的行政不作为进行救济的制度。❹ 美国则学习和借鉴了英国的诉权改革经验，确立了"私人检察总长"制度，也将司法审查的对象扩展到了侵害公共利益的行政不作为。但是，应当注意，这些改革并不意味着任何与案情无关的个人或者团体均可以公益为名提起诉讼。实际上，由于个别公民诉讼条款的细节规定容易不同，原告仍应当证明自己与被诉不作为之间存在相当程度的利益关联。❺

---

❶ 翁岳生：《行政诉讼法逐条释义》，五南图书出版股份有限公司 2002 年版，第 128 页。

❷ 江利红：《日本行政诉讼法》，知识产权出版社 2008 年版，第 617 页。

❸ 吴庚：《行政法之理论与实用》，中国人民大学出版社 2005 年版，第 414 页。

❹ ［英］丹宁：《法律的训诫》，杨百揆、刘庸安、丁健译，法律出版社 1999 年版，第 122 页。

❺ 叶俊荣：《环境政策与法律》，中国政法大学出版社 2003 年版，第 226 页。

维护公共利益是现代行政法的重要任务，确保公共利益是现代行政救济制度的基本宗旨。因此，我国应当逐步打开公民或者团体提起行政公益诉讼的大门。但是，为了避免全民诉讼的出现，对其司法救济作一定程度的限制也是有必要的。2017 年，随着《行政诉讼法》的修改，我国确立了由检察机关提起行政公益诉讼的制度。为了指导各地开展行政公益诉讼工作，最高人民检察院先后发布了多批典型案例，如 2019 年 8 月发布的《“携手清四乱 保护母亲河”专项行动检察公益诉讼十大典型案例》、2019 年 10 月发布的《26 件公益诉讼典型案例》、2020 年 2 月发布的《检察机关野生动物保护公益诉讼典型案例》等。这些典型案例中有相当一部分涉及侵犯公共利益的行政不作为。

（三）侵犯公共利益的不作为之类型建构

类型化是深入理解侵犯公共利益之行政不作为的重要方法。以司法实践中发生的相关案件为素材，可以归纳、概括进而建构出如下几种类型的侵犯公共利益之行政不作为。

1. 纯正型不作为与竞合型不作为

依据是否同时侵犯了个人利益为标准，侵犯公共利益的行政不作为可以区分为纯正型不作为与竞合型不作为。

纯正型不作为是指仅侵犯公共利益而未同时侵犯个人利益的不作为。如，在王某诉某市地税局一案中，被告未依法对被举报单位的偷税行为予以查处，此项不作为既未侵犯被举报单位的利益，也未直接侵犯原告的个人利益，其所侵犯的纯粹是公共利益，是一种纯正型不作为。[1] 竞合型不作为则是指在侵犯公共利益的同时也损害了特定个人利益的不作为。如在王某诉某市规划局一案中，被告一直未对原告请求拆除违章建筑的申请予以答复。[2] 这种行为一方面使相关的违法行为得不到查处，从而导致公共利益受到侵犯；另一方面使原告的合法权益得不到保护，从而侵犯了原告的个人利益。也就是说，这类不作为既侵犯了公共利益，也侵犯了个人利益，侵犯公益的不作为和侵犯个人利益的不作为呈现竞合状态。

对纯正型不作为和竞合型不作为进行区分的主要意义在于明确两者的可诉性不同。根据我国目前行政诉讼法的规定，竞合型不作为具有可诉性，利害关系人可以侵犯个人利益为由对此类不作为提起行政诉讼。对于纯正型不

[1] 陈正云、孙明：《公民行政问题法律向导》，法律出版社 1999 年版，第 162 页。

[2] 案情详见：湖北省武汉市中级人民法院行政判决书（1998）武行终字第 16 号。

作为，公民、法人或者其他组织对此类行为提起的诉讼将被法院以不符合受理条件为由予以驳回。如，在严某诉某区文体局一案中，法院以原告未观看色情表演，未受到任何精神上的侵害，被告的不作为与原告无直接利害关系为由驳回了严某的起诉。[1] 同样，在沈某诉浙江省桐乡市国税局一案中，法院以“被告桐乡市国税局是否履行税务稽查的行为，既未侵犯原告的利益，也未对原告的权利义务产生实际的影响”为由驳回了沈某的起诉。[2]

纯正型不作为的社会危害性更大，手段也更为隐蔽，往往是出现了相当严重的后果时，国家才通过“运动式执法”予以规制和处理。因此，我们尤其应当重视对纯正型不作为的救济。实质上，公共利益与个人利益是对立统一的关系，它们既相互独立，又相互包含。个人利益包含着社会成员应享有、已享有、正享有或者将享有的那份公共利益；而公共利益也包含着即将分配给社会成员共同享有的个人利益和供各社会成员共同享受的个人利益。因此，公共利益与个人利益是一种你中有我、我中有你的关系。[3] 换言之，侵害公共利益与侵害个人利益在根本上是一致的。为了对纯正型不作为进行有效的规制和切实的救济，不仅要进一步推进检察机关提起行政公益诉讼，还应当继续改革我国目前的行政复议制度以及行政诉讼制度，允许分享公共利益的特定公民个人申请行政复议、提起行政诉讼。[4]

2. 直接因果型不作为与间接因果型不作为

以不作为与公益损害之间的因果关系为标准，侵犯公共利益的行政不作为可以区分为直接因果型的不作为和间接因果型的不作为。

所谓直接因果型不作为，系指与公益损害之间存在着直接因果关系的不作为。如，行政机关怠于维护堤坝导致洪水泛滥的行为、行政机关未按照既定规划开辟道路的行为等均属于此类不作为。间接因果型不作为则是指与公益损害之间仅存在着间接因果关系的不作为。例如，环境保护机关未对企业超标排放行为加以制止而造成周边环境被污染的行为、工商行政管理机关怠于对食品生产企业进行监管而造成假冒伪劣食品充斥市场的行为等均属于此类不作为。在“四川省绵阳市涪城区人民检察院督促规范快递收寄验视行政公益诉讼案”[5] 中，王某某通过快递运输、买卖濒危野生动物的行为是造成野生动物资源和生物多样性被破坏的直接原因，而绵阳市邮政管理局怠于履行

[1] 沙林：《画家严正学一审输官司得民心》，《中国青年报》，2001 年 1 月 8 日。

[2] 朱乔夫、由拳：《署名举报不查处 一怒状告国税局》，《浙江青年报》，2001 年 2 月 18 日。

[3] 叶必丰：《行政法的人文精神》，湖北人民出版社 1999 年版，第 144 页。

[4] 周佑勇：《行政不作为判解》，武汉大学出版社 2000 年版，第 117 页。

[5] 参见《检察机关野生动物保护公益诉讼典型案例》（最高人民检察院 2020 年 2 月 28 日发布）。

监管职责的行政不作为则是造成上述结果的间接原因。

区分直接因果型不作为和间接因果型不作为的意义在于：首先，明确二者法律责任的不同。直接因果型不作为是造成公益损害的直接原因，也是造成公共利益受损的唯一原因。行政机关对公共利益的损害负有不可推卸的全部责任。但在间接因果型不作为中，造成损害的直接原因是第三人的违法行为，而行政不作为只是扩大相关损害的外部因素。也就是说，行政不作为与第三人的加害行为结合在一起导致了损害的最终发生。相应地，此类案件中存在如何划分行政机关与第三人的法律责任的问题。最高人民法院认为，应当依据不作为在损害发生过程以及损害结果中所起的作用等若干因素确定行政主体应负的责任。[1] 但是，这种责任到底是补充性的还是行政机关固有的？行政机关与直接加害者的行为是应当视为共同不法行为还是应当视为独立不法行为的竞合？对此，学说上存有争议。[2] 这说明，与直接因果型不作为相比，间接因果型不作为的法律构造更为复杂。其次，明确二者利益衡量因素的不同。直接因果型不作为主要涉及公益与公益之间的衡量。例如，行政机关在作出是否开辟道路的决定时，侧重于考量开辟道路所需要的资金、开辟道路所带来的通行之便利、开辟道路对附近居民之影响等公益因素。间接因果型不作为则涉及公益与公益、公益与私益等多方因素的衡量。例如，行政机关在决定是否关闭某一污染环境的企业时，必须全面考量该企业所造成的污染程度、该企业产生的经济效益、该企业员工的利益等因素。行政机关既不能为了保护个人利益而忽视公共利益，也不能在保护公共利益的同时过度损害个人利益。因此，与直接因果型不作为相比，间接因果型不作为涉及更加复杂的利益衡量问题。相应地，间接因果型不作为对法院的司法审查技术也提出了更高的要求。

3. 人身利益型不作为、财产利益型不作为与精神利益型不作为

以公共利益内容为标准，侵犯公共利益的行政不作为可以区分为侵犯人身利益型不作为、侵犯物质利益型不作为以及侵犯精神利益型不作为。

侵犯人身利益型不作为是指侵犯不特定多数人的生命、健康等人身利益的不作为。如行政主管机关怠于履行对食品、药品的监管职责，致使众多消费者的身体健康遭受损害的行为。又如，行政机关未及时修缮道路、桥梁等公共设施，对公众的生命安全造成威胁的行为。在鄢某诉国家烟草局一案中，

[1] 《最高人民法院关于公安机关不履行法定行政职责是否承担行政赔偿责任问题的批复》（法释［2001］23号）。

[2] 周佑勇：《行政不作为判解》，武汉大学出版社2000年版，第169页。

原告认为，被告有义务采取措施禁止任何经营场所向未成年人出售香烟，却怠于履行此义务，因此，提起行政诉讼。[1] 本案的诉讼标的即属于侵犯人身利益型的行政不作为。

侵犯财产利益型不作为是指损害不特定多数人的有形或者无形财产利益的不作为。此类不作为有多种表现形式。首先，行政机关负有对公共财产进行集合的义务，未履行此项义务的构成侵犯公共财产利益的不作为。例如，在王某诉某市地税局一案中，被告怠于对偷税行为予以处理的行为所侵犯的是国家的财政税收利益。[2] 其次，行政机关负有对公共财产善加维护的义务，未履行此项义务的也构成侵犯公共财产利益的不作为。例如，国有资产管理行政机关未尽监管职责造成国有资产流失的行为。再次，行政机关还负有对公共财产进行分配的义务，未依法履行此项义务的同样构成侵犯财产利益的不作为。如，民政机关对受灾群众未予以安置和救济的行为。

侵犯精神利益型不作为是指侵犯不特定多数人的名誉、荣誉、尊严、审美情趣、文化生活等无形利益的不作为。例如，在严某诉某区文体局一案中，原告认为当地文化馆公开进行色情表演，严重毒害了附近某小学学生的身心健康，要求被告予以查处，但被告借故拖延、推诿，因此提起行政诉讼。[3] 此案的诉讼标的即属于侵犯精神利益型不作为。又如，在田某诉公安部一案中，原告发现国家足球队在袜子上印有国旗，认为这属于违反国旗法、侮辱国旗的行为，向被告举报，但未得到答复，遂提起行政诉讼。[4] 此案诉讼的标的也属于精神利益型不作为，即侵犯国旗尊严的行政不作为。

区分人身利益型不作为、物质利益型不作为与精神利益型不作为的意义，主要在于有助于全面、准确把握侵害公共利益之不作为的范围。生命、健康等人身利益是公民最重要的，也是公众最为关心的法益。侵犯此类利益的行政不作为往往最先被纳入行政救济的范围。公共财产是公众的劳动成果和共同财富，是国家和社会赖以生存和发展的物质基础，同时也是公民物质生活得以不断提高的源泉和享受各种权利的物质保证。行政机关怠于履行集合、维护、分配公共财产职责的行为具有严重的社会危害性，也构成行政不作为。健康的社会文化环境以及公众良好的精神状态是文明社会的基本标志，行政机关也有义务加以维护和保障。行政机关怠于履行这种义务的，同样构成侵

[1] 万学忠：《少年诉烟草专卖局及烟厂被驳回》，《法制日报》2001年9月8日。

[2] 陈正云、孙明：《公民行政问题法律向导》，法律出版社1999年版，第162页。

[3] 沙林：《画家严正学一审输官司得民心》，《中国青年报》2001年1月8日。

[4] 才雪冬、王小星：《球袜能否印国旗 广州一律师状告公安部》，《北京晨报》2000年2月1日。

犯公共利益的行政不作为。应当注意的是，同一行政不作为可能同时侵犯了不同类型的公共利益。例如，行政机关未依法取缔污染企业的行为损害了公众的生命健康等人身利益，但也可能损害了公众的财产利益，如造成附近地产的贬值；还有可能损害了公众的精神利益，如破坏了周围的自然景观。

上述对侵犯公共利益之行政不作为的类型化分析是建立在我国目前司法实践基础之上的。可以预见，随着社会环境的不断变化以及政府公益职能的不断扩张，侵犯公共利益的行政不作为必将呈现出更加丰富的面貌。这就需要我们时刻关注、密切联系司法审判实践，及时总结和提炼出侵犯公共利益之行政不作为的新类型！

五、侵犯第三人利益的不作为

行政主体怠于履行对行政相对人进行规制的作为义务，进而损害行政第三人利益的，构成侵犯第三人利益的行政不作为。侵犯第三人利益的行政不作为既是行政违法的新兴形态，又是行政不作为的重要类别。2015 年最高人民法院发布了“关于行政不作为十大案例”，其中有九个是侵犯第三人利益的行政不作为案件。[1] 以下围绕此类行政不作为的理论基础、核心特征、主要类型等问题展开研究。

（一）行政不作为的新形态：侵犯第三人利益之不作为

侵犯第三人利益的不作为是随着社会环境的变迁以及行政法学理论的发展而出现的一种新的行政不作为形态。

行政法产生于自由法治国时代。当时，为了最大限度地维护公民的自由，最大限度地控制行政权的行使，“两面关系论”与“反射利益论”应运而生。“两面关系论”主张，行政法律关系仅存在于行政主体与行政相对人之间，而行政主体与行政第三人之间并不存在任何法律关系。“相对人以外之第三人，既非处分所针对之人，自无受该处分侵害之余地”[2]，就是这种理论的集中体现。行政主体怠于对行政相对人进行规制从而对行政第三人所造成的影响，被认为是事实上的而非法律上的、间接的而非直接的影响。在法律上直接影响行政第三人权益的是行政相对人的行为，而不是行政主体的不作为。行政主体因此所承担的至多是政治或者道义责任，而不是法律责任。相应地，行

[1] 参见《人民法院关于行政不作为十大案例》，《人民法院报》2015 年 1 月 16 日。

[2] 李庭熙：《第三人之法律救济——行政诉讼上之非相对人诉讼》（上），《植根杂志》1991 年第 8 期。

政第三人只能对行政相对人提起民事诉讼，而不得对行政主体提起行政诉讼以保护自己的利益。[1]“反射利益论”认为，行政法规范以维护公共利益为主要目的，行政行为以促进公共利益为首要宗旨。行政第三人可能因行政主体严格执行法律规范而在客观上获取某种利益，但这种利益是行政第三人“搭公共利益的便车”而取得的利益，即所谓反射利益。反射利益属于事实上的利益，而非法律上的权利。因此，行政第三人并不拥有行政介入请求权，不能要求行政主体对行政相对人予以规制。相应地，第三人也无权要求法院判令行政主体对行政相对人进行处理。[2] 在“两面关系论”与“反射利益论”的交互作用之下，行政主体怠于对行政相对人行使规制权的行为，虽然在客观上影响了行政第三人的利益，但并不受违法之评价。换言之，侵犯第三人利益的行政不作为这一违法形态在当时并不存在。然而，随着给付行政的不断发展，社会法治国时代来临。在这样的社会背景下，“两面关系论”逐渐被抛弃，“反射利益论”也逐步受到了限制。

首先，“两面关系论”被抛弃，行政第三人的主体地位得到了承认。“二战”后，绝对自由主义所导致的各种社会问题不断涌现，为了及时、有效地化解社会矛盾与冲突，行政主体被赋予了广泛的权力，行政职能从传统的国防、外交、税收等急剧扩展至教育、卫生、交通等领域。行政机关开始担负起对国民进行“生存照顾”的职责，积极介入私人生活关系，对民事活动发挥着越来越重要的影响。在这种情况下，传统的“两面关系论”逐渐被“三面关系论”取代。依据“三面关系论”，行政法关系不仅存在于行政相对人与行政主体之间，而且也存在于行政第三人与行政主体之间，不仅行政相对人具有独立的行政法主体地位，而且行政第三人也获得了这种地位。[3] 要切实保障行政第三人的法律地位，行政主体就必须积极介入行政相对人与行政第三人的关系之中，承担起对行政相对人进行规制和处理的职责。[4]

其次，“反射利益论”受到了限制，行政第三人的利益获得了行政法保护。“二战”后，公民的请求权范围逐渐发展，“反射利益论”不断受到冲击。这种发展的第一步是“保护规范说”，即只要行政法规范在维护公益的同时具有保护个人利益之目的，行政第三人就对影响其利益的行政行为具有原告资格。第二步是“行政第三人公权说”，即只要宪法所规定的基本权利受到

[1] 参见王和雄：《行政不作为之权利保护》，三民书局 1994 年版，第 24 页。

[2] 参见翁岳生编：《行政诉讼法逐条释义》，五南图书出版股份有限公司 2002 年版，第 71 页。

[3] 参见王和雄：《行政不作为之权利保护》，三民书局 1994 年版，第 95 页。

[4] 相关的深入研究，可参见王贵松：《行政裁量权收缩的法理基础——职权职责义务化的转换依据》，《北大法律评论》2009 年第 2 期。

了行政行为的影响，行政第三人就具有原告资格。第三步是“事实上的利益保护说”，即只要法律的实施使第三人在事实上享受了公共利益，第三人就享有原告资格。在上述各种学说中，每后一学说都是对前一学说的突破，是对“反射利益论”的进一步限制，同时也标志着第三人利益范围的进一步拓展。[1] 上述学说所划定的行政第三人范围有大小之别，但无论依据那种学说，行政第三人都有权要求法院判令行政主体发动公权力，对行政相对人进行规制以保护自己的利益。

“三面关系论”在行政主体与行政第三人之间建立了法律上的联系，而“行政第三人公权说”等则证立了行政第三人的原告地位。依据这两种理论，行政主体怠于行使规制权进而导致第三人利益受损的行为构成行政不作为之违法。[2] 目前，促使行政主体积极行使规制权，切实保障行政第三人利益已成为现代行政法的重要任务，而侵犯第三人利益的不作为也已成为现代行政法上重要的行政不作为形态。

（二）侵犯第三人利益之不作为的特征解析

侵犯第三人利益的不作为是行政违法的新形态。把握这一新型违法行为的关键在于将之与其他类型的行政不作为进行比较分析。与其他类型的行政不作为相比，侵犯第三人利益的行政不作为具有职权性、特定性以及复效性等鲜明特点。

1. 行政不作为性质的职权性

侵犯第三人利益的不作为在性质上属于依职权行政不作为。只要发生了行政相对人损害第三人合法权益的事实且为行政主体所知悉，行政主体就应当主动对行政相对人进行规制和处理以保护第三人的合法权益，而无须、不必也不应等待行政第三人的申请。这是侵犯第三人利益的不作为与应申请行政不行为的主要区别。

明确侵犯第三人利益之不作为的职权性特点有助于法院正确把握司法审查的重点。对于此类不作为案件，法院应当重点审查损害事实是否已经发生、

---

[1] 参见叶必丰：《应申请行政行为判解》，武汉大学出版社 2000 年版，第 196 页。

[2] “自由裁量论”也是否定侵犯第三人利益之行政不作为成立的障碍，但随着“裁量收缩论”的兴起，这一障碍也逐渐被克服。相关研究，参见王和雄：《行政不作为之权利保护》，三民书局 1994 年版，第 251 页；胡建淼、杜仪方：《依职权行政不作为赔偿的违法判断标准——基于日本判例的钩沉》，《中国法学》2010 年第 1 期；王贵松：《行政裁量权收缩之要件分析——以危险防止型行政为中心》，《法学评论》2009 年第 3 期；王贵松：《行政裁量收缩论的形成与展开——以危险防止型行政为中心》，《法学家》2008 年第 4 期。

行政主体是否行使了规制权、第三人与规制权的行使之间是否存在法律上的利害关系等，至于原告是否提出了申请、该申请是否合法等问题则非属法院审查的范围。例如，在蒋A某诉惠安县国土资源局一案中，原告多次致函被告，要求对蒋B某侵占自己具有合法使用权的土地的行为进行查处，但被告没有答复，因而诉请法院判令被告履行法定职责。一审法院认为，原告应当承担其曾提出过申请的证明责任，但其只提供了两份报告，无法证明其有向被告提出申请的事实。据此，判决驳回了原告的诉讼请求。二审法院经审理后撤销了一审判决，并判令被告履行查处非法占用土地的法定职责。其判决理由称："被上诉人惠安县国土资源局在知道原审第三人蒋B某在惠安县人民政府批给上诉人蒋A某使用的土地上存在占用土地的行为后，就应依职权主动予以查处，查明原审第三人蒋B某是否存在非法占地的行为，但被上诉人没有查处，属不履行法定职责。"❶ 我们认为，二审法院对本案的定性和判决是正确的。一审法院出现错判的原因就在于未把握此类不作为所具有的职权性特点，进而混淆了针对第三人利益的不作为与应申请行政不作为。

2. 行政不作为对象的特定性

行为对象的特定性是侵犯第三人利益的不作为与侵犯公共利益的不作为的主要区别。公共利益的受益主体是数量不确定的多数人。为避免滥诉从而造成法院的过重负担，侵犯公共利益之不作为在司法救济上具有明显的限制性。例如，纪某某诉如皋市城市管理局一案中，纪某某对涉案建设用地并无使用权，涉案建设对纪某某的通行、采光、通风等相邻权利均不构成影响。因此，其所提起的实为公益诉讼。江苏省南通市中级人民法院审查后认为，纪某某不具备提起履行法定职责之诉的原告主体资格，故裁定驳回其起诉。❷ 但是，侵犯第三人利益之不作为的司法救济却没有如此之限制。因为，行政第三人虽然是间接的、潜在的，但却是特定的行政法律关系主体，只要把握合理的尺度，将此类不作为纳入行政诉讼的受案范围，就不会产生滥诉的问题。

然而，特定与不特定的区分是相对的，公共利益和个人利益是无法截然分开的。对特定个人利益的损害，如果该个人利益中包含着公共利益，则同时构成对公共利益的损害；而对不特定公共利益的损害，如果某个相对人享受着该公共利益，则也可以宣称个人利益受到了损害。❸ 尤其是随着"反射利

❶ 福建省泉州市中级人民法院行政判决书（2005）泉行终字第50号。

❷ 参见江苏省南通市中级人民法院行政裁定书（2015）通中行终字第548号。

❸ 参见周佑勇：《行政不作为判解》，武汉大学出版社2000年版，第117页。

益论”不断受到限制，行政第三人的范围不断扩张，侵犯公共利益之不作为与侵犯第三人利益之不作为的界限趋于模糊。例如，在李某诉某区国土资源和房屋管理局一案中，原告要求法院判令被告履行查处本村土地被非法占用的职责。原告作为村民个体，其所要维护的首先是个人利益，但原告同时是村集体的一员，其所要维护又是全体村民的公共利益。依据传统的诉权理论，本案不应受理。然而，法院认定原告与被诉行政行为存在利害关系，不仅受理了此案，而且支持了原告的诉讼请求。❶ 又如，在许某诉某区物价局一案中，原告要求法院判令被告履行查处某村委会和某农工商公司违法向外来人口收取卫生费的职责。本案原告也仅系诸多外来人口中的一员，其所要维护不仅是个人利益，而且是全体外来人口的公共利益。法院同样受理了此案。❷这些案件说明，在我国司法实践中，法院并没有机械固守“特定”与“不特定”的区分以及公共利益与个人利益的区别。我们认为，法院受理此类案件对于促进行政机关依法行政，切实保障第三人利益以及维护公共利益具有积极意义。但是，也应当注意，侵犯第三人利益之不作为与侵犯公共利益之不作为的损害对象毕竟不同，为避免过度增加法院负担，仍有必要对二者进行区分。❸

3. 行政不作为后果的复效性

以法律后果为标准，可以将行政行为区分为授益行为、负担行为和复效行为。其中，所谓复效行为是指对同一关系人具有授益和负担两种效果的行为，或者对不同关系人分别具有授益效果和负担效果的行为。❹ 侵犯第三人利益的不作为属于复效行政行为。一方面，对行政相对人而言，此类行为属于授益，因为行政相对人本应丧失的利益由于行政主体的不作为而得以保存；另一方面，对行政第三人而言，此类行为构成负担，因为行政第三人本应受到保护的利益却由于行政主体的不作为而受损。复效性是侵犯第三人利益之不作为与单纯针对相对人利益之不作为的主要区别。

由于侵犯第三人利益的不作为具有复效性，涉及复杂、多元的利益关系，

---

❶ 参见贺荣主编：《行政执法与行政审判实务——行政裁决与行政不作为》，人民法院出版社2005年版，第335—339页。《最高人民法院关于审理涉及农村集体土地行政案件若干问题的规定》第3条第1款规定：“村民委员会或者农村集体经济组织对涉及农村集体土地的行政行为不起诉的，过半数的村民可以以集体经济组织名义提起诉讼。”

❷ 参见贺荣主编：《行政执法与行政审判实务——行政裁决与行政不作为》，人民法院出版社2005年版，第525—532页。

❸ 在我国目前，提起行政公益诉讼的主体只能是检察机关，公民、法人或者其他组织无权提起此类诉讼。参见《行政诉讼法》第25条第4款。

❹ 参见［德］哈特穆特·毛雷尔：《行政法学总论》，高家伟译，法律出版社2000年版，第208—209页。

行政主体在决定是否发动规制权时，要对涉案各方之利益进行认真的权衡比较，尽量兼顾行政相对人及行政第三人的利益，实现利益的最大化。一方面，行政主体要遵循禁止过度原则，不得过分干涉行政相对人的自由；另一方面，行政主体还要遵循禁止保护不足原则，避免出现对行政第三人权益保护不力的情形。[1] 相应地，法院在对侵犯第三人利益的不作为进行认定时也应当注意到其复效性这一特点。认定标准不能过于严格，否则不利于对行政第三人利益的维护，不利于督促行政主体担负起保护职责。但是，认定标准也不能过于宽松，否则可能造成行政权过度扩张进而损害公民自由的危险。

（三）侵犯第三人利益之不作为的类型建构

以行政相对人与行政第三人之间的关系为标准，可以归纳、概括，进而建构出三种不同类型的侵犯第三人利益之不作为，即侵犯相邻者利益的不作为、侵犯竞争者利益的不作为以及侵犯受害者利益的不作为。[2] 以下结合我国司法实践对这三种类型的行政不作为进行分析。

1. 侵犯相邻者利益的行政不作为

“二战”后，国家逐步加强了对基本权利的保护，法律规范开始注重对公民间利益冲突的调和，行政法上的邻人诉讼制度因而得到了迅速发展，侵犯相邻者利益的不作为最先被纳入侵犯第三人利益之不作为的谱系之中。[3]

在我国司法实践中，围绕此类不作为而发生的案件大多是由于行政主体怠于行使规制权，未对损害相邻权的行为作出任何处理。如在段某某诉台儿庄区城市管理行政执法局一案中，原告与栗某某系邻居关系，栗某某在未经有关部门批准的情况下，私自改建、扩建房屋，损害了原告的相邻权。为此，原告要求被告对栗某某进行处理，但被告一直未予理睬。其行为最终被法院认定为行政不作为之违法。[4] 有的情况下，案件的起因则是行政主体对损害相

---

[1] 参见程明修：《禁止过度侵害与禁止保护不足》，《月旦法学教室》2004 年第 3 期。

[2] 《最高人民法院关于适用〈中华人民共和国行政诉讼法〉的解释》第 12 条规定：“有下列情形之一的，属于行政诉讼法第二十五条第一款规定的‘与行政行为有利害关系’：（一）被诉的行政行为涉及其相邻权或者公平竞争权的；……（三）要求行政机关依法追究加害人法律责任的；……”；《最高人民法院关于执行<中华人民共和国行政诉讼法>若干问题的解释》（2018 年 2 月 8 日失效）第 13 条规定：“有下列情形之一的，公民、法人或者其他组织可以依法提起行政诉讼：（一）被诉的具体行政行为涉及其相邻权或者公平竞争权的；……（三）要求主管行政机关依法追究加害人法律责任的；……”

[3] 参见王彦：《行政诉讼当事人》，人民法院出版社 2005 年版，第 158—160 页。

[4] 参见张昌民、张春玲：《有人擅改房屋开诊所 城管接举报不作为被判违法》，http://www.chinacourt.org/html/article/200910/13/377155.shtml。

邻权的行为作出了处理之后却怠于强制执行或者申请法院强制执行。如，在王某诉某市规划局一案中，原告与韩某系前后邻，韩某未经批准擅自建筑楼房从而严重影响了原告的通风、采光等相邻权，因此要求被告予以处理。被告对韩某作出了拆除的处罚决定，但在韩某未自动履行该决定的情况下，却未在法定期限内申请人民法院强制执行，从而使得处罚内容落空。该行为最终也被法院认定为不作为之违法。[1] 在彭某诉深圳市南山区规划土地监察大队一案中，被告作出限期拆除玻璃幕墙的决定后，在行政相对人未申请行政复议亦未提起行政诉讼、且拒不履行的情况下，在长达一年多的时间里，其仅作出催告而未依法实施强制拆除，该行为被深圳市南山区人民法院认定为构成行政不作为。[2]

应予注意的是，相邻权可能受到侵害是提起此类诉讼的前提条件。否则，要求行政主体对邻居的违法建筑进行查处的申请只能视为举报。相应地，行政主体未查处违法建筑的行为并不构成针对相邻者利益的不作为。如在张某某诉郑州市中原区城市管理行政执法局一案中，原告就其所居住单元住户朱某某扩建阳台、建围墙、在楼梯下建小屋等行为向被告进行投诉，被告未对朱某某进行处罚，因此提起诉讼。原告在诉讼过程中未举证证明其相邻权，如通风、采光、通行等权利受到了朱某的侵害。因此，原告与被告的不作为之间并不存在法律上的利害关系，其投诉只能视为举报。换言之，张某某不具有原告资格，法院应当裁定不予受理或者驳回起诉。[3]

2. 侵犯竞争者利益的行政不作为

现代社会，行政主体担负起了保障公平竞争的法律责任。对破坏公平竞争秩序的行为，行政主体有义务积极行使规制权以维护公平的竞争态势。因行政主体的不作为而使自己处于不利地位的竞争者，有权提起行政诉讼。[4] 目前，侵犯竞争者利益的不作为也已经成为侵犯第三人利益之不作为的重要类型。

围绕此类行政不作为而发生的案件多发生于商业竞争领域。如，在某镇红星市场业主诉某县国土局一案中，红星市场属于正规开办的农贸市场，市场内的业主均经过招标并签订合同后入驻摆摊。邻近村委会发现该市场生意

---

[1] 参见最高人民法院中国应用法学研究所编：《人民法院案例选》（行政卷），中国法制出版社2000年版，第865—869页。

[2] 参见《人民法院关于行政不作为十大案例》之三，《人民法院报》2015年1月16日。

[3] 参见河南省郑州市中原区人民法院行政判决（2009）中行初字第45号。

[4] 行政法上的竞争者诉讼分为消极的竞争者诉讼、积极的竞争者诉讼、排他性的竞争者诉讼，参见翁岳生编：《行政诉讼法逐条释义》，五南图书出版股份有限公司2002年版，第92—93页。

红火，遂在附近的一块集体空地上搭建了简易市场进行出租，但没有办理任何合法手续。简易市场收费低廉，大大影响了红星市场业主的生意。红星市场业主投诉到县国土局，要求其做出处理。县国土局收到投诉 3 个月后仅表示“依法处理”，但没有采取任何行动。法院最终支持了原告的诉讼请求，认定被告的行为构成行政不作为。[1] 又如，在周某某诉五河县安全生产监督管理局一案中，原告是依法取得危险化学品经营许可证之后从事农药经营的个体工商户。他认为当地的张某某、于某某两户无证经营农药，侵犯了自己的合法经营权，遂提起行政诉讼，要求法院判令被告履行对两违法经营户予以取缔、惩罚的法定职责。法院未采纳被告提出的起诉人不具有原告主体资格的主张，依法受理了此案。[2] 在职位竞争领域，侵犯竞争者利益的不作为案件也时有发生。如在朱某诉马鞍山市人事局一案中，考生朱某因不服竞争对手周某身高的复检结果，请求被告对周某进行再次复检。法院虽然以朱某的要求不符合法律规定为由，驳回了其诉讼请求，但认定朱某具有合法的原告资格：“原告朱某作为本次招录警察工作中的入围人之一，其与周某的体检结果有着直接的法律上的利害关系，是本案的适格主体。”[3]

3. 侵犯受害者利益的行政不作为

广义而言，利益受损的相邻者、竞争者都是受害者。但由于相邻者诉讼和竞争者诉讼已趋于定型化，此处所谓的“受害者”是指除相邻者、竞争者之外的其他受害人。

司法实践中，此类不作为案件主要发生于治安行政领域。在我国《行政诉讼法》实施的初期即有此类案件出现。如在汪某诉某县公安局一案中，原告在其女被拐卖至某县城关乡范某为妻后，请求被告解救，但时过两年仍未得到被告的明确答复，遂诉至法院，法院经审查后受理了此案。[4] 李某某诉四川阆中市公安局一案则是有关此类行政不作为的一个标志性案件，这个案件确立了公安机关怠于履行人身保护义务的赔偿责任。在该案中，原告以遭郑某某追杀而被告怠于履行保护职责导致自己不得已从二楼跳下致残为由，向阆中市人民法院提起行政诉讼，索赔 364 万元。针对此案，四川省高级人民法院向最高人民法院请示，最高人民法院答复称：“由于公安机关不履行法定行政职责，致使公民、法人和其他组织的合法权益遭受损害的，应当承担行

---

[1] 参见陈洪东：《怠于查处违法用地国土局被诉不作为》，《法治快报》2007 年 3 月 26 日。

[2] 参见安徽省蚌埠市中级人民法院行政判决书（2005）蚌行终字第 22 号。

[3] 思文：《两次体检身高相差 1.1cm 考生状告人事局被驳回》，http://www.chinacourt.org/html/article/200903/06/347363.shtml。

[4] 参见姜明安主编：《行政诉讼案例评析》，中国民主法制出版社 1993 年版，第 40—43 页。

政赔偿责任。在确定赔偿的数额时，应当考虑该不履行法定职责的行为在损害发生过程和结果中所起的作用等因素。”❶ 据此，阆中市人民法院最终确认被告不履行法定职责的行为违法，并判令被告赔偿原告经济损失 19751.32 元。❷ 尹某某诉卢氏县公安局也是有关此类不作为的一个标志性案件。此案中，原告以自己的门市部发生盗窃，在附近群众前后两次报警的情况下，被告没有出警，以致遭受财产损失为由诉请法院判令被告予以赔偿。法院审理后，判令被告承担原告损失的 50%。❸ 此案标志着公安机关怠于履行财产保护义务的，同样构成不作为之违法，应当承担相应的赔偿责任。2015 年最高人民法院公布的“张某某等五人诉天水市公安局麦积分局案”也是发生在治安行政领域的有关行政不作为的一个典型案件。❹

在劳动行政领域，此类不作为案件也时有发生。如在汤某诉当涂县劳动局一案中，原告认为其所在的单位当涂县建材公司停发、乱扣其经济收入，违反了劳动法，要求被告调查处理，但被告将来信批转给物资局之后再没有采取任何行动，因而提起诉讼。法院审理后判令被告对当涂县建材公司遵守劳动法律、法规的情况进行监督检查，并在两个月内对原告作出书面答复。❺ 应当注意的是，程序上是否有所作为是区分作为与不作为的标准。如果行政主体已经在程序上有所作为，即使其内容是否定的，也并非行政不作为。❻ 如，在陈某某诉深圳市南山区劳动局案中，原告要求被告责令信电公司支付其加班工资等并为其办理社会保险。被告收到申请之后到信电公司进行了调查核实并告知原告不予立案。本案被告对原告的申请已经作出了明确的意思表示，程序上已有所作为，因此并不构成侵犯第三人利益的不作为。❼

在德国、日本以及我国台湾地区，对第三人原告资格的认定主要采用的是“规范保护说”，只有当关联法规在保护公共利益的同时也意在保护个人利益时，第三人才具有行政介入请求权从而具有行政诉讼的原告资格。相对而言，我国法院在这方面的探索更为积极，对行政第三人原告资格的认定采用的是“行政第三人公权说”，在有的案件中，法院甚至采用了“事实上的利益

---

❶ 最高人民法院法释［2001］23 号。

❷ 参见甘霖：《向“不作为”的公安局索赔 364 万元》，《政府法制》2001 年第 11 期。

❸ 《中华人民共和国最高人民法院公报》2003 年第 2 期。

❹ 参见《人民法院关于行政不作为十大案例》之十，《人民法院报》2015 年 1 月 16 日。

❺ 《中华人民共和国最高人民法院公报》1996 年第 4 期。

❻ 参见上文关于“迟延不作为”的论述。

❼ 参见广东省深圳市南山区人民法院行政判决书（2003）深南法行初字第 2 号。

保护说”。因此，行政第三人的范围非常广泛。[1] 相应地，侵犯受害者利益之不作为的案型繁多，几乎涉及了所有的行政管理领域。[2]仅就最高人民法院公布的九个侵犯第三人利益的行政不作为案件而言，其所涉及的领域就包括：社会保障、国土资源、土地监察、工商管理、村务公开、治安管理、城市管理和医疗卫生。我们认为，应当对法院的积极探索加以肯定。但是，也应当注意，过度扩展行政不作为的第三人范围，不仅会出现司法权过度干涉行政权的问题，而且还会出现行政权过度干预社会生活的问题。

六、结　语

行政不作为是当前干扰我国政府依法行政的严重障碍，成功遏制行政不作为是我国服务型政府建设的首要任务。行政不作为现象越来越复杂，要深入推进相关研究，就必须重视类型化研究方法的应用。本章对行政不作为类型化的意义、路径进行了探讨，重点围绕迟延不作为、纯粹不作为、侵犯公共利益的不作为、侵犯第三人利益的不作为等行政不作为的主要类型，尤其是对这些不作为的构成要件、典型特征等进行了探讨，其目的就在于为识别、处理、破解行政不作为这一难题奠定基础。

---

[1] 关于“规范保护说”的经典论述，可参见我国台湾地区“司法院”大法官会议第469号解释。

[2] 最高人民法院公布的九个侵犯第三人利益的行政不作为案件所涉及的领域包括：社会保障、国土资源、土地监察、工商管理、村务公开、治安管理、城市管理和医疗卫生。参见《人民法院关于行政不作为十大案例》，《人民法院报》2015年1月16日。

第二章
新型城镇化过程中行政规划的法律规制

当代中国最大的社会变迁就是城镇化。随着改革开放的进程，我国城镇化的速度不断加快，农村人口及农村大量减少，城镇人口及城镇不断增加，“1978—2013 年，城镇常住人口从 1.7 亿人增加到 7.3 亿人，城镇化率从 17.9%提升到 53.7%，年均提高 1.02 个百分点；城市数量从 193 个增加到 658 个，建制镇数量从 2173 个增加到 20113 个”。❶ 这表明我国的社会结构已发生了剧烈的变化。在可以预期的将来，我国城镇化的进程会进一步加快。基于此，中共中央、国务院提出了“新型城镇化”概念并制定了《国家新型城镇化规划（2014—2020 年）》，对我国新时期的城镇化建设作出了顶层设计和战略部署，指明了我国新时期城镇化建设的目标和方向。但是，我国新型城镇化的目标能否真正实现，在很大程度上取决于我国城镇化过程中的行政规划及其变更能否受到法律规制。这是因为，与欧美国家以市场经济为基础的自发演进型的城镇化推进模式相比，我国的城镇化并不完全是社会主义市场经济发展自发演进的结果，而在很大程度上是一种以政府主导为基础的自上而下的强力推进模式。因而，我国城镇化的方案实际上就是我国各级行政机关的行政规划方案，我国城镇化的过程实际上就是我国各级行政机关行政规划方案实施的过程。所以，行政规划及其变更能否受到法律规制，就关系到我国新型城镇化目标能否最终实现。且“法律的进步作用之一乃是约束和限制权力，而不论这种权力是私人权力还是政府权力。在法律统治的地方，权力的自由行使受到了规则的阻碍，这些规则迫使掌权者按一定的行为方式行事。”❷ 实际上，我国城镇化过程中出现的种种问题，大都与我国各级行政机关的行政规划及其变更缺少法律规制有关。

---

❶ 《国家新型城镇化规划（2014—2020 年）》（中共中央、国务院中发〔2014〕4 号）。

❷ ［美］E. 博登海默：《法理学——法律哲学与法律方法》，邓正来译，中国政法大学出版社 1999 年版，第 358 页。

一、我国城镇化过程中行政规划法律规制的必要性

“行政规划是指行政主体在实施公共事业及其他活动之前，首先综合地提出有关行政目标，事前制定出规划蓝图，以作为具体的行政目标，并进一步制定为实现该综合性目标所必需的各项政策性大纲的活动。”❶ 行政规划具有综合性、动态性、裁量性等特征，使其不同于一般的行政行为，而正是这些特性决定了在我国城镇化过程中对其进行法律规制的必要性。

（一）行政规划的综合性决定了对其法律规制的必要性

行政规划不同于一般的具体行政行为，它是对未来某一方面工作的一种目标设定和措施的全面安排，具有鲜明的综合性特征。我国城镇化过程中的行政规划，即是对我国城镇化的顶层设计，是对我国城镇化的目标、原则、程序、方式、手段等的全面安排部署，具有很强的综合性，十分重要。因而，城镇化过程中行政规划一旦不当或有其他严重问题，就会“牵一发而动全身”，就势必会影响我国城镇化的进程以及目标的实现。这就需要对我国城镇化过程中的行政规划进行全方位、全过程的法律规制，依法制定、变更、废止行政规划，避免其任意性和不规范性，保证其科学性和民主性。

（二）行政规划的动态性决定了对其法律规制的必要性

如上所述，行政规划是对未来某一工作的一种全面展望和安排，虽然其应尽量具有稳定性，但未来是多变的，因而，行政规划的动态变更在所难免。正如郭庆珠指出：“行政规划的拟定、确定乃至实现，是一个不断更新、演进的流程，而非局限在特定时空条件下固定不变的结果。不仅在拟定的过程中规划内容处于一个动态的、程序性的过程之中，即使在规划被有关机关确定之后，仍然会处于动态循环之中。”❷ 但是，必须承认的是，行政规划的变更，既容易损害国家和地方的公共利益，也容易破坏信赖保护原则，损害行政规划利害关系人的合法权益。因而，我们应对城镇化过程中的行政规划进行法律规制，一方面应尽可能地减少行政规划的变更，保持行政规划最大限度的稳定，另一方面应严格规范、控制行政规划的变更，尽可能减少由于行政规划的变更而给行政规划利害关系人带来的风险和损失，并给予合理公正的补偿。

---

❶ 姜明安主编：《行政法与行政诉讼法》，北京大学出版社、高等教育出版社 2007 年版，第 296 页。

❷ 郭庆珠：《论行政规划变更的正当性及其法律规制》，《河北法学》2009 年第 4 期。

（三）行政规划的裁量性决定了对其法律规制的必要性

行政规划的裁量性“取决于行政规划的自身属性。一是行政规划大多数是原则性的规范，而不是严格的规则模式。二是行政规划基于对未来的预测，其只能是一种目的——手段式的行为，而不是要件——效果式的行为，这也是行政规划区别于其他行政行为的明显之处，而目的和手段的选择使规划裁量扮演了重要角色”。[1] 在我国城镇化过程中，行政规划裁量大量存在，其既具有必然性和合理性，又存在着滥用的可能性。这是因为，在我国不具有组织法和作用法上根据的行政规划大量存在，行政机关在制定、变更、废止行政规划时往往缺乏明确的法律依据。而如果行政机关的行政规划裁量权不受法律规制的话，行政规划裁量的滥用就会成为必然，因为“一切有权力的人都容易滥用权力，这是亘古不易的一条经验”。[2] 这就要求，我们必须对城镇化过程中行政机关的行政规划裁量权进行法律规制，避免其滥用，以保护行政规划利害关系人的合法权益。

二、我国城镇化过程中行政规划存在的问题

由于目前我国行政规划立法尚缺乏统一性和明确性，结果导致我国城镇化过程中行政规划的法律规制严重不足，行政机关的行政规划权滥用比较严重，出现了各种问题。

（一）行政规划的科学性不足

行政规划是门科学，具有很强的技术性和专业性，涉及大量专业知识的运用。因而，无论是行政规划的制定，还是行政规划的变更、废止，都必须遵循客观规律，从当地的实际情况出发，都必须经过严格、充分的考察和论证，都必须发挥专家学者的积极作用，以借助他们的专业知识来弥补行政工作人员知识和能力的不足，从而保证行政规划的科学性、合理性和可行性。但是，在我国城镇化过程中，由于行政规划立法的不健全，再加上行政权的专横，导致在一些行政规划的制定、变更和废止中，往往忽视了客观规律，既没有经过充分的考察和论证，也没有专家和民众的充分参与，而是由行政机关负责人的意志主导，这就使得行政规划内容的科学性、合理性和可行性大打折扣，一旦实施，势必会造成人力、物力、财力的巨大浪费。

---

[1] 孟鸿志：《行政规划裁量与法律规制模式的选择》，《法学论坛》2009 年第 5 期。

[2] ［法］孟德斯鸠：《论法的精神》（上册），张雁深译，商务印书馆 1961 年版，第 154 页。

（二）行政规划的民主性不足

行政规划是对某一区域未来发展蓝图的设计，大多涉及公共利益和不特定多数人利益，其实质上“是行政机关运用行政权力打破现有的利益格局重新进行利益配置与协调的过程”。❶行政规划一旦制定、变更或废止，必然会对公共利益和不特定多数人利益产生难以挽回的影响。因而，在行政规划的制定、变更或废止过程中，必须充分发扬民主，使公众参与进来，特别是要听取行政规划利害关系人的意见，并将其反映到行政规划的方案中去，以实现不同利益特别是公共利益与私人利益的兼顾与平衡。然而，在我国城镇化的过程中，行政机关往往以公共利益的代表自居或以公共利益为借口，在制定、变更或废止行政规划时，没有广泛听取公众的意见和建议，没有接受公众的监督，特别是在作出对公民利益不利或涉及不特定多数人利益的重大决定时，也没有通过听证会等形式认真听取行政规划利害关系人的意见、陈述，而往往由行政机关按照自身意志甚至少数领导意志作出决定。正如孟鸿志指出：“我国以往绝大部分行政规划在制定过程中缺少民主参与，规划程序基本上是在行政机关内部封闭运作。”❷这就导致，一方面，城镇化过程中行政规划的科学性、合理性难以保证；另一方面，城镇化过程中行政规划难以被公众所理解和认同，实施过程中也难以得到公众支持，实施效果自然大打折扣。因为公众往往感觉到“被城镇化”，是“城镇化”的受害者，而不是“城镇化”的受益者。

（三）行政规划的程序性不足

行政规划作为行政机关的一项依职权行政行为，必须遵循严格的法定程序，以程序控制行政规划的制定、变更或废止等全过程。只有这样，才能避免行政机关在行政规划中的恣意妄为，才能保证行政规划利害关系人的程序权益，才能保证行政规划的规范化、制度化运行。但是，在我国城镇化过程中，由于我国行政规划程序方面的法律体系不健全，特别是尚缺乏一部统一的、专门的行政程序法，再加上相关程序方面的法律法规执行得不严格，致使我国行政规划的程序性严重不足。具体说来：一是我国行政规划的程序性规定目前还很不健全、不成体系，很多行政规划尚缺乏程序方面的规定，致使我国行政规划在程序方面尚未完全实现“有法可依”，这就为行政机关滥用

---

❶ 郭庆珠：《论行政规划利害关系人的权利保障和法律救济》，《法学论坛》2006 年第 3 期。

❷ 孟鸿志：《行政规划裁量与法律规制模式的选择》，《法学论坛》2009 年第 5 期。

职权提供了可能，往往在制定、变更或废止行政规划时比较随意、随性；二是我国行政规划的程序性规定一般比较原则、抽象，缺乏“严丝合缝”的细致性、细节性规定，致使其在实践中的可操作性并不强，难以为行政机关制定、变更或废止行政规划提供明确的指引和依据。同时由于其可变性较大，为某些行政机关“钻空子”提供了可能，在制定、变更或废止行政规划时，可以虚化、规避对其不利的一些程序性规定；三是我国长期存在“重实体、轻程序”的传统，再加上行政权力制约监督的乏力，使得行政机关在制定、变更或废止行政规划过程中，往往不愿意严格遵循行政规划程序性方面的规定，认为其“多余”或“烦琐”，要么“随意变通”，要么“走形式、走过场”，最终使行政规划程序性规定落空。

（四）行政规划的救济性不足

如上所述，由于行政规划涉及公共利益和不特定多数人利益，其一旦变更或废止，必然会对公共利益和不特定多数人利益产生重要影响，造成重大损失。因而，基于信赖保护原则的要求，行政规划一经制定，非有法定事由和经法定程序不得随意变更或废止，即行政规划应具有确定力和公定力。如果行政机关对行政规划进行非法变更和废止，给信赖行政规划的利害关系人造成损失时，则应承担相应的赔偿责任，以使行政规划利害关系人的损失得到救济。当然，即使是基于公共利益的目的，通过法定程序对行政规划进行变更或废止，行政机关也得对行政规划利害关系人因此而受到的损失承担相应的补偿责任。但在我国城镇化过程中，目前行政规划利害关系人因此而受到损害的权益缺乏应有的救济渠道，特别是无法通过诉讼的途径维护自己的合法权益。这是因为，虽然根据行政法的一般理论，行政规划属于具体行政行为，但行政规划具有很强的抽象性和政策性特点，在实践中一般视为抽象行政行为。而根据我国《行政诉讼法》的规定，抽象行政行为目前尚不属于人民法院行政诉讼的受案范围，即行政规划实际上不受司法审查。根据我国《行政复议法》的规定，部分行政规划行为可以纳入行政复议范围，但行政复议毕竟属于行政机关的内部救济，救济力度和范围均有限。因此，在我国城镇化过程中，既难以对行政机关违法变更或废止行政规划的行为进行有效监督问责，同时也难以对行政规划利害关系人因此而遭受损害的权益进行有效的救济，其基本上属于无救济状态。

三、德国行政规划法律规制的基本经验及其启示

如前所述，行政规划具有综合性、动态性、裁量性等特征，使其不同于

一般的行政行为，而正是这些特性决定了对其进行法律规制的必要性。但是，目前我国行政规划的法律规制严重不足，行政规划权力的行使比较“任性”，致使我国城镇化过程中出现了许多问题。而德国作为当今世界上在行政法和行政法治方面有代表性的国家，通过行政法治的途径对行政规划进行了很好的规制，取得了很大的成效，积累了不少有益经验，可为我国提供借鉴。

（一）德国行政规划立法的经验及其启示

“德国实行的依法行政原则，强调体现为立法机关制定的法律，具体内容包括法律优先原则和法律保留原则。”[1] 依据德国行政法上依法行政原则的要求，无论是行政规划职能的履行，还是对行政规划的规范和控制，都需要首先建立健全行政规划方面的立法，实现“有法可依”。德国作为“法治国”的典型代表，行政法治尤为发达，是行政规划理论和行政规划制度的发源地之一，在行政规划立法方面走在了全世界前列，积累了丰富的经验，可为我们提供借鉴。详言之，为了加强城乡建设，实现行政规划的法治化，当时的联邦德国政府早在1960年就制定颁布了统一的全国性的行政规划立法即《联邦建设法》，对联邦德国城乡建设中的行政规划问题作出了明确的规定，为城乡规划建设提供了法制依据。为了进一步细化《联邦建设法》，增强其可操作性，联邦德国政府先后于1962年、1965年制定颁布了《建设用地分类规范》和《计划图例规范》。1971年，根据德国城乡建设和行政规划发展的需要，联邦德国议会又制定了一部重要的行政规划法律，即《城市建设促进法》，其作为与《联邦建设法》相配套的一种特别附属法，对联邦德国旧城改造和新区开发中的规划问题作了细致规定，包括具体的步骤、措施、税收、资金等内容，从而进一步完善了《联邦建设法》。但是，这两部法律之间的矛盾冲突也不少，虽经多次修改，仍难以协调两者之间的冲突。于是，联邦德国议会于1986年12月将两法予以合并，制定颁布了统一的《建设法典》，使联邦德国的城乡规划立法上了一个新的台阶。另外，联邦德国议会还于1976年制定通过了《联邦德国行政程序法》，对行政规划的具体程序作了细致规定，并于1985年制定通过了《联邦空间发展法》，对联邦德国从中央到地方、从城市到农村的区域规划问题做出了明确规定。上述法律与《建设法典》一道共同构成了整个联邦德国行政规划法律体系的主要支柱和基石。[2] 此外，联邦德国议会还根据不同行政规划领域的具体需要，通过制定《循环经济和垃圾法》

---

[1] 于安：《德国行政法》，清华大学出版社1999年版，第28页。

[2] 杨临宏：《行政规划的理论与实践研究》，云南大学出版社2012年版，第39—40页。

《联邦自然保护法》《联邦道路法》《联邦高速公路建设法》《航空法》《联邦住房管理法》《联邦公害防治法》等，对其分别作出了细致明确的规定，这些法律与上述法律一道构成了联邦德国行政规划法律体系。

总结起来，德国行政规划立法不仅数量多，而且具有统一多层次的特点，不仅为德国行政规划活动的开展提供了完善的法制基础，也对德国行政规划活动进行了很好的法律规制。然而，我国行政规划立法开始的时间非常晚，直到 1989 年才有了第一部行政规划方面的立法。1989 年，为了合理地制定城市规划和进行城市建设，第七届全国人大常委会制定通过了《中华人民共和国城市规划法》，对我国城市建设中的行政规划问题作出了规定，这是我国第一部行政规划方面的法律，具有里程碑式的意义。另外，为了加强村庄、集镇的规划建设管理，国务院于 1993 年制定通过了《村庄和集镇规划建设管理条例》，对村庄、集镇建设中的行政规划问题作出了明确规定。这两者合在一起简称“一条一法”。但是，随着社会的发展，“一条一法”暴露出来的问题越来越多，“特别是不能满足协调社会发展中出现的新问题、新矛盾的需要，造成城乡差别不能消除，政府权力得不到有效的监管；在内容上对规划编制作了较多规定，而对规划管理、操作程序、监督检查、法律责任规定得较少、较笼统”。❶ 为了解决上述问题，进一步加强城乡规划管理，协调城乡空间布局，第十届全国人大常委会制定通过了《中华人民共和国城乡规划法》，对城乡建设中的行政规划问题作出了明确具体的规定，包括城乡规划的制定、城乡规划的实施、城乡规划的修改、监督检查、法律责任等方面，这就为我国行政规划活动的开展提供了法制依据。但是，这部法律存在的问题很多，下面详述。而且从整体上来看，我国行政规划立法不仅数量少，且体系化严重不足，既难以为我国行政规划活动的开展提供完善的法制保障，也难以对其进行良好的法律规制。正如有学者指出：“目前，我国行政规划的法律规范还不健全，未形成严密的体系，有关行政规划的规范性文件，有些是以法律的形式分散于有关法律、法规之中，多数是以非法律形式的规范性文件表现出来。”❷ 对此，我们应借鉴德国的做法与经验，加强和完善行政规划立法，不仅要修改和完善《中华人民共和国城乡规划法》（以下简称《城乡规划法》），还要加强具体领域中的行政规划立法，以形成统一而又多层次的行政规划法律体系，为我国行政规划活动的开展提供完善的法制保障。

❶ 肖铭、潘安平：《建设法规》，北京大学出版社 2012 年版，第 12 页。

❷ 应松年主编：《当代中国行政法》（下卷），中国方正出版社 2005 年版，第 1057 页。

（二）德国行政规划实体法规制的经验及其启示

行政规划实体法规制的主要内容和目的就是，通过实体法的形式赋予行政规划部门及其职权合法性，并对行政规划权进行规范与限制，以最终保障行政规划利害关系人的合法权益。正如有学者指出："所谓实体法规制是从行政机关制定行政规划的权力来源以及对行政规划内容等方面进行法律控制。"❶之所以要对行政规划进行实体法规制，是因为行政规划本质上属于行政行为的一种，而"行政行为属于行政实体法，因为行政行为是一般的、抽象的行政法律规范的具体化和执行，是对具体事件中法律状态的具有约束力的确认。"❷

由上述德国统一而又多层次的行政规划法律体系所决定，德国对行政规划进行了很好的实体法规制，积累了一些有益经验，具体说来：一是实现了行政规划部门及其职权的合法化。根据依法行政原则以及职权法定原则，任何行政规划部门的设立及其职权的来源与作用都必须具有明确的法定依据，否则，越权无效，要受到法律追究，承担法律责任。❸需要说明的是，由行政规划的特性所决定，一般来说，行政规划部门必须具有组织法上的依据，而行政规划行为却不一定必须具有作用法上的依据。这一点不同于一般的行政行为。基于此，德国议会通过制定上述法律的途径，对德国各层级行政规划部门及其职权分别作出了明确规定，实现了行政规划部门及其职权的合法化，为行政规划部门行使职权提供了法定依据，包括组织法依据（全部行政规划部门）和作用法依据（大部分行政规划行为）；二是对不同行政规划部门进行了分工与制约，避免了因行政规划权力集中而导致的滥用与腐败。行政规划权力一旦不受制约，必然导致滥用和腐败，且由于行政规划涉及一个区域的长远发展，涉及不特定多数人利益，一旦被滥用，其导致的负面影响和作用更为严重。基于此，德国在进行行政规划立法的过程中，就采取了"承担、听证、确定"相分离的立法模式，对行政规划权力进行了分解，并将其赋予了不同的行政规划部门，使其分工负责、各尽其责，且又相互制约。例如，根据《联邦德国行政程序法》的规定："申请人——无论是行政机关还是申请许可计划制定的私人，都必须向该法规定的听证机构提交计划草案……听证机构在规定的日期讨论由其他机构、申请人、计划制定的机关和其他利害关

❶ 黄凤兰：《行政法与行政诉讼法案例教程》，中国政法大学出版社 2013 年版，第 159 页。

❷ ［德］哈特穆特·毛雷尔：《行政法学总论》，高家伟译，法律出版社 2000 年版，第 203 页。

❸ 周佑勇：《行政法原论》，中国方正出版社 2005 年版，第 67 页。

系人提出的异议与意见，以便对计划制订许可的效果进行全面的评估。然后，听证机构将该草案及其对草案的意见、其他机关的意见和未处理的反对意见呈送于制订计划的机关。制订计划的机关在评估一切因素和证据之后，处理这些未处理的反对意见，同意或拒绝制订计划的许可。”❶三是注重保障行政规划利害关系人的合法权益。由于“制订计划的目的，是通过最大可能地利用社会有限资源的方式扩大人们的福利”❷，因而，德国既注重对行政规划权力的防范与制约，又注重对行政规划利害关系人合法权益的保障，且后者是根本、是目的。德国通过制定《建设法典》《联邦空间发展法》等，赋予了行政规划利害关系人诸多实体性权利，如行政规划参与权、行政规划异议权、行政规划监督权等，既保障了其在行政规划活动中的主体地位，也维护了自身的合法权益。

但如上所述，由于我国行政规划立法的滞后、不完善，导致目前我国行政规划实体法规制方面存在的问题不少，最突出的就是部分行政规划部门及其职权缺乏法律依据，而这正是我国行政规划种种“乱象”之源所在。我国行政规划实体法规制方面存在的主要问题有：第一，我国行政规划部门及其职权缺乏足够的实体法依据，没有完全实现“有实体法可依”。具体言之，一是我国大量的行政规划部门缺乏组织法依据，职权不明，职责不清；二是我国大部分行政规划行为缺乏作用法依据，于法无据，比较随意与混乱。❸第二，我国行政规划权力缺乏有效制约，容易导致滥用和腐败。目前，我国行政规划部门权力集中比较严重，甚至部分行政规划部门集编制和确定的权力于一身，既缺乏分工合作，又缺乏有效的制约与监督，导致行政规划权力的滥用与腐败比较严重；第三，我国行政规划利害关系人的合法权益难以保障。由于我国行政规划立法的不健全，我国行政规划利害关系人在行政规划活动中的主体地位缺乏法律依据，导致我国行政规划活动参与主体单一，行政规划活动往往由行政规划部门主导，行政规划利害关系人既难以有效参与到行政规划活动中去，也难以对行政规划部门进行监督，其合法权益自然也难以得到保障。

而要解决上述问题，就需要借鉴德国的相关经验，加强立法，对行政规划进行实体法规制。具体言之，第一，建立健全行政规划组织法和作用法，

---

❶ ［印］赛夫：《德国行政法——普通法的分析》，周伟译，山东人民出版社 2006 年版，第 113 页。

❷ ［印］赛夫：《德国行政法——普通法的分析》，周伟译，山东人民出版社 2006 年版，第 109 页。

❸ 伊士国：《新型城镇化过程中行政规划的法律规制》，《社会科学家》2015 年第 5 期。

以实现行政规划部门及其职权的合法化。详言之，一要不断健全行政规划相关组织法，使所有层级的行政规划部门均具有明确的组织法依据，以避免有关行政机关滥设行政规划部门现象的出现；二要尽量建立健全行政规划相关作用法，为行政规划活动的开展提供作用法依据。要根据不同行政规划的不同内容和功能，制定不同的行政规划作用法，或在同一行政规划作用法上设置不同规定，以尽可能为最大多数行政规划行为提供作用法依据。第二，要改变我国行政规划权力高度集中的权力配置模式，建立德国式的“承担、听证、确定”相分离的行政规划权力配置模式，将行政规划的权力按阶段予以分解，并赋予不同的行政规划部门，使其相互分工合作、相互监督，以避免因行政规划权力的“任性”而导致的滥用与腐败。第三，应通过健全行政规划实体立法的途径，明确规定行政规划利害关系人在行政规划活动中的主体地位，为其提供法律依据，同时赋予行政规划利害关系人相关权利，如行政规划参与权、行政规划异议权、行政规划监督权等，相应地使不同行政规划部门背负相关法定义务，以充分保障行政规划利害关系人的合法权益。

（三）德国行政规划程序法规制的经验及其启示

行政规划作为行政行为的一种，“也属于行政程序法，因为它是行政程序结束的决定”。❶因而，除了实体法规制外，还必须要对行政规划进行程序法规制。否则，就难以有效规范和控制行政规划权力。甚至在某种程度上可以说，行政规划法律规制主要就是指行政规划的程序法规制。因为“正是程序决定了法治与恣意的人治之间的基本区别”。❷ 基于此，德国十分注重对行政规划的程序法规制，积累了丰富的经验，具体包括：第一，重视程序法制建设，为行政规划活动的开展提供了明确的程序法依据。作为行政法治最发达的国家之一，德国十分重视程序法制建设，早在 1976 年就制定了统一的行政程序法典即《联邦德国行政程序法》，对行政主体实施行政行为时所应遵循的一般方式、步骤、时限和顺序作出了明确规定，特别是在其中又专辟一节，专门对行政规划的具体程序作出了明确细致的规定，包括行政规划确定程序、异议程序、变更程序、废止程序、救济程序等，其内容不仅全面，而且十分细致明确，从而为行政规划活动的开展提供了明确的程序法依据。如《联邦德国行政程序法》第 72 条第 1 款规定：“确定规划程序是由法规规定的，适用本法第 73 条至第 78 条规定，只要其本身无其他规定，也适用本法其余规定；

❶ ［德］哈特穆特·毛雷尔：《行政法学总论》，高家伟译，法律出版社 2000 年版，第 203 页。
❷ 转引自季卫东：《法治秩序的建构》，商务印书馆 2014 年版，第 3 页。

不适用第51条及第71条b至第71条e的规定，第29条在依义务裁量须保障查阅案卷的权利时，方为适用。”[1] 第二，加强权力制约的程序机制建设，用程序规范和控制行政规划权力。如上所述，德国不仅通过实体法的途径建立了“承担、听证、确定”相分离的行政规划权力配置模式，也相应通过程序法的途径建立了“承担、听证、确定”相分离的行政规划权力制约的程序机制，通过出示公告、公开信息、提出异议、召开听证会等一系列程序性制度，对行政规划权力进行了很好的程序控制。特别是德国法律明确规定，除一些特殊情形外，变更行政规划必须要走新的确定程序。例如，《联邦德国行政程序法》第76条第1款规定：“已确定的规划在完成之前需要修改的，应经过新的规划确定程序。”[2] 这就避免了行政规划的随意变更，保证了行政规划的稳定性、长期性。第三，注重对行政规划利害关系人程序权益的保障。德国通过《联邦德国行政程序法》等法律赋予了行政规划利害关系人诸多程序性权利，如获得通知的权利、卷宗阅览权、异议权、听证权、要求决定者为决定说明理由的权利、抵抗权等。这就保证了行政规划利害关系人在行政规划程序中的主体地位，使其可以全程参与行政规划活动，可以对行政规划权力进行全方位的监督、制约，以维护自身的合法权益。

但是，长期以来，由于我国程序意识的淡薄、程序立法不完善等原因，导致我国行政规划的程序法规制严重不足，难以为我国行政规划活动的开展提供坚实的程序保障。具体说来：第一，我国行政规划程序法制建设滞后，行政规划程序法制不健全。目前，虽然我国《城乡规划法》对行政规划的程序作了规定，包括行政规划制定程序、实施程序、修改程序等，但其内容还很不完善，特别是对一些程序规定得比较原则、抽象，缺乏“严丝合缝”的细节性规定，缺乏具有可操作性的详细步骤，导致既无法为我国行政规划活动的开展提供明确细致的程序法依据，也无法通过严格细致的程序设计有效控制我国行政规划裁量权的滥用。第二，我国行政规划程序设计中缺乏权力制约机制，难以有效规制行政规划权力的运用。与我国行政规划实体立法相一致的是，我国行政规划程序立法中也相应缺乏权力制约机制，仅建立了“制定、实施、修改”分阶段的程序机制，这就难以通过程序上的权力制约机制来规范和控制行政规划权力，导致实践中我国行政规划权力的滥用比较严重。第三，我国公民特别是行政规划利害关系人程序性权利严重不足，难以维护自身合法权益。尽管我国《城乡规划法》赋予了我国公民特别是行政规

[1] 应松年主编：《外国行政程序法汇编》，中国法制出版社1999年版，第192页。
[2] 应松年主编：《外国行政程序法汇编》，中国法制出版社1999年版，第196页。

划利害关系人一些程序性权利，如知情权、参与权、听证权等，但是其数量非常少，一些重要的程序性权利严重缺失，且其规定得非常原则抽象，缺乏可操作性内容，导致实践中难以被行政规划利害关系人有效行使，也难以为行政规划部门设置诸多程序性义务，行政规划利害关系人的合法权益自然也难以得到保证。

基于此，要有效解决我国行政规划中存在的上述问题，就必须借鉴德国的有益经验，加强程序法治建设，具体包括：第一，要健全我国行政规划程序立法，使我国行政规划活动的开展实现“有程序法可依”。详言之，一是可以制定统一的全国性的行政程序立法，在对行政程序做出一般性规定的基础上，再在其中专辟一部分，对行政规划程序做出明确细致的规定；二是可以修改《城乡规划法》中的程序性规定，完善行政规划的程序内容，关键是要将其中的抽象、原则性程序规定修改为明确细致的程序规定，以增强其可操作性。第二，要加强行政规划程序中的权力制约机制建设。我们除了要完善我国行政规划法律体系外，重点就是要建立健全程序法上的权力制约机制，在具体模式选择上，可以考虑建立德国式的“承担、听证、确定”相分离的行政规划权力制约的程序机制，将行政规划程序分离为承担程序、听证程序、确定程序三个阶段，这样就既可以通过每个阶段的程序机制来对行政规划权力进行制约，也可以通过三个阶段程序机制的相互制约来避免行政规划权力的滥用。第三，我们应通过修改《城乡规划法》的方式，赋予公民特别是行政规划利害关系人一系列程序性权利，如获得通知的权利、卷宗阅览权、异议权、听证权、要求决定者为决定说明理由的权利、抵抗权等，以保证行政规划利害关系人在行政规划程序中的主体地位，加强对行政规划权力的监督与制约，保护自身的程序权益。

（四）德国行政规划救济法规制的经验及其启示

由于行政规划涉及不特定多数人利益，必须要依法进行，“慎之又慎”，而且行政规划一经确定，就不得随意变更或废止，以保护行政规划利害关系人的信赖利益不受损害。但是，无论是行政规划的确定，还是行政规划的变更或废止，必然会使一部分公民或组织受益，一部分公民或组织受损，这就需要提供一个救济机制，对公民或组织受损的权益进行救济，以保护每一个公民或组织的合法权益。正所谓“无救济则无权利”。基于此，德国建立了比较完善的行政规划救济机制，为权益受损的公民或组织提供了救济途径，既有效维护了行政规划利害关系人的合法权益，又有力规制了行政规划权力的运行，积累了丰富的经验。具体说来：第一，行政内部救济。德国在制定行政规划不同阶段的具体程序时，也相应建立了行政规划的行政内部救济机制，赋予了行政规划利害关系人诸多救济性权利，同时明确规定了不同行政规划部门相应的救济义务，这样就可以通过行政内部救济途径，有效救济与弥补行政规划利害关系人受损的权益。例如，德国行政规划利害关系人享有异议权，可以对确定的行政规划提出异议，而德国行政规划确定机关必须对该异议作出裁决，并根据不同情况，采取不同措施，以对行政规划利害关系人受损的权益进行救济。❶ 第二，司法救济。根据《联邦德国行政程序法》等法律的规定❷，德国不仅建立了行政规划的行政内部救济机制，还建立了行政规划的司法救济机制。而后者更具根本性，因为司法救济相较行政救济而言，属于外部救济，更具客观性和公正性。根据《联邦德国行政法院法》及其配套性法规的规定，任何行政规划利害关系人一旦认为其合法权益因某行政规划受损，便有权直接向行政法院提起撤销之诉，请求行政法院予以救济。行政法院会视情况，作出相应判决，对行政规划利害关系人受损的合法权益进行救济，而行政规划确定机关等必须履行行政法院作出的判决。正如我国台湾地区学者董保城指出："不服确定计划裁决如同对行政处分之不服得提起撤销之诉，可为全部或部分计划之裁决为撤销，例如裁决内容中有附负担之附款，要求拟定计划机关应为必要防护措施，若此一负担具不为维护公益或防止他人权益受损之目的时，拟定计划之机关得单独对此一附款提起撤销诉讼。"❸

但长期以来，由于我国行政权的专横，再加上我国行政规划救济机制的不健全，使得我国行政规划的救济力度严重不足，难以做到有效救济。具体言之，第一，我国行政内部救济乏力。由于我国《城乡规划法》中程序机制建设的滞后，《城乡规划法》中几乎没有救济机制方面的内容，只是笼统规定因依法修改城乡规划而给行政规划利害关系人造成损失的，应当依法给予补偿。但是，众所周知，补偿必须以有效救济为前提，离开了有效救济机制的保障，补偿难以真正做到公平公正。虽然根据我国《行政复议法》的规定，

---

❶ 例如，《联邦德国行政程序法》第74条第2款规定："在规划确定决议中，规划确定机关对在听证机关举行的听证会上未解决的异议作出裁决。规划确定机关须要求规划承担者采取必要防预或设立和保持有关设施，以保护公共福利，或避免对他人正当利益造成的消极后果。如该等防预或设施无济于事，或与规划不可协调，当事人有权请求适当的金钱补偿。"

❷ 例如，《联邦德国行政程序法》第79条的规定："除法律另有规定外，针对行政行为的要式的法律救济，适用行政法院法和其实施的法规；其余情况适用本法规定。"

❸ 翁岳生编：《行政法》（上册），中国法制出版社2009年版，第779页。

可以对部分行政规划行为进行行政复议，但这种救济的范围和力度均非常有限，难以对行政规划利害关系人受损的合法权益进行有效救济。第二，缺乏司法救济。与德国不同的是，我国尚无法通过司法的途径对行政规划利害关系人受损的权益进行救济。原因在于，长期以来，我国行政诉讼受案范围仅限于具体行政行为。而行政规划行为虽然在理论上大都被认为是具体行政行为，但在实践中往往被视为抽象行政行为，自然不被纳入我国行政诉讼受案范围。这就导致我国行政规划利害关系人不能通过司法的途径对其受损的权益进行救济，也不能通过司法的途径对行政规划权力进行规制。

对此，要对我国行政规划利害关系人受损的权益进行有效救济，我们就应借鉴德国的有益经验，加强行政规划内外救济机制建设，具体包括：第一，要健全我国行政规划的行政内部救济机制。我们应在健全我国行政规划程序机制的过程中，健全我国行政规划的行政内部救济机制，除了要扩大我国行政复议的受案范围外，关键还要在行政规划的每一阶段设置相应的内部救济机制，以及时对行政规划利害关系人受损的权益进行有效救济，弥补当事人损失。第二，要建立我国行政规划的司法救济机制。我们应借鉴德国的做法和经验，特别是应借鉴德国的一般处分概念，将行政规划作为一种特殊的行政行为，纳入我国行政诉讼的受案范围，由司法机关对行政规划利害关系人受损的权益进行救济。而且，根据我国 2017 年修正的《行政诉讼法》的立法精神❶，可知我国行政诉讼受案的范围已呈扩大的趋势，作为抽象行政行为的部分规范性文件已纳入我国行政诉讼受案范围，法院可对其进行附带性审查。这就意味着将具有抽象行政行为特点的行政规划纳入我国行政诉讼受案范围，已具有一定的合法性基础。

四、我国新型城镇化过程中行政规划法律规制的基本原则

由行政规划的综合性、法定性、裁量性特性及其在我国传统城镇化过程中的现状所决定，必须要对我国新型城镇化过程中的行政规划进行法律规制，否则，“行政计划的盛行，具有破坏依法行政原理，将现代行政的性质变为依计划行政，促成行政权强化的危险倾向”。❷ 但对行政规划的法律规制首先必须要遵循行政法基本原则，因为“行政法基本原则实际上是‘超实证法’，亦

---

❶ 例如，我国 2017 年修正的《行政诉讼法》第 53 条规定：“公民、法人或者其他组织认为行政行为所依据的国务院部门和地方人民政府及其部门制定的规范性文件不合法，在对行政行为提起诉讼时，可以一并请求对该规范性文件进行审查。前款规定的规范性文件不含规章。”

❷ 杨建顺：《日本行政法通论》，中国法制出版社 1998 年版，第 567 页。

即先于实证法而存在的根本法律规范，构成行政法治内容之指导性纲要，也是法院审查的依据”。[1]

（一）行政参与原则

行政参与原则，是指受行政权力运行结果影响的利害关系人有权参与行政权力的运行过程，表达自己的意见，并对行政权力运行结果的形成发挥有效作用。[2] 行政参与原则在行政规划领域中的贯彻表现为，在行政规划的制定、变更、废止过程中，必须要保证公众的充分参与，必须充分听取公众特别是行政规划利害关系人的意见，反映其利益要求，以维护其合法权益，并由公众对政府行使行政规划职权的活动进行监督。这有利于保证行政规划的民主性和科学性。对我国来说，在城镇化的行政规划中贯彻落实行政参与原则意义更为重大。因为“与欧美国家主要依托市场机制自主发展的城市化推进模式相比，中国的城镇化完全是一种政府强力主导的推进模式。举凡城镇的规划选址、土地的征收补偿、新区新城的功能定位、旧城改造的实施方案等城镇化进程中的诸多问题，都是在行政权力的直接介入下实现的”。[3] 因此，我国新型城镇化过程中的行政规划法律规制必须坚持行政参与原则。

我国《城乡规划法》明确规定和体现了行政参与原则，如《城乡规划法》第26条规定：“城乡规划报送审批前，组织编制机关应当依法将城乡规划草案予以公告，并采取论证会、听证会或者其他方式征求专家和公众的意见。公告的时间不得少于三十日。组织编制机关应当充分考虑专家和公众的意见，并在报送审批的材料中附具意见采纳情况及理由。”但是，在我国政府主导型的城镇化推进模式下，上述文本的规定并不能在实践中完全真正落实，政府往往主导着城乡规划的决策，公众参与往往被作为城乡规划决策“民主”的装饰，在城乡规划决策中发挥的影响力十分有限，甚至有时被完全忽视，这就导致我国城乡规划决策往往是政府意志和利益的产物，而忽视了公众特别是行政规划利害关系人的意志和利益，使得公众往往感到“被城镇化”，从而对城镇化的各项举措比较抵制。这也正是我国城镇化过程中“强拆”“强征”现象屡禁不止的重要原因。正如托马斯指出：“在大多数情况下，公民参与的动力通常来自于获取公民接受政策的需求，公民的接受是决策成功实施

[1] 应松年主编：《行政法与行政诉讼法》，法律出版社2009年版，第28页。

[2] 周佑勇：《行政法原论》，中国方正出版社2005年版，第78页。

[3] 章志远：《城镇化与我国行政法治发展模式转型》，《法学研究》2012年第6期。

的先决条件。”[1] 对此，要解决上述问题，关键是要通过公众参与程序机制特别是听证程序机制的设计与完善，保证公众特别是行政规划利害关系人有序、有效参与城乡规划决策，使其意志和利益在城乡规划决策中得以充分表达、体现和反映，以最终保证行政参与原则在我国城乡规划法律规制中的真正贯彻落实。

（二）信赖保护原则

信赖保护原则，是指当行政相对人对行政行为形成值得保护的信赖时，行政主体不得随意撤销或者废止该行为，否则必须合理补偿行政相对人信赖该行为有效存续而获得的利益。[2] 信赖保护原则在行政规划领域中的贯彻表现为，行政规划一经制定，就具有确定力和公定力，非基于法定理由和程序，不得随意对其变更或废止，否则就必须对行政规划利害关系人受损的信赖利益进行补偿。由于行政规划不同于一般的行政行为，其既涉及某一区域的长远利益，又涉及不特定多数人利益，在行政规划领域中贯彻落实信赖保护原则意义更为重大。正如我国台湾地区学者董保城指出：“计划之目的为公共事业之设立或公共设施之设置，将影响地方之开发与发展，关乎地方人民生活环境与品质及地方之繁荣，此类计划关系人民权益甚大。”[3] 因而，我国新型城镇化过程中行政规划法律规制必须坚持信赖保护原则。

我国《城乡规划法》明确规定和体现了信赖保护原则，如《城乡规划法》第50条规定：“在选址意见书、建设用地规划许可证、建设工程规划许可证或者乡村建设规划许可证发放后，因依法修改城乡规划给被许可人合法权益造成损失的，应当依法给予补偿。经依法审定的修建性详细规划、建设工程设计方案的总平面图不得随意修改；确需修改的，城乡规划主管部门应当采取听证会等形式，听取利害关系人的意见；因修改给利害关系人合法权益造成损失的，应当依法给予补偿。”但从我国城镇化的实践来看，地方政府经常以“公共利益”为借口，随意变更、废止城乡规划，“一届领导一个规划”成为普遍现象，甚至因行政机关负责人个人好恶而随意变更、废止城乡规划的也不在少数。这不仅造成了极大的人力、物力、财力浪费，也严重损害了行政规划利害关系人的信赖利益。

---

[1] ［美］约翰·克莱顿·托马斯：《公共决策中的公民参与：公共管理者的新技能与新策略》，孙柏瑛等译，中国人民大学出版社2005年版，第98页。

[2] 周佑勇：《行政法原论》，中国方正出版社2005年版，第75—76页。

[3] 翁岳生编：《行政法》（上册），中国法制出版社2009年版，第770页。

对此，要解决上述问题，关键是要实现公共利益界定的规范化。公共利益界定的不规范，是我国城乡规划变更、废止比较随意的根源所在。由于公共利益是个抽象概念，没有一个具体的范围和界限，如果不加以规范地明确界定，就容易被地方政府作为随意变更、废止城乡规划的借口。而要实现公共利益界定的规范化，就要从以下方面着手：第一，要改变公共利益界定的主体。由于公共利益涉及不特定多数人，理应由作为民意机构的人大及其常委会来界定，而不能像过去一样由政府来界定，以避免过去政府“既当运动员，又当裁判员”现象的出现。第二，要进行利益衡量。在对公共利益进行明确界定的情况下，“还必须在相对人的信赖利益与否定原行政行为所欲维护的公共利益之间进行一种客观的对比或权衡”。[1] 只有在公共利益明显大于信赖利益时，才能变更、废止原城乡规划。第三，要赋予行政规划利害关系人对抗权。为了更好地保障行政规划利害关系人的信赖利益，我们应借鉴德国的做法，赋予行政规划利害关系人规划存续请求权、规划执行请求权、过渡措施和补救措施请求权、补偿和赔偿请求权，以对抗政府的行政规划变更权、废止权。[2]

（三）行政公开原则

行政公开原则，是指行政主体在行使行政权力的过程中，应当依法将行政权力运行的依据、过程和结果向行政相对人和社会公众公开，以使其知悉并有效参与和监督行政权力的运行。[3] 行政公开原则在行政规划领域中的贯彻表现为，政府应当将行政规划制定、变更、废止的依据、过程和结果向公众特别是行政规划利害关系人公开，但法律、行政法规规定不得公开的内容除外，以使其知悉并有效参与和监督政府行政规划权力的运行。由于“公开原则的价值在于增加程序参加人参与程序活动的目的性和针对性，使行政活动的整个过程中出现的错误容易被发现和及时纠正”[4]，这就有利于保障公众特别是行政规划利害关系人的知情权、参与权和监督权，以避免行政规划活动中的“暗箱操作”“内部运作”等，因而，我国城镇化过程中的行政规划法律规制必须坚持行政公开原则。

我国《城乡规划法》明确规定和体现了行政公开原则，如《城乡规划

---

[1] 周佑勇：《行政法原论》，中国方正出版社 2005 年版，第 77 页。

[2] 郭庆珠：《论行政规划变更的正当性及其法律规制》，《河北法学》2009 年第 4 期。

[3] 周佑勇：《行政法原论》，中国方正出版社 2005 年版，第 79 页。

[4] 应松年主编：《行政法与行政诉讼法学》，法律出版社 2009 年版，第 41 页。

法》第 8 条规定："城乡规划组织编制机关应当及时公布经依法批准的城乡规划。但是，法律、行政法规规定不得公开的内容除外。"但根据我国《城乡规划法》第 26 条即"城乡规划报送审批前，组织编制机关应当依法将城乡规划草案予以公告，并采取论证会、听证会或者其他方式征求专家和公众的意见。公告的时间不得少于三十日"和第 48 条即"修改控制性详细规划的，组织编制机关应当对修改的必要性进行论证，征求规划地段内利害关系人的意见，并向原审批机关提出专题报告，经原审批机关同意后，方可编制修改方案"的规定，我国城乡规划制定时公开的时间和范围要远大于城乡规划变更时公开的时间和范围，而且"《城乡规划法》第 48 条中，征求规划地段内利害关系人的意见也没有明确规定适用听证程序，对于利害关系人提出的意见，也没有明确规定回应和反馈的机制，对规划修改的控制实际只由审批机关掌握，是一种审批式控制"。[1] 对此，考虑到城乡规划的变更无异于城乡规划的重新制定，我们应借鉴德国的做法，修改我国《城乡规划法》的相关规定，使城乡规划制定、变更公开的时间和范围保持一致。

此外，根据行政公开原则的要求，"行政规划的公开必须是全方位的，不仅其拟定过程要公开，其审核确定过程也要公开；不仅最终的规划内容要公开，在其之前的规划草案内容也要公开"。[2] 但从我国城镇化的实践来看，由于缺乏明确的规定，我国城乡规划公开的范围十分有限，一般仅限于城乡规划决策最终结果的公开，而不包括城乡规划决策过程的公开，这就为我国城乡规划决策中的"暗箱操作"提供了空间和可能。正如有学者指出："目前我国的行政规划的公开制度仅限于某个层次的公开而不是整个过程的公开。"[3] 对此，我们应修改我国《城乡规划法》的相关规定，明确规定城乡规划公开的范围不仅应包括城乡规划决策的结果，还应包括城乡规划决策的过程，以保证行政公开原则在我国城乡规划法律规制中的真正贯彻落实。

（四）正当法律程序原则

正当法律程序原则，是指行政机关做出影响行政相对人权益的行政行为，必须遵循正当法律程序，包括事先告之相对人，向相对人说明行为的根据、

---

[1] 齐建东：《城镇化进程中规划变更的法律规制》，《苏州大学学报》（哲学社会科学版）2011 年第 2 期。

[2] 郭庆珠：《行政规划及其法律控制研究》，中国社会科学出版社 2009 年版，第 136 页。

[3] 黄学贤等：《中国农村城镇化进程中的依法规划问题研究》，中国政法大学出版社 2012 年版，第 156 页。

理由，听取相对人的陈述、申辩，事后为相对人提供相应的救济途径等。[1] 正当法律程序原则在行政规划领域中的贯彻表现为，行政规划的制定、变更、废止必须要遵循法定的方式、步骤、时限和顺序，包括事先告之公众特别是行政规划利害关系人，向其说明行政规划制定、变更、废止的根据、理由，听取其陈述、申辩，并在事后为其提供相应的救济途径等。“因为行政规划是根据具体情况架构和作为行政目标的发展蓝图，所以，由实体法对行政规划内容加以完全的制约是不可能的。即使想事前用法律条文对规划内容加以实体法上的制约，也不过是提示抽象的方向性或者批判要素等，对行政提示裁量准则而已。对规划制定权加以实体法的制约有一定的限度。”[2] 这就要求我们必须对行政规划辅之以程序方面的规制。否则，行政规划的法律规制就难以真正实现。因而，我国城镇化进程中的行政规划法律规制必须要坚持正当法律程序原则。

我国《城乡规划法》明确规定和体现了正当法律程序原则，对城乡规划的制定、变更程序分别作出了明确规定，如我国《城乡规划法》第 22 条规定：“乡、镇人民政府组织编制乡规划、村庄规划，报上一级人民政府审批。村庄规划在报送审批前，应当经村民会议或者村民代表会议讨论同意。”第 47 条第 3 款规定：“修改后的省域城镇体系规划、城市总体规划、镇总体规划，应当依照本法第 13 条、第 14 条、第 15 条和第 16 条规定的审批程序报批。”但从我国城镇化的实践来看，我国城乡规划的制定、修改并未严格遵循正当法律程序，比较随意。其原因主要在于：第一，城乡规划程序立法上的不完善。目前，我国《城乡规划法》程序方面存在的问题主要有，一是行政规划的程序性规定范围狭窄、残缺不全，即尚有许多规划行为没有程序方面的规定；二是有些行政规划的程序性规定比较笼统、原则，可操作性以及针对性不强，最终流于形式[3]；三是城乡规划修改的程序与城乡规划制定的程序相比比较简单，易于被政府以“城乡规划修改之名行城乡规划重新制定之实”；四是城乡规划程序中缺乏权力制约机制设计，易于被“暗箱操作”。第二，有效问责的缺失。尽管我国《城乡规划法》明确规定了不履行城乡规划法定程序的法律责任，如《城乡规划法》第 58 条规定：“对依法应当编制城乡规划而

[1] 姜明安主编：《行政法与行政诉讼法》，北京大学出版社、高等教育出版社 2007 年版，第 72 页。

[2] 姜明安主编：《行政法与行政诉讼法》，北京大学出版社、高等教育出版社 2007 年版，第 297—298 页。

[3] 云凤飞：《试论行政规划的法律规制》，《华中师范大学学报》（人文社会科学版）2012 年第 4 期。

未组织编制，或者未按法定程序编制、审批、修改城乡规划的，由上级人民政府责令改正，通报批评；对有关人民政府负责人和其他直接责任人员依法给予处分。”但是在实践中，由于目前尚缺乏一个有效问责机制，致使很难对违反法定程序制定、变更城乡规划的行政机关负责人进行有效问责，这也正是我国城乡规划乱象之源。

对此，要解决上述问题，保证正当法律程序原则在我国城乡规划法律规制中的贯彻落实，首先，要健全城乡规划程序立法。主要包括：一要制定统一的行政规划程序法，其中专设一章对“城乡规划”的程序作出明确细致的规定，以增强其可操作性；二要使城乡规划制定、修改程序保持一致，城乡规划修改必须要重新履行城乡规划制定程序，并借鉴德国做法，规定例外情形，即“如果规划的变更无关紧要，且未损及他人利益，或当事人已对变更表示赞同”。[1] 三要在城乡规划程序中增设权力制约机制，可以考虑借鉴德国的“承担、听证、确定”相分离的模式，将城乡规划的权力予以分解，赋予不同的主体，使其相互配合、相互制约。其次，要进行有效问责。只有健全问责机制，对违反法定程序制定、变更城乡规划的行政机关负责人进行有效问责，使其遭受严厉的惩罚，付出高昂的代价，才能对其进行有效震慑，才能有效杜绝城乡规划的乱象。

五、我国新型城镇化过程中行政规划法律规制的内容

尽管“根据传统的法律保留论，难以要求非拘束性行政规划必须有作用法范畴的法律根据，但是，从行政规划在现实中所具有的重大功能来看，是不应该使其完全脱离法律规制的”。[2] 对此，我们应借鉴德国的做法和经验，对我国新型城镇化过程中的行政规划进行法律规制。德国作为当今行政法治最发达的国家之一，在行政规划方面的立法不仅数量众多，而且体系非常严密，从实体和程序两方面对行政规划进行了有效的法律规制，积累了许多良好的经验，可以为我国新型城镇化过程中行政规划的法律规制提供借鉴。

（一）行政规划的实体法规制

行政规划的实体法规制主要解决的是行政规划的主体及其权限的合法性问题，以实现行政规划主体及其权限的法定化。目前，我国行政规划主体及其权限方面存在的问题主要有：第一，部分行政规划的主体及其权限缺乏合

---

[1] 应松年主编：《外国行政程序法汇编》，中国法制出版社 2004 年版，第 114 页。

[2] 姜明安：《行政法与行政诉讼法》，北京大学出版社、高等教育出版社 2007 年版，第 297 页。

法性。根据宪法学原理，任何行政规划主体的设立必须具有宪法和法律的授权，必须具有组织法上的依据，但是我国大量的行政规划主体却缺乏组织法上的授权和依据，比较混乱，“一般是由行政机关依据其行政职权或职能推断出来的，致使这些行政规划制定的机关庞杂甚至有些混乱，横向不同部门和纵向上下层级都有制定规划的权力，甚至部分规划主体集编制和确定的权力于一身，这些都会造成所制定的规划交叉重叠，难以形成上下衔接、各方协调的规划体系”。❶ 此外，尽管由行政规划的属性所决定，行政规划主体必须具有组织法上的依据，而不一定具有作用法上的依据。但是我国只有少数行政规划主体的权限来自法律的明确授权，具有作用法上依据，而大部分行政规划主体的权限却是“默认式”的，即由行政机关其他相关职权推导而来，并不具有作用法上的依据。而这正是我国城镇化过程中行政规划制定、变更比较随意的主要原因所在，因为在缺乏作用法依据的情况下，一方面行政规划主体行使权力“于法无据”，往往比较随意。另一方面公众对行政规划主体的权力监督也实难做到。第二，行政规划参与主体的单一性。目前，无论是我国各级行政规划的参与主体，还是我国行政规划各个阶段的参与主体，都是行政机关，非常单一，而与之相对应的利害相关人却缺乏主体地位。这既不利于加强对行政规划的监督制约，也不利于保护行政规划利害关系人的利益。第三，行政规划主体权限缺乏制约监督。根据权力分工与制约原理，行政规划的各个阶段应有不同的主体，由其分工合作，相互制约，以避免行政规划权力的滥用。但是目前在我国行政规划的各个阶段，并没有严格贯彻权力分工与制约原则，部分行政规划主体集几个阶段的权力于一身，既管确定，又管实施，必然会导致行政规划权力的滥用，出现种种问题。

对于上述问题，我们应借鉴德国的做法和经验，建立健全我国行政规划实体方面的法律制度，主要包括：第一，要建立健全行政规划相关组织法，并尽量建立健全行政规划相关作用法，使我国行政规划主体及其权限具有合法性。与我国不同的是，德国通过《联邦住房管理法》《建设法典》《联邦道路法》《航空法》《循环经济和垃圾法》等法律对不同行政规划主体及其权限作出了明确规定，使德国的不同行政规划主体及其权限既具有了组织法上的依据，又基本上具有了作用法上的依据。有鉴于此，我们一要建立健全行政规划相关组织法，明确对各类行政规划的主体进行授权，使其具有组织法依据，将其纳入法定轨道；二要尽量建立健全行政规划相关作用法，使行政规

❶ 云凤飞：《试论行政规划的法律规制》，《华中师范大学学报》（人文社会科学版）2012 年第 4 期。

划主体行使权力具有明确的法律依据，尽量减少“默认式”授权。第二，要扩大行政规划参与主体的范围，改变我国行政规划参与主体的单一性。根据《联邦德国行政程序法》的规定，德国的行政规划参与主体比较广泛，包括行政规划承担者、行政规划听证机关、行政规划确定机关以及行政规划利害关系人等。特别是《联邦德国行政程序法》对行政规划利害关系人的主体地位及其权益作出了明确规定，既有利于保护行政规划利害关系人的合法权益，也有利于对行政规划主体进行监督。对此，我们应健全我国《城乡规划法》等的相关规定，明确行政规划利害关系人的主体地位及其权益，扩大我国行政规划参与主体的范围，使行政规划利害关系人能够依法参与到行政规划的全过程，并对行政规划主体进行相应的监督制约，以保证行政规划的科学性、民主性和合理性。第三，要对行政规划主体权限进行分工与制约，以避免行政规划权力的集中与滥用。与我国行政规划权力集中于单一行政机关不同的是，德国的行政规划权力分属于不同的主体，且相互配合、相互制约。根据《联邦德国行政程序法》的规定，德国采取了“承担、听证、确定”相分离的模式，将行政规划权力予以合理分解，并赋予了不同的主体，包括行政规划承担机关、行政规划听证机关以及行政规划确定机关，使其相互配合、相互制约。有鉴于此，应改变我国行政规划权力比较集中的权力配置模式，将我国行政规划的权力进行德国式的类似分解，并赋予不同的主体，使其在不同阶段相互配合、相互制约，以避免行政规划权力的集中和滥用。

（二）行政规划的程序法规制

“因为行政规划是根据具体情况架构和作为行政目标的发展蓝图，所以，由实体法对行政规划内容加以完全的制约是不可能的。”[1] 因而，除了要对行政规划进行实体法规制外，还必须要进行程序法规制。在这一方面，德国也为我们提供了很好的借鉴。《联邦德国行政程序法》第 5 章第 2 节对行政规划的具体程序作出了非常明确细致的规定，对行政规划进行了有效的程序规制。因而，我们应借鉴德国的做法和经验，建立健全我国行政规划程序方面的法律制度，主要包括：

第一，建立健全行政规划公开公示制度。阳光是最好的防腐剂，只有实现阳光公开，才能杜绝行政规划权力的滥用和腐败。根据《联邦德国行政程序法》第 72 条第 2 款规定：“依第 17 条第 2 款的通知，第 17 条第 4 款的要

---

[1] 姜明安主编：《行政法与行政诉讼法》，北京大学出版社、高等教育出版社 2007 年版，第 297 页。

求，在确定规划程序中须以公告方式为之。该公布应由行政机关在其官方公报，以及预计规划将产生效力的地区的地方日报上公开其通知和要求的方式作出。”[1] 根据《联邦德国行政程序法》第73条第3款规定：“听证机关可以决定将规划展示于预计受规划影响的乡镇1个月，以供人查阅。如当事人的范围明确，且在一适当期限内已将规划供其查阅的，可拒绝展示规划。”第73条第4款规定：“任何人的利益受规划影响的，均有权在展示之后两星期内以书面或口头表达，由行政机关记录在案的方式，向听证机关或所在乡镇提出对规划的异议。在第3款第2句的情况下，听证机关定出异议期间。”[2] 等等。这既有利于保障公众的知情权和异议权，也有利于公众对行政规划主体的活动进行监督。然而，目前我国行政规划公开公示做得还远不够，“内部运作”和“暗箱操作”比较严重，这是导致我国城镇化过程中行政规划问题丛生的重要原因。解决这一问题，关键就是要建立健全我国的行政规划公开公示制度，这就要求我们借鉴德国的做法和经验，在我国《城乡规划法》现有规定的基础上，一要明确行政规划公开公示的具体内容，主要包括行政规划目标的公开、行政规划依据的公开、行政规划拟定草案的公开、行政规划信息的公开、行政规划变更或废止的公开、行政规划最终方案的公开等，以充分保障公众的知情权；二要充分保障行政规划利害关系人的异议权，并建立健全行政规划利害关系人意见、建议的反馈和采纳机制，以保证行政规划最终方案的科学性和民主性。

第二，建立健全行政规划听证制度。“行政听证是行政机关在作出影响行政相对人合法权益的决定之前，由行政机关告知决定理由和听证权利，行政相对人陈述意见、提供证据以及行政机关听取意见、接纳证据并作出相应决定等程序所构成的一种法律制度。”[3] 行政规划听证制度是行政规划程序的核心，其目的在于保护行政规划利害关系人的合法权益。根据《联邦德国行政程序法》第73条、第74条等的规定，德国建立了比较完善的行政规划听证制度，特别是明确规定了听证程序机制，从而有效保障了行政规划利害关系人的听证权利。然而，我国《城乡规划法》只是规定了制定城乡规划应召开听证会，但并没有明确规定召开听证会的具体程序，这就使得我国行政规划听证会的召开缺乏程序机制保障，出现了各种问题。有鉴于此，我们应建立健全我国的行政规划听证制度，主要包括：一是建立完善的通知制度，保证

[1] 应松年主编：《外国行政程序法汇编》，中国法制出版社2004年版，第79—120页。
[2] 应松年主编：《外国行政程序法汇编》，中国法制出版社2004年版，第79—120页。
[3] 应松年主编：《行政法与行政诉讼法》，法律出版社2009年版，第366页。

行政规划利害关系人的知情权；二是建立民主的听证参与人选择制度，使选取的听证参与人具有最广泛的代表性，能够最大范围地代表行政规划利害关系人的意志和利益；三是建立完善的听证主持人选择制度，“如果需要由人大来决定是否需要制定、变更或废止行政规划的话，应由各级人大常委会选派人员来主持听证，而如果需要由政府或上级行政机关来决定是否批准行政规划的制定、变更或废止时，那么应当由行政主体的首长或指定的人员来担当此任”。[1] 但行政规划利害关系人认为主持人与该行政规划有直接利害关系的，有权申请其回避；四是建立完善的质辩制度，保证听证当事人享有充分的质证权利；五是建立完善的听证笔录制度，并将听证笔录作为行政规划最终方案的重要参考依据。

第三，建立健全行政规划救济制度。“无救济则无权利。”根据《联邦德国行政程序法》第 79 条、第 80 条的规定以及《联邦德国行政法院法》第 47 条的规定，德国建立了比较完善的行政规划救济制度，不仅将行政规划纳入了行政诉讼受案范围，还建立了比较完善的行政规划赔偿制度，使行政规划利害关系人受损的权益得到了有效救济。然而，如前所述，我国行政规划救济制度非常不健全，难以对行政规划利害关系人提供有效救济。有鉴于此，我们应借鉴德国的“一般处分”概念，将行政规划纳入我国行政诉讼的受案范围，由法院对其进行司法审查，对行政规划利害关系人受损的权益进行救济。正如齐建东指出：“行政规划虽针对不特定对象，但从事实关系来讲，涉及的人与物也是有明确范围的，因此借鉴一般处分的概念，可以将其定位为一种特殊类型的行政行为，纳入行政诉讼的范围。”[2] 此外，我们还应借鉴德国的做法，建立健全行政规划赔偿制度，对行政规划赔偿的情形作出细致的规定，以对行政规划利害关系人受损的权益进行相应赔偿。

六、我国新型城镇化过程中行政规划变更的法律规制

由行政规划的动态性特征所决定，行政规划的变更在所难免。但目前我国城镇化过程中行政规划变更比较随意，存在缺乏法定依据、公众参与、有效救济等问题。对此，我们必须从实体、程序、救济等方面对其进行法律规制，以实现我国新型城镇化目标。

---

[1] 宋雅芳：《论行政规划变更的法律规制》，《行政法学研究》2007 年第 2 期。

[2] 齐建东：《城镇化进程中规划变更的法律规制》，《苏州大学学报》（哲学社会科学版）2011 年第 2 期。

（一）我国城镇化过程中行政规划变更出现的问题

“行政规划是基于对现实情况的全面、准确的把握而对未来的一种谋划、安排、部署或者展望。”❶ 这就要求，我国城镇化过程中的行政规划必须尽量保持稳定，以保护公共利益及公民合理的信赖利益。然而，行政规划毕竟是对未来的一种谋划，而未来又是多变的，因而，适应未来情况的变化，行政规划也必须随之变更，这就需要对行政规划变更进行法律规制。但是，由于我国行政规划变更的法律规制严重不足，导致我国城镇化过程中行政规划变更出现了许多问题。

第一，行政规划变更缺乏法定依据。基于依法行政原则，任何行政机关的职权必须来自宪法和法律的授权，其行使必须具有法定的依据，否则，其合法性和正当性将受到质疑。但是，由于我国行政规划方面立法的严重不足，致使行政机关在行使行政规划变更职权时，往往缺乏法定依据，具体包括：一是缺乏实体法依据。由于我国行政机关行政规划的职权“一般是由行政机关依据其行政职权或职能推断出来的”❷，致使行政机关在行使行政规划变更权时，要么缺乏组织法依据，要么缺乏作用法依据，要么兼而有之；二是缺乏程序法依据。尽管《城乡规划法》等对我国行政规划的变更问题作了明确规定，但是其对行政规划变更的程序规定得比较原则，缺乏可操作性，致使我国行政规划变更往往缺乏明确的程序性依据。这就导致我国城镇化过程中行政规划变更比较随意，往往是“一届领导，一个规划”，甚至因领导人一句话或个人好恶、私利而导致行政规划变更的例子也不鲜见。

第二，行政规划变更缺乏公众参与。基于服务行政的目的和要求，行政机关制定、变更行政规划的目的只能是维护和实现公共利益。因而，行政机关在制定、变更行政规划的过程中，必须要广开渠道、广开言路，充分吸收公众参与，认真听取、反映和采纳他们的意见、建议，使行政规划最终方案能够最大限度地体现和反映他们的意志和利益。但是，由于我国《城乡规划法》只是笼统规定“城乡规划报送审批前，组织编制机关应当依法将城乡规划草案予以公告，并采取论证会、听证会或者其他方式征求专家和公众的意见”❸，而没有建立一个完善的公众参与机制，致使我国城镇化过程中的行政

❶ 姜明安主编：《行政法与行政诉讼法》，北京大学出版社、高等教育出版社 2007 年版，第 297 页。

❷ 云凤飞：《试论行政规划的法律规制》，《华中师范大学学报》（人文社会科学版）2012 年第 4 期。

❸ 《中华人民共和国城乡规划法》第 26 条。

规划变更往往缺乏公众参与，基本上完全由行政机关主导。这就导致，一方面，公众难以真正参与到行政规划的变更过程中去，公众的利益和诉求自然难以被行政机关充分考量和吸收，这就使得行政规划变更的民主性和科学性大打折扣；另一方面，公众参与的缺乏，也使得公众难以对行政机关行使行政规划变更权的过程进行监督，为行政机关滥用行政规划变更权提供了空间和可能。

第三，行政规划变更缺乏有效救济。基于公民权利保障原则，对于任何行政机关侵犯公民权利的行为都必须予以问责，对公民受损的权利都必须予以救济，否则，“无救济则无权利”。而行政规划的变更必然会影响不特定多数人的利益，特别是会对行政规划利害关系人造成更大的影响。因而，必须对公民因行政规划变更而受损的权益进行救济，以弥补其损失。然而，在我国城镇化过程中，行政规划变更经常发生，却缺乏相配套的救济途径，难以对公民受损的权益进行有效救济。具体言之：一是行政机关内部救济乏力。虽然我国《城乡规划法》等规定了行政机关内部的救济途径，但由于缺乏有效的问责机制作为保障，再加上行政机关往往就是行政规划变更的主导者，因而，由其内部进行救济的效果自然大打折扣；二是缺乏司法救济途径。由于行政规划一般被视为抽象行政行为，而根据我国现行《行政诉讼法》的规定，我国行政诉讼的受案范围主要限于具体行政行为，只包括部分抽象行政行为，如部分政府规范性文件，因而，目前我国法院既无法对变更行政规划的行为进行合法性审查，也无法对公民因行政规划变更而受损的合法权益进行司法救济。

（二）我国新型城镇化过程中行政规划变更的法律规制

为了实现《国家新型城镇化规划（2014—2020 年）》提出的新型城镇化目标，保证我国新型城镇化过程中行政规划的稳定性、连续性和可持续性，避免行政规划的随意变更，更好地保护行政规划利害关系人的信赖利益，我们必须对行政规划变更进行相应的法律规制。

第一，行政规划变更的实体规制，行政规划变更的实体规制主要包括：一要健全行政规划方面的立法，使行政规划变更具有组织法和作用法上的依据，使行政规划变更能够有法可循、依法进行，从而将行政规划变更纳入法定的轨道。但是，考虑到“行政规划中，有一部分在法律上具有一定的根据，而不具有作用法上根据的行政规划也大量存在，这几乎不存在由法律明确规定规划具体内容的情形”[1]，我们在健全行政规划方面立法时，就不能像对其他行政行为的法定性要求一样，使行政规划变更同时具有组织法和作用法上的依据，而应该使其必须具有组织法上的依据，因为“从组织法的角度来看，无论是行政规划还是行政主体的其他什么职能，都必须有相应的根据”；[2] 并尽量使其具有作用法上的依据。二要实现“公共利益”界定的法定化。一般说来，除了一些不可抗力因素外，行政规划的变更只能是基于公共利益的需要。因而，如何准确界定公共利益，就成为行政规划变更的前提条件。但是，目前我国公共利益的界定比较随意、混乱，缺乏法定化，一般由行政机关通过行政内部程序界定，但行政机关并不等于公共利益的代表，且往往是行政规划变更的利益攸关者，这就使得行政机关往往存在“既是运动员，又是裁判员”的嫌疑。对此，要解决上述问题，我们就应修改相关法律，明确规定由人大及其常委会来对公共利益进行界定，并规定具体的操作程序，以实现公共利益界定的法定化。这是因为，由于公共利益涉及不特定多数人利益，如何对其准确界定，应属于本行政区域的重大事项，理应由作为“民意机关”的本级人大及其常委会通过法定程序来界定。三要实现信赖利益保护的法定化。根据信赖保护原则，行政规划应具有确定力和公定力，不得随意变更，如果基于公共利益的需要，必须要对行政规划进行变更的，则要对行政规划利害关系人受损的信赖利益进行补偿。但是，《城乡规划法》等并没有赋予行政规划利害关系人信赖利益保护方面的权利，只是笼统规定“因依法修改城乡规划给被许可人合法权益造成损失的，应当依法给予补偿”，而对于如何补偿却缺乏明确的规定，导致实践中要么难以补偿，要么补偿不到位。对此，我们应修改相关法律，赋予行政规划利害关系人规划存续请求权、规划执行请求权、补偿请求权等，使其能够对抗行政机关的行政规划变更权，并建立具有可操作性的补偿制度，使行政规划利害关系人受损的信赖利益得到切实弥补。

第二，行政规划变更的程序规制。行政规划变更的程序规制主要包括：一要对行政规划变更的程序进行完善。目前，我国《城乡规划法》等对行政规划的制定、变更程序作了不同的规定，行政规划变更程序相较而言比较简单、不够严密，且缺乏可操作性。而实际上，行政规划的变更无异于行政规

[1] 姜明安主编：《行政法与行政诉讼法》，北京大学出版社、高等教育出版社 2007 年版，第 297 页。

[2] 姜明安主编：《行政法与行政诉讼法》，北京大学出版社、高等教育出版社 2007 年版，第 297 页。

划的重新制定，必须从程序法上对其严格规制，以防行政机关以“行政规划变更之名”行“行政规划重新制定之实”。对此，我们应借鉴德国的做法，明确规定行政规划变更必须履行新的行政规划制定程序，并规定例外情形即“如果规划的变更无关紧要，且未损及他人利益，或当事人已对变更表示赞同”。❶ 二要健全行政规划变更公开制度。基于行政公开原则，行政机关应将行政规划变更方面的有关情况予以公开，以保障公众的知情权，并接受公众的监督。但根据我国《城乡规划法》第26条、第48条等的规定，目前我国行政规划变更公开的范围较小，且没有明确的时间界限，不利于保障公众的知情权和监督权。对此，我们应修改相关法律，明确规定行政规划变更的草案及其他有关情况必须在预计受其影响的范围内予以公告，且公告的时间不得少于30日，以供人查阅。三要建立健全行政规划变更听证制度。由于我国《城乡规划法》等并未明确规定行政规划变更是否适用听证制度，导致实践中行政规划变更是否适用听证制度，完全由行政机关说了算。这既不利于吸收公众参与，听取他们的意见和建议，也不利于保护行政规划利害关系人的信赖利益。考虑到行政规划变更无异于行政规划重新制定，且涉及不特定多数人利益，必须要通过听证制度等形式保障公众的充分参与，使公众的意见和建议得以充分反映和采纳，对此，我们应修改《城乡规划法》等的相关规定，明确规定行政规划变更必须要适用听证制度，除非“如果规划的变更无关紧要，且未损及他人利益，或当事人已对变更表示赞同”。❷ 同时，可以借鉴德国“确定与听证机关相分离模式”，将行政规划变更的确定机关与听证机关分开，使其相互制约、相互监督，以保证行政规划变更听证的民主性、科学性。

第三，行政规划变更的救济。行政规划变更的救济主要包括：一要强化行政机关的内部救济。如前所述，我国行政机关的内部救济比较乏力，其原因主要在于缺乏有效问责机制的保障。因为没有问责，没有对行政机关相关负责人法律责任的切实追究，行政规划的违法变更便会经常发生，行政规划利害关系人受损权益的救济就缺乏保障，就不可能真正得到救济。但从实践来看，很少有行政机关负责人因违法变更行政规划而被追究法律责任，而这正是我国行政规划违法变更屡禁不止的主要原因之一。对此，我们应在《城乡规划法》等规定的基础上，健全问责机制，加大问责力度，切实追究行政机关相关负责人的法律责任，并在此基础上对行政规划利害关系人受损的权益进行有效救济。二要通过司法途径进行救济。“因为行政救济需要通过审查

❶ 应松年主编：《外国行政程序法汇编》，中国法制出版社2004年版，第114页。
❷ 应松年主编：《外国行政程序法汇编》，中国法制出版社2004年版，第114页。

行政行为合法性，改变或者撤销行政决定才能实现”[1]，因而，只有通过司法途径，对行政规划变更行为进行合法性审查，并作出相应决定，才能使行政规划利害关系人受损的权益得到有效救济。所以，我们可以考虑借鉴德国的一般处分概念，以突破我国传统行政诉讼理论的局限，并据此修改我国《行政诉讼法》的有关规定，将行政规划制定、变更等行为纳入我国行政诉讼范围，以对行政规划变更利害关系人受损的权益进行救济。[2]

七、结　语

行政规划具有综合性、动态性、裁量性，具有不同于传统行政行为的性质与功能。大力推进新型城镇化是中央的重大决策部署，对我国经济社会发展产生了深刻影响。行政规划对新型城镇化发挥着引领、统筹、协调和规范作用，一定意义上，新型城镇化的过程就是实施行政规划的过程。但是，在我国城镇化过程中，行政规划的科学性、民主性、程序性、救济性等存在明显不足，严重影响了新型城镇化目标的顺利实现。为确保我国新型城镇化的积极稳妥扎实有序推进，必须遵循行政参与原则、信赖保护原则、行政公开原则、正当法律程序原则，完善相关实体法、程序法，对行政规划及其变更进行全面、系统的规制。

---

[1] 姜明安主编：《行政法与行政诉讼法》，北京大学出版社、高等教育出版社 2007 年版，第 404 页。

[2] 齐建东：《城镇化进程中规划变更的法律规制》，《苏州大学学报》（哲学社会科学版）2011 年第 2 期。

第三章
行政裁量怠惰研究

裁量是现代公共行政的典型特征，规范和控制行政裁量是现代行政法的中心任务。行政裁量不仅是一种斟酌选择作出决断的权力，更是一种合理考量、“应予裁量”的义务。行政机关必须按照法律的要求履行裁量义务，以最大限度地实现个案正义。行政机关负有裁量义务，却怠于履行此义务的，构成行政裁量怠惰。行政裁量怠惰是行政裁量瑕疵的重要表现，构成实质违法。较之于行政作为的违法，此种“不作为”的违法较为隐蔽，不容易被发现。但是，这种违法行为具有严重的社会危害性，阻碍依法行政及法治政府建设进程。如何规范和有效治理行政裁量怠惰，已经成为行政法研究迫切需要加以解决的重要问题。本章旨在围绕行政裁量怠惰的概念、特征、构成、成因、危害以及治理等问题展开系统研究。

一、行政裁量怠惰的概念与特征

界定行政裁量怠惰的基本概念，明确行政裁量怠惰的基本特征，是进一步展开行政裁量怠惰研究的前提。以下围绕行政裁量怠惰的概念与特征这两个基本问题进行探讨。

（一）行政裁量怠惰的概念

1. 行政裁量怠惰的含义

（1）学者观点

行政裁量作为联结法律规范与案件事实的桥梁，包含着行政机关对于案件事实的提炼以及对法律效果的选择。但是这种选择并不是简单的、孤立的判断，而是应该从立法目的出发，经过利益衡量并结合案件事实及法律规范作出最佳选择。正如戴维斯教授所言：“要在规则和裁量的刻度尺上找到最佳的位置。”[1]

[1] ［美］肯尼斯·卡尔普·戴维斯：《裁量正义》，毕洪海译，商务印书馆 2009 年版，第 15 页。

行政机关在行使裁量权的过程中怠于考量相关要素，是对立法目的之违背，在实质上违反了法律要求。

怠惰即懒惰、不勤奋，行政裁量怠惰是行政机关裁量方面的“懒政”“怠政”。法律上，这种“懒政”“怠政”属于行政裁量瑕疵的一种。学者们对行政裁量怠惰概念的界定是与行政裁量瑕疵分类理论关联在一起的。陈敏教授将行政裁量瑕疵分为“裁量权之逾越”和“裁量权之误用”两大类，并在“裁量权之误用”下提出了“裁量不足”这一概念。其认为“裁量不足”系指行政机关由于疏忽或错误之认识，以为并无裁量余地，或仅有较小裁量余地，而未充分行使法律所授予之裁量权。[1] 与陈敏教授不同，吴庚教授将裁量瑕疵分为裁量逾越、裁量怠惰和裁量滥用三种类型。其中的“裁量怠惰”系指行政机关依法享有裁量之权限，但因故意或过失而消极不行使裁量权。[2] 德国行政法学家毛雷尔教授则将行政裁量瑕疵分为裁量逾越、裁量怠慢、裁量滥用及违反基本权利和一般行政法原则四种基本表现形态。他将“裁量怠慢”理解为不行使法定裁量权，行政机关漫不经心或错误地认为根据强制性法律规定不应当采取行动。[3]

我国大陆学者尚未对行政裁量怠惰进行明确界定。对类似裁量怠惰的违法形态，有的学者使用了“裁量不作为”这一概念，即行政机关在行使裁量权的过程中滥用其决定裁量权，应作为、能作为而不作为的行为。裁量不作为属于行政不作为的基本形态，具有比行政作为更为复杂的结构。[4] 有的学者则将这种行政裁量瑕疵称为“裁量怠慢”，即指行政主体在决定裁量过程中，以不作为或者拖延履行的形式行使行政裁量权，是一种典型的行政不作为。[5]

（2）笔者观点

行政裁量怠惰是行政裁量瑕疵的重要类型。在对行政裁量怠惰进行界定之前，首先应当明确行政裁量瑕疵的类型体系。笔者认为，行政裁量瑕疵的类型化宜采取“三分法”，即将裁量瑕疵分为裁量逾越、裁量滥用和裁量怠惰三种类型。这种分类与我国《行政复议法》《行政诉讼法》中“超越职权”

---

[1] 陈敏：《行政法总论》，三民出版社 1998 年版，第 156 页。

[2] 吴庚：《行政法之理论与实用》，中国人民大学出版社 2005 年版，第 65 页。

[3] ［德］哈特穆特·毛雷尔：《行政法学总论》，高家伟译，法律出版社 2000 年版，第 130 页。

[4] 周佑勇、尚海龙：《裁量不作为的要件分析——基于法院判决的观察》，《法制与社会发展》2011 年第 5 期。

[5] 邓小兵：《行政裁量的瑕疵与司法审查的标准——〈行政诉讼法〉第五条和第五十条的解读》，《现代政府与行政裁量权》，法律出版社 2010 年版，第 187 页。

和“滥用职权”相对应。有学者认为，滥用职权中的“职权”是指行政职权或者行政裁量权，而行政裁量权又包括行政羁束裁量权和行政自由裁量权。❶因此，对于“超越职权”和“滥用职权”的审查包含了对裁量逾越和裁量滥用的审查。目前，我国法院对行政裁量仍采取较为保守的审查态度。在这种背景下，对裁量瑕疵采取“三分法”更加符合实际，也更易于被行政机关及法院所接受。因此，笔者认为，行政裁量怠惰是指行政机关拥有裁量权，却怠于行政裁量权，从而构成实质违法的一种裁量瑕疵类型。

需要注意的一个问题是，行政裁量怠惰是否包括怠于行政立法和怠于制定规范性文件？通过考察域外相关学说和判例可以发现，行政裁量怠惰往往包含上述行政行为。如，在我国台湾地区，对公职教育人员给付退休金的主要依据是“公务人员退休法”。该“法”第8条规定：“其他现金给与之退休金应发给数额，系立法授权应由‘考试院’会同行政院订定。”而该地区“考试院”并未制定相关规定。法院最终以行政立法不作为，即行政立法裁量怠惰为由认定为违法。❷ 然而，依据我国《行政诉讼法》的规定，怠于进行行政立法不属于行政诉讼的受案范围。实践中，法院也不受理有关行政机关怠于制定规范性文件的案件。更为重要的是，行政机关是否进行立法以及是否制定行政规范性文件，属于制定普遍性行为规则方面的裁量权。这与行政机关在作出具体决定时所享有的裁量权，在性质上存在较大区别。相应地，裁量怠惰的判断标准以及治理方式等也存在较大差异。为了议题的集中，本文所研究的行政裁量怠惰特指具体行政行为中的裁量怠惰。

2. 行政裁量怠惰与相关概念的比较

为进一步明确行政裁量怠惰的含义，有必要将之与相关概念进行比较，进而深入把握裁量怠惰的实质。

（1）行政裁量怠惰与行政不作为

所谓行政不作为，系指行政主体负有作为的法定义务且具有作为之可能性，而在程序上逾期有所不为的行为。❸ 裁量怠惰与行政不作为都具有“消极性”，但两者并非同一概念。

首先，性质不同。行政不作为属于行政程序违法，而行政裁量怠惰属于结果违法，即行政实体违法。其次，违法形态不同。行政不作为的形态较为单一，表现为行政机关未积极履行法定作为义务；裁量怠惰的外在表现形式

❶ 江必新：《新行政诉讼法讲座》，中国法制出版社2015年版，第264页。

❷ 参见我国台湾地区“最高行政法院”1999年判字第4343号判决书。

❸ 周佑勇：《行政不作为判解》，武汉大学出版社2000年版，第18页。

则更加复杂，既可能表现为行政作为违法，也可能表现为行政不作为违法。

（2）行政裁量怠惰与行政裁量滥用

行政机关未依授权目的行事，或者未考虑涉案的基本要点的，构成行政裁量滥用。❶ 行政裁量怠惰与行政裁量滥用具有重合之处。蔡志方教授将裁量怠惰称为“不为裁量”，即应为裁量而不为，“此种情形可能变成权力滥用，故滥用裁量权与不为裁量，两者有时会发生竞合的情况，通常系因不知或错误所致”。❷

英美法系国家不注重对裁量瑕疵类型的详细划分，故行政机关的“不合理”“恶意”或“作与案情无关的考虑或涉案因素未斟酌”等情况，均被归入裁量滥用之中。大陆法系国家和地区重视裁量瑕疵的细分。如，在德国行政法上，裁量怠惰是与裁量滥用相并列的裁量瑕疵类型。我国台湾地区法院往往将裁量怠惰归入裁量消极滥用之列，“法律明文规定令行政机关行使自由裁量权，而行使机关却怠于行使，致令法律保护人民利益而不顾，自属行政自由裁量权之滥用……因此，行政机关消极不行使自由裁量权，构成未依法执行之违法”。❸ 我们认为，行政裁量怠惰与行政裁量滥用存在以下区别：

首先，主观目的不同。从文义上理解，“滥用”含有主观上故意追求某种不正当目的之意。如我国台湾地区“最高行政法院”2002 年判字第 833 号判决指出：“另一方面其内部之动机亦有限制，不得以与事件无关之动机，即与立法目的无涉之要素为行政裁量之基础。若逾越此范畴，则为裁量权之滥用。”❹ 但是，裁量怠惰主观上不仅包括“故意”，而且包含“过失”。行政机关积极追求某种目的而怠于行使裁量权，或者错误理解裁量范围从而怠于行使裁量权，都属于裁量怠惰。

其次，表现形态不同。就裁量滥用而言，由于其主观目的是积极追求某种不当目的，故其只能以作为的形态表现出来。换言之，只有积极作为，才可能构成裁量滥用。裁量怠惰与之不同，既可以表现为积极作为，也可以表现为消极不作为。行政机关虽然积极作为，但实质上怠于行使裁量权的，也构成裁量怠惰。

最后，认定依据不同。对于“裁量滥用”，法院可以依据《行政诉讼法》

---

❶ 叶俊荣：《行政裁量与司法审查》，“台湾大学”法律学研究 1985 年博士学位论文，第 244 页。

❷ 蔡志方：《行政法三十六讲》，月旦出版社 1993 年版，第 3067 页。

❸ 参见我国台湾地区台北高等行政法院 2011 年诉字第 1214 号判决。

❹ 参见萧文生：《裁判罚款应审酌之因素——评高雄高等行政法院九十九年度简字第四二号判决》，《月旦裁判时报》第 12 卷。

第70条第5项有关“滥用职权”的规定予以认定。但是，对于行政裁量怠惰，法院应当依据《行政诉讼法》第70条第6项有关“明显不当”的规定予以认定。[1]“明显不当”即明显不合理，裁量怠惰属于裁量权行使方面的明显不合理。

（二）行政裁量怠惰的特征

1. 主观状态的复杂性

“主观状态”一般是对自然人心理活动的描述，主要适用于刑法、民法之中，在行政法学中鲜有提及。但行政机关在行使裁量权，即决定是否作出行政行为以及做出何种行政行为时，必然包含价值评判和主观判断，因此，有必要将行政机关在行使裁量权时的主观状态纳入违法性考量之中。与主观上积极追求某种结果的裁量逾越或裁量滥用不同，行政机关怠于行使裁量权时的主观目的，不仅包括对不当目的的追求，也包括对自身裁量范围的错误理解。因此，与其他两种裁量瑕疵类型相比，裁量怠惰的主观目的更加复杂。分析相关案例及事例，可以发现“故意”和“过失”均可能导致行政裁量怠惰的产生。

“故意”是积极地去追求某种结果，但行政裁量怠惰在其词语属性中包含了“消极”这一要素，从形式上看，裁量怠惰很难与“故意”发生联系。但实际上，故意也可以导致裁量怠惰。有时，行政机关认识到自身拥有法律所赋予的裁量权，但基于对不法目的的追求或不相关因素的考量，而故意未行使或未充分行使裁量权，进而导致裁量结果违法。如在钟某诉江门市公安交通管理局道路行政处罚一案[2]中，钟某因在路边违章停车而被该市交管局处以200元的罚款。钟某认为，其仅是临时停车且未阻碍交通，江门市交管局应责令改正或警告而不应直接罚款200元。江门市交管局辩称，其已通过报纸、电视、互联网等媒体向全社会广泛公开宣传，对在主干道违法停放车辆的一律不适用教育处理，而是统一裁量尺度予以处罚。此案中，江门市交管局意图通过从重处罚进而高效、快速解决违章停车问题，进而忽视了个案间的差别。这种“一律式”处罚，构成裁量怠惰。显然，江门市交管局对自己拥有裁量权有着清楚的认识，其主观状态为“故意”。

---

[1] 《行政诉讼法》第70条规定：“行政行为有下列情形之一的，人民法院判决撤销或者部分撤销，并可以判决被告重新作出行政行为：（一）主要证据不足的；（二）适用法律、法规错误的；（三）违反法定程序的；（四）超越职权的；（五）滥用职权的；（六）明显不当的。”

[2] 案情详见：广东省江门市中级人民法院（2015）江中法行终字第70号判决书。

“过失”是导致裁量怠惰的主要原因。这里的过失是指行政机关误以为自己没有裁量权，或者对裁量要件产生了误判。如，我国台湾地区“最高行政法院”判字第 492 号判决中所涉及的裁量怠惰即属此种情形。该案中，原告林某因对股票交易所得未及时申报导致漏交所得税，但在被告作出处罚前，原告补交了税款。被告并未考虑原告积极补交这一事实，进而作出了补交税额一倍的罚款决定。法院判称：“裁罚倍数参考表并未将此列为裁量斟酌事项，为补救此种仅针对典型案件所作之裁罚倍数参考表，税捐稽征机关在具体案件纳税义务人已于裁罚核定前补申报，并已补交税款者，稽征机关为裁罚，无论是依裁罚倍数参考表规定为裁罚，抑或减轻，均应与审查报告中叙明其已斟酌包括纳税义务人已于裁罚核定前补申报，并已补交税款等情事之裁量理由，否则即有裁量怠惰，属滥用裁量权限而违法。”❶ 此案中，被告忽视了原告已经补交了税款这一事实，误以为自己不享有裁量权，不能突破“裁罚倍数参考表”。这种裁量怠惰的主观状态为“过失”。

2. 表现形态的多样性

在行政法上，按照不同标准可以对行政行为进行不同的分类，如，按照受法律拘束程度的不同分为羁束行政行为和裁量行政行为；按照行政机关是否履行法定职责，分为行政作为和行政不作为等。一方面，这些概念并不是孤立的、一成不变的，而是在动态中相互转化的；另一方面，在现代行政法上，行政行为具有丰富的表现形态。因此，对于裁量怠惰的研究既不能完全脱离上述概念，但又需要在上述概念的基础上对裁量怠惰进行重构。裁量权未充分行使是裁量怠惰的根本特征。按照这一特征，经过对相关案例的归纳分析，可以发现裁量怠惰有以下两种基本表现形态。

第一，形式上的裁量怠惰。形式上的裁量怠惰是裁量怠惰的传统形态，是指行政机关错误地考量案件的具体情况所导致的裁量权未充分行使的情况。这种裁量怠惰多是以行政不作为表现出来，具有一定的隐蔽性。如 1971 年发生在英国的一个案件中，地方当局在是否发放娱乐许可证上依法享有裁量权，然而，其实际执行的政策是：老虎机不利于青少年的成长，对此类许可申请一概不准。法院认为，地方当局的政策造成了对老虎机许可申请的普遍拒绝，严重限制了其自由裁量权，构成裁量怠惰。❷

第二，实质上的裁量怠惰。实质上的裁量怠惰是裁量怠惰的新兴形态。这种裁量怠惰多是以行政作为的形式表现出来，但实质上仍为裁量权的不行

---

❶ 参见我国台湾地区“最高行政法院”2017 年判字第 492 号判决书。

❷ 尚海龙：《行政法的平等原则研究》，人民出版社 2017 年版，第 140 页。

使或不充分行使。如，北京市安全委统一部署了“冬季清理行动”，要求对有安全隐患的建筑、厂房一律关停整顿，对租户一律限期清退。❶ 为了吸取大兴区火灾教训，防范类似事故再次发生，此行动是可以理解的。但是，从行政手段的选取上则有待商榷。一方面，对于有安全隐患的建筑一律关停，是对《消防法》第58条至第60条的限缩，限缩了行政处罚的种类和幅度，属于行政裁量怠惰之违法；另一方面，行政机关以积极作为的方式违反个案正义原则，应属行政作为之违法。

我国台湾地区“最高行政法院”2001年判字第1807号判决所涉及的，也是实质上的裁量怠惰行为。此案中，原告联意公司因其所制播的有线电视频道自行播送竞选广告，被告依据“广播电视法”的规定对每件广告处以新台币9万元的处罚。原告主张：“被告依前揭相同法条裁罚原告之案件计有二十六件，其情节应因广告播出时间、频道节目与广告则数而不同，但被告所为处分，却一律裁罚九万元，即一律从最高额罚锾，明显违背立法授权，构成裁量滥用，有违法律保留之原则，其处分为违法，应予撤销。”法院判称：“主管机关于裁处时，固有其裁量之权限，惟就不同之违法事实裁处罚锾，若未分辨其不同情节，自不符合法律授权裁量之旨意，其裁量权之行使，即出于恣意而属裁量怠惰，所为处分即属违法。”❷ 此案中，被告的行为在形式上是行政作为，但实质上是未充分行使行政裁量权。

3. 违法内容的隐蔽性

裁量滥用与裁量怠惰都是裁量瑕疵的重要类型。裁量滥用是行政机关积极追求某种法规范之外目的，属于裁量“积极”违法，往往以作为的形式表现出来。因此，对于行政裁量滥用的判定较为容易。裁量怠惰是行政机关未行使或者充分行使法律赋予的裁量权，其本身具有“消极”性。然而，很多情况下，行政机关做出了某种行政行为，但其依然属于未充分行使裁量权。换言之，行政机关做出了某种行政行为，但仍可能出现裁量怠惰之瑕疵，构成实质违法。由于主观考虑目的的复杂性及表现形式的多样性，裁量怠惰具有一定的隐蔽性，不容易被识别。如1942年发生在法国的一个案件中，行政机关以一名警官年过55岁为由免去其职务。法院认为，警官作为一项特殊职业对身体状况有特殊要求，行政机关可以依法对年老体弱者予以免职。但是，有的警官年过55岁仍然有着强壮的体力、保持着较高的智力水平，仅以年过

❶ 《北京21部门今起开展隐患大排查大清理大整治行动》，https://news.sina.cn/gn/2017-11-20/detail-ifynwxum6834517.d.html?oid=3859382330400616&vt=4&pos=3。

❷ 参见我国台湾地区“最高行政法院”2001年判字第1807号判决书。

55 岁为由一律免职，而不对个人能力加以评价是违法的。[1] 此案中，行政机关并未考量个人身体之间的差异性，而做出一律免职的处理。此处理是以行政作为的方式表现出来的。但是从行政裁量权行使的角度看，属于对法律所赋予之裁量权的不当限缩，进而导致裁量权未能充分行使，构成裁量怠惰之违法，而非裁量滥用之违法。

二、行政裁量怠惰的构成要件

行政裁量怠惰的构成要件是指行政行为被认定为存在裁量怠惰之瑕疵的条件。通过对相关学说及判例的整理，可以归纳出行政裁量怠惰的三个构成要件，即“行政机关享有行政裁量权”“行政机关怠于行使行政裁量权”和“怠于行使裁量权具有违法性”。这三个构成要件之间呈递进关系，只有在满足前一要件的前提下，才能对后一要件进行探讨。

（一）行政机关享有行政裁量权

行政机关享有行政裁量权是行政裁量怠惰成立的基本要件。对行政机关是否享有行政裁量权的分析，可以从“法律效果的裁量”与“实体结果的裁量”这两个方面进行。

1. 法律效果的裁量

法律适用可以分为四个阶段：调查和认定案件事实、解释和确定法定事实要件的内容、涵摄以及确定法律后果。[2] 我们认为，裁量仅存在于法律后果的确定这一阶段。

行政机关在案件事实的认定与法律概念的解释方面不享有裁量权。认定案件事实是所有法律适用活动的起点。在此，行政机关需要确定“何人为何事”。由于案件事实在本质上是客观存在的，行政机关在确定案件事实时没有裁量的余地。接下来，行政机关需要将已经认定的案件事实纳入大前提，即法律规范之中。这涉及相关法律概念，尤其是不确定法律概念的解释问题。在很长一段时间内，学者们并未区分不确定法律概念的解释与行政裁量。司法实践中，法院往往忽略两者的差异。如在陆某某不服上海市工商行政管理局一案中，二审法院认为：“根据《企业名称登记管理规定》第九条第一、二项规定，企业名称不得含有有损于国家、社会公共利益、可能对公众造成欺

---

[1] 王天华：《裁量基准与个别情况考虑义务——周文明诉文山交警不按“红头文件”处罚案评析》，《交大法学》2011 年第 1 期。

[2] ［德］哈特穆特 · 毛雷尔：《行政法学总论》，高家伟译，法律出版社 2000 年版，第 123 页。

骗或者误解的内容和文字。这是一条明确的禁止性规定，但又是一条原则性规定。在这种情况下，被上诉人作为主管行政机关当然地具有自由裁量权。”❶我们认为，此案中行政机关所行使的不是裁量权，更不是自由裁量权，而是对概括条款或者不确定法律概念进行解释的权力。

行政机关在法律效果的确定上享有裁量权。行政机关在完成上述过程之后需要确定相应的法律效果。在此阶段，行政机关才可能具有裁量权。行政裁量权包括决定裁量权与选择裁量权。如，依据《治安管理处罚法》第 26 条，有结伙斗殴等行为的，公安机关“处五日以上十日以下拘留，可以并处五百元以下罚款；情节较重的，处十日以上十五日以下拘留，可以并处一千元以下罚款”。其中，对于是否“并处五百元以下罚款”以及“并处一千元以下罚款”，公安机关享有决定裁量权。又如，依据《消防法》第 59 条，建筑设计单位不按照消防技术标准强制性要求进行消防设计的，住房和城乡建设主管部门“责令改正或者停止施工，并处一万元以上十万元以下罚款”。在此，行政机关所享有的是选择裁量权。当然，如果法律已经对法律效果作了严格的限定，则行政机关既不享有决定裁量权，也不享有选择裁量权。

综上，法律使用不确定法律概念时，行政机关虽然享有一定的判断及选择空间，但这属于法律概念的解释，而不属于行政裁量。相应地，行政机关对不确定法律概念解释错误所导致的违法，并不属于行政裁量怠惰。只有当法律赋予行政机关对法律效果进行斟酌选择的权限时，行政机关才具有裁量权。也只有行政机关具有裁量权的情况下，其行为才可能构成裁量怠惰。

2. 实体结果的裁量

行政裁量瑕疵属于实体方面的问题，而非程序方面的错误。对于行政裁量怠惰的分析，应集中于行政行为的实体结果，而非行政行为的程序。如果已经确定行政行为存在程序违法，则无须再对裁量的实体结果进行讨论。因此，在对行政裁量是否构成怠惰作出判断前，应对行政程序是否具有合法进行分析。在确定行政程序合法的情况下，再对行政裁量是否存在瑕疵以及这种瑕疵是否构成裁量怠惰进行实体判断。如，我国台湾地区“最高行政法院”2012 年判字第 462 号判决认定，被告做出的行政行为在程序上是合法的，但被告机械固守相关参考表，构成裁量怠惰。❷ 此案中，法院采取了程序性判断与实体性判断分离的方法。这种方法有助于厘清审理的思路，有利于全面保护行政相对人的合法权益。

---

❶ 参见上海市第一中级人民（2003）沪一中行终字第 194 号判决书。

❷ 参见我国台湾地区“最高行政法院”2012 年判字第 462 号判决。

（二）行政机关怠于行使行政裁量权

如上已述，行政裁量分为决定裁量和选择裁量。前者指行政机关决定是否采取某个法定措施的权力，后者指行政机关在各种不同的措施中根据案件的具体情况选择其中一个的权力。[1] 行政机关怠于行使决定裁量权或者怠于行使选择裁量权均有可能构成裁量怠惰。

1. 怠于行使决定裁量权

行政机关享有决定裁量权时，其裁量瑕疵可以分为两种：应采取某种法定措施而未采取，构成行政裁量怠惰之违法；不应采取某种法定措施而采取，构成裁量滥用之违法。如在马某某诉北京市朝阳区质监局一案中，马某某系某小区业主，因该小区物业在其所住高层中非法安装承压锅炉，对房屋造成严重安全隐患，多次向朝阳区质监局进行举报。朝阳区质监局认为小区物业安装锅炉违法，根据《特种设备安全法》责令停止使用并处以五万元罚款。然而，根据《高层民用建筑设计防火规范》，马某某所在小区应禁止在高层内安装锅炉。因此，马某某以质监局不作为向朝阳区法院提起行政诉讼。[2] 此案中，该小区禁止高层内安装承压锅炉。承压锅炉不论是否处于运行中都会给建筑物内的住户带来一定的安全隐患。被告对违法安装的锅炉仅采取停止使用及罚款的措施，无法完全排除安全隐患。为了充分保障业主的安全，被告应采取限期拆除的措施。显然，行政机关未能充分考量行政行为与案件事实之间的关系，从而导致裁量结果与法律所要实现的目的相背离。这属于应采取某种措施而未采取，构成行政裁量怠惰。

在刘某某诉太原市晋源交警一大队一案中，原告因汽车维修中更换发动机缸体，改变发动机号被交警队采取强制扣留的措施。在原告陆续提供购买证明、维修站证明等手续后，被告仍未解除行政强制措施。法院最终判决确认该强制扣押行为违法。最高人民法院在对该案的说明中指出："行政处理存在裁量余地时，应当尽可能选择对相对人合法权益损害较小的方式，实施扣留等暂时性控制措施不能代替对案件的实体处理，行政机关无正当理由长期不处理的，构成滥用职权。"[3] 可见，此案被告的行为构成裁量滥用。

2. 怠于行使选择裁量权

怠于行使选择裁量权是指行政机关怠于在法律规定的不同措施中进行裁

[1] ［德］哈特穆特·毛雷尔：《行政法学总论》，高家伟译，法律出版社 2000 年版，第 125 页。

[2] 案情参见：北京市朝阳区人民法院（2017）京 0105 行初 435 号行政裁定书。

[3] 案情参见：《中华人民共和国最高人民法院公报》2017 年第 2 期，第 24—28 页。

量。法律赋予行政机关选择裁量权的范围往往比决定裁量权更广泛。因此，相对于决定裁量怠惰，选择裁量怠惰显得更加复杂。我国台湾地区“最高行政法院”2005年判字第1030号判决即涉及此类裁量怠惰。该案中，乙是某公司董事，且为该公司实际负责人。该公司滞纳营业税逾新台币一千万元，但乙出入境频繁，且在马来西亚等地置产。高雄市税捐稽征处及高雄市国税局依据“税捐稽征法”第24条，[1] 委托出入境管理局对乙作出限制出境命令。乙不服，提起行政诉讼。法院审理后认为：“有关限制出境处分，性质上属于剥夺人民行动自由之行政处分，由于法律规定是‘得’限制出境，赋予行政裁量权，衡酌具体情况有无限制出境之必要，因此如果行政机关完全不裁量，一律限制出境则构成怠于行使行政裁量权之裁量怠惰，应属违法。”[2] 该案中，被告未根据案情的不同选择不同的措施，属于怠于行使选择裁量权，构成裁量怠惰之违法。

（三）怠于行使裁量权具有违法性

行政机关所作出的行政行为在符合上述两个标准之后，需进一步对其违法性进行分析。我国台湾地区“行政程序法”第10条规定：“行政机关行使裁量权，不得逾越法定之裁量范围，并应符合法规授权之目的。”台湾地区“行政诉讼法”第201条规定：“行政机关依裁量权所为之行政处分，以其作为或不作为逾越权限或滥用权力者为限，行政法院得予撤销。”上述条文为行政裁量怠惰的审查与认定提供了依据。但是，我国《行政诉讼法》等并未对行政裁量瑕疵的认定做明确规定，因此，对于裁量怠惰违法性的判断主要以行政法基本原则为标准。

1. 违法情形之一：违反比例原则

比例原则要求行政目的与手段之间应该成比例，行政机关所采取之措施在符合立法目的的同时对相对人侵害最小。比例原则是控制行政裁量权、避免行政裁量滥用的有力武器。行政裁量怠惰本质上为裁量权的消极行使，不论是决定裁量权的消极行使，还是选择裁量权的消极行使，都会给行政相对人造成实质损害。因为法律所赋予行政机关裁量权的目的，是为了最大限度地保证行政机关灵活作出决定，从而使相对人得到公平、公正对待。当行政机关怠于行使行政裁量权时，相对人往往会受到畸重或畸轻的处理。

---

[1] 该条规定：“个人或盈利事业欠缴之税款及罚金达一定金额及以上者，得由‘财政部’函请‘内政部入出国及移民署’限制出境；其为营利事业者，得限制其负责人出境。”

[2] 参见我国台湾地区“最高行政法院”2005年判字第1030号判决书。

如，在我国台湾地区发生的一个案件中，某电视公司甲因特许执照即将到期，向乙机关申请换发六年有效期的执照。乙机关准许其申请，但同时附加条件："甲公司若于7月1日后一年内，受乙机关之行政处罚时，该新照自动溯及失效。"甲公司后因违反"广播电视法"，受到乙机关罚款并导致执照失效。甲公司不服向法院提起行政诉讼。该案中，乙机关构成裁量怠惰之违法，因为对于换发新照的行政行为，其本质上为附款行为，乙机关具有行政裁量权。但是，乙机关的裁量应受到合法与合义务裁量的限制，而不是无范围、无条件的裁量。乙机关的裁量决定可以将甲公司过去及现在经营状况以及有无违法事实纳入考量范围，但不能以"甲公司在未来一年不受行政处罚"为前提。因此，法院认定："乙机关所附条款的行政上，并没有进行合法的裁量而导致涵盖过广，导致构成裁量怠惰……乙机关在作出换照处分之后就不用去管任何废止的事，反正甲公司受到行政处罚就要注意到换照处分已经溯及生效，此不仅有不当联结，违法比例原则及裁量怠惰问题，亦有乙机关自卸监督管理。"[1] 可见，行政机关的不当裁量，导致相对人所受处罚与其违法事实之间不成比例，构成裁量怠惰。

2. 违法情形之二：违反个案正义原则

个案正义要求行政机关在适用法律作出行政行为的过程中，应当根据案件的具体情况作出适当决定。最大限度地实现个案正义是法律赋予行政机关裁量权的目的。行政机关应当按照个案正义原则的要求，根据案件的具体情况作出最佳判断，避免"不同情况相同对待"。行政机关未斟酌案件的不同之处，违反个案正义原则的，构成裁量怠惰。根据发生时间之不同，行政裁量可以分为"同时裁量"及"先后裁量"。前者是指行政机关针对同一时间段内的类似案件作出裁量决定，后者是行政机关针对先后发生的类似案件作出裁量决定。这两种情况下，均可能出现裁量怠惰之违法。

"同时裁量"情况下的裁量怠惰，其典型是我国行政管理中的"一刀切"执法、"一律式"执法。如，某地交警实行"暖心执法"，对于春节期间乱停放车辆的，告知车主"节日快乐，今日不处罚"。[2]《道路交通安全法》第90条规定："机动车驾驶人违反道路交通安全法律、法规关于道路通行规定的，处警告二十元以上二百元以下的罚款。"此规定赋予了行政机关选择裁量权，但该地交警未进行裁量，对于春节期间发生的违法行为"一律不处罚"。

---

[1] 参见我国台湾地区台北高等行政法院2010年度第112号裁定。

[2] 《西安交警暖心罚单"今日不处罚"引热议》，http://365jia.cn/news/2018-2-15/8FCF19EF67A0D278.hetml。

这属于在“同时裁量”情况下的裁量怠惰。

“先后裁量”情况下的裁量怠惰案件，如我国台湾地区某行政机关制定的《电子游戏场业违规营业罚款金额标准》规定，对赌博行为，第一次以240万台币罚款，第二次之后处以250万台币罚款。但该罚款标准的上位法规定：“处50万台币以上250万台币以下罚款，并责令其停业。”某电子游戏场因供不特定人赌博，兑换赌资4万台币，被行政机关处以240万台币罚款。此案所涉及的罚款金额标准对上位法进行了不当限缩，有违立法者目的。同时，该电子游戏场赌资较小，违法情况不严重。法院判决指出，行政机关未运用法律授予的裁量权，斟酌此案的具体情况，即依上述标准作出罚款决定，构成裁量怠惰之违法。❶ 行政机关针对类似的违法情形，可以制定罚款金额标准作为参照，但这仅是参考，行政机关仍然负有在个案中进行裁量的义务。行政机关机械按照罚款金额标准进行处罚，构成裁量怠惰。

3. 违法性排除事项：裁量收缩

裁量收缩是近年来在行政裁量领域新兴起的一种理论。吴庚教授认为：“行政机关做成裁量处分时，本有多数不同之选择，若因为特殊之事实关系，致使行政机关除采取某种措施之外，别无其他选择，称为裁量萎缩或称裁量缩减至零。”❷ 行政裁量收缩主要适用于危险防止领域，仅在被侵害之法益受到迫切、现实之损害，且具有回避可能性时才出现裁量收缩。

例如，近年来，雾霾对我国北方地区人民的生活造成了严重影响。为了解决这个问题，原环保部先后出台了《城市大气重污染应急预案编制指南》《关于加强重污染天气应急管理工作的指导意见》等规范性文件。这些文件对相关应急措施作出了规定，包括限制机动车出行和企业停产、停工等。河北省针对重污染天气启动了橙色预警，并实行市区内“除城市基础设施维护外，渣土车一律停运”等措施以保障空气质量达标。这些措施属于选择裁量之收缩，不存在裁量怠惰的问题。因为，当空气污染达到橙色预警的程度时，已经出现了对生命健康的直接和迫切的威胁。因此，当某地空气质量达到“严重污染”时，就已经构成了“具体、迫切的危险”，符合裁量收缩的要件，行政机关的选择权“收缩至零”。❸ 虽然上述措施中存在“一律”的内容，且对不特定相对人的财产权造成了损害，但并不构成裁量怠惰之违法。

---

❶ 参见我国台湾地区“最高行政法院”2004年度判字第1127号判决书。

❷ 吴庚：《行政法之理论及实用》，中国人民大学出版社2005年版，第79页。

❸ 陈海嵩：《雾霾应急的中国实践与环境法理》，《法学研究》2016年第4期。

三、行政裁量怠惰的危害及成因

（一）行政裁量怠惰的危害

传统的行政法学以防止行政裁量权的“积极”滥用为重点，而忽视了行政裁量权的“消极”行使，即裁量怠惰问题。然而，随着行政法治化的不断推进，行政裁量怠惰的危害进一步凸显。总体而言，行政裁量怠惰的危害主要表现为，不利于深入推进依法行政以及不利于充分实现个案正义这两个方面。

1. 不利于深入推进依法行政

依法行政是行政法的核心要求。这里的“法”不仅是以明确的文字体现出来的法律规则，还包括隐藏在文字背后的法律原则。行政机关在行使裁量权时，不仅要遵守法律规则，而且要遵守法律原则。行政机关怠于行使行政裁量权，在形式上并未违反法律规则，并未超出法律规定的裁量界限，但却违反了比例原则、个案正义原则等法律原则。违反法律原则，同样属于违法行政。

从实践的角度而言，行政裁量怠惰也阻碍着依法行政的深入推进。法律具有一定的滞后性，行政法也是如此。行政法不可能对未来所发生的事情进行精确的预估与判断。因此，需要行政机关通过实践，特别是通过裁量实践赋予行政法更丰富的内涵。但是，由于裁量空间的存在，可能导致不同案件的处理存在较大差异。为了使类似的案件获得类似的处理，使行政相对人获得平等对待，行政裁量基准这一规范和控制裁量权的制度在我国逐渐得到推广。裁量基准实际就是行政机关执法经验的提炼与升华，也是对行政执法人员经验和智慧的肯定。然而，裁量基准仅是对之前执法经验的总结，可能无法适用于之后出现的特殊情况或者新的问题。如果行政机关机械理解和适用裁量基准，怠于裁量，就违反了法律赋予行政机关裁量权的目的，其新的实践经验不能得到肯定，从而无法通过实践进一步推动行政法的发展。

2. 不利于充分实现个案正义

法律原则作为法律的基础性真理，在法律的制定与适用的过程中发挥着至关重要的作用。行政法缺少统一的法典，行政法律规范呈现出内容交叉、形态各异的现象。在形式法治与实质法治、具有普遍约束力的法律规范与差异化的案件事实之间保持平衡，最终实现个案正义，是法律赋予行政机关裁量权的根本理由。面对已发生的案件，行政机关应当在提炼案件事实基础上寻找法律适用的空间，将法律赋予行政机关的裁量权进行个案化的考量。只有通过对个案间不同因素的考量和准确辨别，才能把握案件间的本质差别，从而实现个案正义。

行政机关怠于行使裁量权，没有充分考虑案件之间的差异性，导致不同情况相同对待的，构成对个案正义原则之违反。这类行为形式上保证了案件处理结果的一致性，但是，对于一致性的追求不能以损害个案正义为代价。行政机关怠于裁量权，未对个案情形作认真考量，会导致实质上的不公平。如前文中所提及的台湾地区电子游戏场案件中，行政机关对违反“广播电视法”的不同违法行为，一律按照最高罚款额度进行处罚；北京对于出租屋采取的“一律”清退的措施等。这些行为违反了个案正义原则要求，构成裁量怠惰。

（二）行政裁量怠惰的成因

明确了行政裁量怠惰的危害之后，需要进一步分析行政裁量怠惰的形成原因。行政裁量怠惰的判断标准较为复杂，表现形态丰富多样，与“行政裁量”、“行政不作为”这两个问题均有关联。相应地，行政裁量怠惰的产生原因也具有多样性、复杂性。以下重点从传统科层管理体制、政策性文件及司法审查强度三个方面入手，对行政裁量怠惰的成因进行分析。

1. 科层管理体制的非规范性影响

行政机关在现代社会中发挥着越来越重要的作用。这种作用的发挥，依赖的是行政系统完整的、相对独立的、金字塔式的“科层”管理体制。这种“科层”管理体制本身容易导致行政裁量怠惰。

第一，在科层管理体制下，行政机关怠于裁量可以提高执法效率。科层管理体制的最大优势在于效率较高，但是，行政事务纷繁复杂，处理难度加大，如果行政机关对每个案件都逐一分析，必然会影响其执法效率。特别是在行政执法人员匮乏的情况下，对大量案件逐一进行精确判断往往显得力不从心。“一律式”的相同处理可以大大降低执法成本，提高执法效率。

第二，在科层管理体制下，行政机关怠于裁量可以减轻执法责任。实践中，行政机关不仅要关注自己的“权力”，还要关注自己的“责任”，以免因行使权力而被追责、问责。“科层的利益和社会的利益是不一致的。科层有着自己的独立的活动规则，科层的各个层次之间的联系比科层整体与社会之间的联系还要密切。对于科层的各单位和各构成分子来讲，决定其命运的并不是社会，而是科层内部。”[1] 下级机关首先关注的往往是如何与上级机关保持一致。“一律式”处理能够最大限度保障下级与上级行为的一致性。显然，怠于裁量，进而与上级行为保持“高度”一致，能够有效避免被上级问责，进而可以起到减轻执法责任的作用。

2. 政策性文件的不当拘束

所谓政策性文件，系指行政机关基于某一特定时期的社会需要，或者基于某一政治、政策的考量，为处理某一特定问题所发布的文件。此类文件在适用时间上具有短期性，所解决的问题具有特定性，往往倾向于限缩行政机关的裁量权，采取“一律式”处理方式。

目前，我国行政执法人员素质参差不齐，对法律的掌握仍然存在不足。面对纷繁复杂的执法环境，执法人员，尤其是一线执法人员很难准确理解和适用法律。因此，上级行政机关有必要通过“政策性文件”对下级机关的执法活动进行指导。行政机关在作出裁量决定时，不仅要考虑法律的要求，而且会将相关政策性文件纳入考量范围。但是，政策性文件往往通过“一律化”的处理来对下级机关进行“指导”，而下级行政机关往往不会将这些文件作为“指导”，而是作为“命令”。执行“一律化命令”的结果是裁量怠惰的产生。

3. 司法审查的强度不够

行政裁量是否应纳入司法审查范围？法院对行政裁量应当采取什么样的审查强度？这是有关行政裁量研究的重点问题。从其他国家的情况看，行政裁量经历了不予审查到有限度审查，再到完全审查的转变。就我国而言，长期以来存在着对行政合法性原则的形式化理解，合理性原则的作用没有得到应有的重视。对于行政裁量，法院持不予审查或低度审查的态度。在这种情况下，司法权对行政裁量权的监督作用难以发挥。

近年来，特别是《行政诉讼法》修改之后，法院加强了对行政裁量的审查。但是，法院审查的重点是裁量滥用和裁量逾越，而忽视了对裁量怠惰的审查。这主要是因为，裁量滥用和裁量逾越以积极的形态表现出来，较为明显，容易认定，而裁量怠惰较为隐蔽，不容易认定。司法机关对于裁量怠惰的审查强度不足，也是导致裁量怠惰长期得不到遏制的重要原因。

四、行政裁量怠惰的治理

行政裁量怠惰是行政行为瑕疵的重要表现形式，直接影响着依法行政的

---

[1] 关保英：《行政法的价值定位——效率、程序及其和谐》，中国政法大学出版社 1999 年版，第 29 页。

推进以及个案正义的实现。下面围绕如何预防、控制、处理，即如何治理行政裁量怠惰展开研究。由前文论述可知，行政裁量怠惰的成因主要包括传统科层管理体制的非规范性影响、政策性文件的不当约束以及司法审查强度不够。相应地，对于行政裁量怠惰的治理也可以围绕上述三个方面展开。

（一）构建行政裁量说明理由制度

1. 构建行政裁量说明理由制度的必要性

行政行为说明理由是指行政主体在作出对行政相对人合法权益产生不利影响的行为时，除法律有特别规定外，必须向行政相对人说明该行为的事实根据、法律依据以及进行裁量时所考虑的政策、公益等因素。[1] 2004 年国务院发布的《全面推进依法行政实施纲要》要求："行政机关行使自由裁量权的，应当在行政决定中说明理由。"说明理由制度是预防、控制行政裁量怠惰产生的重要措施。

首先，说明理由制度能够督促行政机关履行裁量义务。科层管理体制对于行政裁量决定的作出有着潜在的、非规范性的影响。科层体制之下，行政机关怠于裁量往往会获得更高的执法效率并降低执法责任。然而，当行政机关将这种科层制因素纳入裁量决定的考量之中时，往往会促使其避免将裁量依据及考量过程表达出来。这种法律涵摄过程的缺失，不仅会导致行政裁量决定的违法，也会导致法律授予行政机关裁量权的目标难以达到。行政裁量说明理由制度，能够督促行政机关履行裁量义务，同时也能最大限度地防止行政机关对科层制这一隐性因素的考量。

其次，说明理由制度有助于行政相对人获得救济。如果行政机关充分说明其裁量的理由，那么，无论在行政复议中，还是在行政诉讼中，行政相对人都可以清楚知悉行政裁量的依据，也就能够有针对性地提出自己的意见。相应地，行政复议机关的决定和法院的裁判也能够"有的放矢"，针对行政裁量理由进行充分审查。

2. 行政裁量说明理由制度的要求

（1）时间要求

行政机关作出裁量决定时，应当同时说明理由。同时性的要求符合行政立法目的，有利于更好地保护相对人的知情权及救济权。如，我国《行政许可法》第 38 条规定："作出不予许可的书面决定，应当说明理由。"说明理由

---

[1] 章剑生：《论行政行为说明理由》，《法学研究》1998 年第 3 期。

制度的目的在于充分保护行政相对人的知情权及获救济权。要求行政机关在作出行政决定时一并说明理由，能够使相对人了解行政机关所适用的法律及判断的标准。如果在行政决定之后再去说明理由，显然不利于保护相对人上述权利，且容易造成行政机关公信力的下降，不利于依法行政。但是，应当避免将同时说明理由与“行政告知”相混淆。如依据《行政处罚法》第31条，行政机关在作出处罚决定前应当告知当事人处罚的依据等事项。“告知”与“说明理由”在内容上有一定的重合。然而，前者需在行政决定之前作出，目的是保证相对人的陈述权、申辩权。如在戚某某等诉新乡市公安局东街分局一案中，被告将处罚的事实、理由及依据与行政处罚一起告知相对人，被法院认定为违法。[1] 法院认为，“不能因为在作出行政决定的过程中由告知、听证程序说明了理由而减轻行政决定理由的详细程度”。[2]

（2）方式要求

行政裁量决定说明理由的方式，包含“书面说明理由”和“禁用模糊理由”两方面。“书面说明理由”是世界上大部分国家所普遍采纳的标准，如，法国1987年所颁布的《关于行政行为说明理由的通知》及日本《行政程序法》中均规定了书面说明理由这一要求。我国对行政裁量的说明理由也应当提出这一要求。首先，书面说明理由不仅能降低科层体制对于裁量过程的非规范性影响，又能起到固定证据的作用，进而为法院对行政裁量怠惰的司法审查提供支持。其次，书面说明理由能够促进行政公开，保障相对人的知情权。实践中，政策性文件对行政裁量决定发挥着重要影响，但属于行政机关的内部规范，往往并不向社会公开，行政相对人难以知悉。书面说明理由要求行政机关说明裁量的依据，包括政策性文件。换言之，政策性文件通过书面说明理由向相对人公开，从而保障了相对人的知情权。

“禁用模糊理由”，即禁止行政机关使用模棱两可的理由对裁量决定加以说明。如果行政机关提供的理由是模糊的，第一，无法起到说明理由的应有作用；第二，过于笼统的理由实际不是理由，这反映出行政机关理由不足，或者行政机关作出决定的真正理由是违法的，是不能向行政相对人进行说明的。因此，行政裁量决定的理由应当清晰、明确。

（3）内容要求

内容要求是说明理由制度的核心，对于保证行政决定的合法性，避免行政裁量怠惰的产生具有重要意义。我国部分地区的法律规范对行政决定说明

---

[1] 案情参见：河南省新乡市中级人民法院2013年新中行终字第51号判决书。

[2] 王贵松：《行政裁量的构造审查》，中国人民大学出版社2016年版，第89页。

理由的内容作出了要求。如，《山东省行政程序规定》[1] 第 86 条规定：“行政执法决定应当说明证据采信理由、依据选择理由和行政裁量理由；未说明理由或者说明理由不充分的，当事人有权要求行政机关予以说明。”笔者认为，针对裁量怠惰，说明理由的内容应包含“事实依据”“法律赋予行政机关裁量权”和“未行使或限缩裁量权时考虑的特殊因素”。

事实依据是对案件事实的提炼与归纳，行政机关对此予以说明，有助于相对人充分了解案件事实。法律赋予行政机关裁量权是前文所述行政裁量怠惰构成要件之一，对于法律赋予行政机关何种裁量权以及在何种范围及强度之内选择法律效果的说明，有利于行政机关明确自身的权限从而正确作出裁量决定。要求行政机关说明“未行使或限缩裁量权时考虑的特殊因素”是避免行政裁量怠惰，实现个案正义的关键环节。裁量收缩理论作为行政裁量怠惰的排除事项，需要存在使相对人信服的理由。对此进行说明，有利于行政相对人辨明行政行为是否合法、正当。同时，也利于法院有针对性地审查行政裁量决定，减少法院与行政机关之间的争议。

（二）完善行政裁量基准制度

1. 完善裁量基准制度的必要性

随着我国法治理念由形式法治向实质法治的转变，行政裁量基准制度已经成为规范和控制行政裁量权的一种重要手段。就行政裁量基准制度的本质而言，其主要是通过行政机关自身执法经验的总结，将法律规定的裁量范围予以细化从而指导下级行政机关适用法律，这也是行政机关实现自我控制的一种重要途径。

行政裁量基准的作用可以归纳为以下几方面：首先，规范和控制裁量过程、提升行政裁量质量。行政机关作出裁量决定的过程中，需要在事实与规范之间“往返流转”、多次判断。加之法律概念的不确定性，导致行政机关对于类似的案件可能作出不同的处理。这使得行政决定难以保证一贯性，无法满足“相同情况相同处理、不同情况差别处理”这一平等原则的基本要求。行政裁量基准的制定，有利于避免行政机关对不相关因素的考量从而较少裁量恣意情况的发生，进而实现行政机关的自我规制。其次，可以增加裁量决定的可预测性，引导和规范公民的行为。由于行政机关对于行政裁量行为解释的专业性与封闭性，使得普通公民无法精确预测行政机关会作出何种裁量

[1] 《山东省行政程序规定》（山东省人民政府令第 238 号，2011 年 5 月 25 日山东省政府第 101 次常务会议通过）。

决定。行政裁量基准是对行政裁量要素及裁量效果的细化，提高了公民对裁量行为的预测性。最后，有利于法院对裁量行为的审查。对于行政裁量的司法审查是现代行政法学关注的重点领域。但是，行政裁量是行政机关基于自身经验及相关政策考量的结果，法院难以进行深入审查。裁量基准的存在，为法院了解行政机关的裁量过程提供了相对精确的参照，便于法院对行政裁量决定的司法审查。

由于其深受科层管理体制及“政策性”文件的影响，下级行政机关为了获得更高的执法效率、减少自身责任，往往怠于裁量。行政裁量基准能够较好地解决此问题。首先，裁量基准增加了行政裁量的可操作性，行政机关可以更积极主动地去判断并适用相关法律规定，从而避免裁量怠惰的产生。其次，裁量基准相对科学、合理。政策性文件往往受到特定社会环境的限制，通过“一律化”的处理实现特定政策目标。行政裁量基准意在实现效果的细化，相较于政策性文件“一律化”的处理，更具科学性和合理性。最后，裁量基准的制定过程比政策性文件更严格，公开化程度较高，更容易为相对人所知悉。总之，行政裁量基准能够最大限度地减少政策性文件对裁量决定的消极影响。

2. 完善裁量基准制度的要求

（1）明确制定义务与公众参与权利

首先，明确行政机关制定裁量基准的义务。日本《行政程序法》第 12 条规定：“行政厅必须努力设定处分基准。”目前，我国中央层面尚无要求行政机关制定裁量基准的法律，但有的地方性法律有此类规定。如《重庆市规范行政处罚裁量权办法》[1] 第 6 条规定：“市级行政处罚实施机关应当根据法律、法规、规章和本办法的规定，综合考虑裁量因素，合理划分裁量阶次，制定本系统行政处罚裁量基准，报市人民政府审查备案并向社会公布后实施。”据此规定，市级行政处罚实施机关有义务制定本系统行政处罚裁量基准。将制定主体限定于“市级”能保证裁量基准的权威性、科学性。“应当”意味着市级行政处罚实施机关必须制定本系统的处罚裁量基准。

其次，明确公众参与制定裁量基准的权利。对此，行政法学界存在不同观点。有学者认为，行政裁量基准属于行政机关的内部规则，专业性很强，公众参与可能会降低基准的出台效率。有学者则认为，裁量基准应当强调公众参与，以增强其民主性、正当性。笔者认为，制定行政裁量基准时允许公

---

[1] 《重庆市规范行政处罚裁量权办法》（重庆市人民政府令第 238 号，2010 年 8 月 9 日重庆市人民政府第 78 次常务会议通过）。

众参与，有利于提高公众对行政裁量决定的预见性，但是，需要根据裁量基准的不同内容、不同性质决定公众参与的程度和限度。正如周佑勇教授所言："尽管倡导公众参与有助于补充裁量基准的民主正当性，但是基于裁量基准行政自制属性的考量，公众参与仍然不宜作为一项强制性的义务强加给行政机关，其程度类型的选取是有限度的。"[1]

（2）完善设定的内容

行政裁量基准的目的是细化法律所赋予的裁量空间，提高行政裁量的明确性和可预见性。因此，行政裁量基准的内容应当以具体化为目标，并符合以下几个要求。

首先，兼顾决定裁量权与选择裁量权。目前，大部分裁量基准集中于对选择裁量权的细化，而忽视了决定裁量权的细化。然而，与选择裁量相比，决定裁量的违法更严重，理应成为行政裁量基准重点关注的对象。如《重庆市规范行政处罚裁量权办法》[2] 第 8 条规定："制定裁量基准应当明确以下情形：（一）法律、法规和规章规定可以选择是否处罚的，应当明确规定是否处罚的具体情形；（二）法律、法规和规章规定可以选择处罚种类的，应当明确规定适用不同处罚种类的具体情形；（三）法律、法规和规章规定可以选择处罚幅度的，应当合理划分裁量阶次，明确规定适用不同阶次的具体情形。"此规定兼顾了决定裁量与选择裁量两个方面，分别规定了细化情形，既能避免选择裁量怠惰，也能避免决定裁量怠惰。

其次，细化法律适用的种类与幅度。这要求行政机关理顺行政行为所适用的不同层级法律规范之间的关系，避免裁量基准与法律规范之间的冲突。如《山东省行政程序规定》[3] 第 59 条规定："行政执法不得滥用行政裁量权。法律、法规、规章规定行政裁量权的，行政机关应当以规范性文件的形式，对行政裁量权的标准、条件、种类、幅度、方式、时限予以合理细化、量化。细化、量化行政裁量权，应当考虑下列情形：（一）所依据的法律、法规、规章规定的立法目的、法律原则；（二）经济、社会、文化等客观情况的地域差异；（三）行政管理事项的事实、性质、情节以及社会影响；（四）可能影响行政裁量权合理性的其他情形。"

另外，规定不予适用的例外情形。对于行政裁量基准，余凌云教授曾称

---

[1] 周佑勇：《行政裁量基准研究》，中国人民大学出版社 2015 年版，第 139 页。

[2] 《重庆市规范行政处罚裁量权办法》（重庆市人民政府令第 238 号，2010 年 8 月 9 日重庆市人民政府第 78 次常务会议通过）。

[3] 《山东省行政程序规定》（山东省人民政府令第 238 号，2011 年 5 月 25 日山东省政府第 101 次常务会议通过）。

其“游走于规范与僵化之间”。[1] 行政裁量基准的目标是行政执法规范化，但是，行政事务纷繁复杂，案件事实多种多样，裁量基准不可能预见到所有的情况，因此，裁量基准需要对将来的行政执法保留一定程度灵活处理的空间或者余地。换言之，要对不适用裁量基准的例外情况进行规定，以避免行政机关机械适用裁量基准。葛克昌教授认为，“由于行政实务上适用该类解释函令所产生一致性，嗣后行政机关受此一致性行政自我拘束，如未具理由违反裁量基准之行政处分及为平等原则之违反。由于拘束力来自平等原则，是以行政机关只要对新案与旧惯行之不同所在予以具说服力之说理，即可在其裁量范围内为不同之处置；且行政机关对其见解认为不正确，亦可变更见解”。[2] 上文所引我国台湾地区“固守裁罚倍数参考表”等案例显示，机械适用裁量基准是导致行政裁量怠惰违法的重要原因。为预防这种情况的出现，裁量基准应当对例外情况有所规定。

（三）加强对行政裁量怠惰的司法审查

1. 加强司法审查的可能性

行政裁量怠惰具有复杂性与隐蔽性，对法院的司法审查提出了更高要求。我国台湾地区“行政程序法”第10条规定：“行政机关行使裁量权，不得逾越法定之裁量范围，并应符合法规授权之目的。”“行政诉讼法”第201条规定：“行政机关依裁量权所为之行政处分，以其作为或不作为逾越权限或滥用权力者为限，行政法院得予撤销。”上述条款为行政裁量怠惰的司法审查提供了依据。我国大陆法律没有类似上述明确规定。但是，法律的生命在于解释。笔者认为，在我国行政法体系内存在对行政裁量怠惰进行司法审查的依据。

首先，以行政法合理性原则为审查依据。行政裁量怠惰实际是对行政合理性原则的违反。如我国《行政处罚法》第4条以及《治安管理处罚法》第5条对“比例原则”等合理性原则进行了规定。[3] 法院可以“比例原则”等合理性原则为依据对行政裁量进行司法审查，进而认定行政裁量怠惰之

---

[1] 余凌云：《“游走在规范与僵化之间——对金华行政裁量基准实践的思考”》，《清华法学》2008年第3期。

[2] 葛克昌：《国会保留与税法裁判——“税捐稽征法”第11条之3裁判事务》，《月旦财经法杂志》2013年第11期。

[3] 《行政处罚法》第4条规定：“设定和实施行政处罚必须以事实为依据，与违法行为的事实、性质、情节以及社会危害程度相当。”《治安管理处罚法》第5条规定：“治安管理处罚必须以事实为依据，与违反治安管理行为的性质、情节以及社会危害程度相当。”

违法。

其次，以“明显不当”为审查依据。修改后的《行政诉讼法》纳入了“明显不当”这一审查标准，为裁量怠惰的司法审查提供了依据。[1] 这体现出了法律允许有限度地对行政裁量进行司法审查的态度。江必新认为：“法院对于77条中‘明显不当’行为的审查是一种有限度的、低烈度的审查，这种审查从某种意义上讲，属于广义的‘合法性’审查的范畴，与行政诉讼确立的合法性审查原则，不仅不存在冲突，而且还是对合法性审查原则的必要和有益的补充。”[2] 何海波教授认为：“明显不当是基于行政裁量而言的，如果法律规定的处理方式不包含裁量空间，就谈不上明显不当……也就是，法律规定有多重可能的处理方式，行政机关享有裁量选择的空间，行政机关在这个裁量空间内明显处理不当。”[3] 裁量怠惰属于裁量瑕疵，而裁量是否存在瑕疵，由法院加以认定。“明显不当”为法院认定裁量瑕疵，包括裁量怠惰提供了依据。

2. 加强司法审查的路径

在对行政裁量怠惰司法审查的可能性进行分析后，需要进一步解决如何对行政裁量怠惰进行司法审查的问题。笔者认为，可以参照域外类型化的诉讼模式对此问题进行探讨。

所谓类型化的诉讼模式，系指根据特定标准对行政诉讼中的“诉”进行分类而形成的诉讼种类及相互关系。如我国台湾地区“行政诉讼法”第4条到第11条分别规定了“撤销诉讼”“请求应为行政处分之诉讼”及“给付诉讼”，并根据不同的诉讼类型区分不同的审理模式和审查方法。依据不同的诉求采取不同的审查进路，有利于法院正确适用法律，作出判决。陈清秀教授指出：“此种诉讼类型不仅在诉讼程序上具有统一处理以防止程序上混乱的机能，而且具有对不合诉讼类型的诉讼形态加以淘汰的机能。”[4] 我国目前不存在行政诉讼类型化的规定，但修订后的《行政诉讼法》将不同的判决类型进行列举，为行政裁量怠惰司法审查提供了指引。以下从“撤销之诉”“变更之诉”和“履行之诉”三方面对行政裁量怠惰司法审查的路径进行说明。

---

[1] 《行政诉讼法》第70条规定：“行政行为有下列情形之一的，人民法院判决撤销或者部分撤销，并可以判决被告重新作出行政行为：……（六）明显不当的。”第77条规定：“行政处罚明显不当，或者其他行政行为涉及对款额的确定、认定确有错误的，人民法院可以判决变更。”

[2] 江必新：《新行政诉讼法专题讲座》，中国法制出版社2015年版，第265页。

[3] 何海波：《论行政行为明显不当》，《法学研究》2016年第3期。

[4] 陈清秀：《行政诉讼法》，法律出版社2016年版，第153页。

（1）撤销之诉

撤销之诉是行政诉讼中适用最为广泛的诉讼类型，规定于《行政诉讼法》第 70 条。大部分行政裁量怠惰的违法情形包含其中。如在周某某诉文山县交警大队一案中，周某某因超速受到罚款 200 元、记 3 分的处罚提起行政诉讼。此案中，争议的焦点是文山县交警大队是否必须严格按照《云南省道路交通安全违法行为罚款处罚标准暂行规定》进行处罚。文山县交警大队认为“文山县所发生的交通事故，主要原因就是超速行驶，鉴于严峻的道路安全形势，文山县交警一直对超速行驶实施该上限处罚”。❶ 法院认为，文山县交警大队存在行政裁量怠惰之瑕疵，以“明显不当”为由作出撤销判决。刘某某诉太原市晋源交警一大队道路交通管理行政强制一案中，对于行政机关的强制扣留行为，法院也作出了撤销判决。❷

（2）变更之诉

变更之诉是要求法院直接改变行政行为内容的诉讼。与变更之诉对应的是“变更判决”。“变更判决”是司法权对行政权更强程度的干预，因此，我国《行政诉讼法》第 77 条限定于“行政处罚明显不当”和“其他行政行为涉及对款额的确定、认定确有错误的”两种情形。可见，对于行政处罚裁量权，法院具有较宽的审查空间。当行政机关怠于行使裁量权导致处罚明显不当时，法院可以作出变更判决。但需要注意，变更判决对行政机关的干预程度较高，只有当行政机关的处罚明显不合理时才适用。如在北京某面馆诉北京市延庆区市场监督管理局案中，原告销售超过许可事项的凉菜仅有 27 元，未造成任何实际危害后果，且在立案查处后立刻停止违法行为，依据行政处罚的规定，应当予以减轻处罚。被告依据《食品安全法》对原告处以5 万元罚款，明显不当。据此，法院判决，将罚款数额从 5 万元变更为 1 万元。❸

（3）履责之诉

履责之诉是要求法院判令行政机关履行法定职责的诉讼。与履责之诉对应的是“履行判决”。

“履行判决”规定于《行政诉讼法》第 72 条，针对的是行政不作为。❹

---

❶ 尚海龙：《行政法案例教程》，中国民主法制出版社 2015 年版，第 104 页。

❷ 陈娟：《云南省公安厅红头文件引发争议——自由裁量应以何为标准?》，《中国安全生产报》2008 年 4 月 8 日。

❸ 案情参见：北京市第一中级人民法院（2019）京 01 行终 1189 号判决书。

❹ 《行政诉讼法》第 72 条规定：“人民法院经过审理，查明被告不履行法定职责的，判决被告在一定期限内履行。”

怠于行使裁量权是导致行政不作为的重要原因。应当注意的是，对于履责之诉，法院首先要对行政机关是否具有裁量空间进行判断，当案件事实尚未明确或者行政机关仍然存在有多种处理可能时，法院应当尊重行政机关的初次判断权，不得作出履行判决。只由当行政机关已无裁量空间时，法院才能作出履行判决。如，在李某某诉北京市公安局顺义分局某派出所案中，韩某去某派出所为新出生的李某某办理出生户口事宜。李某某的父亲姓韩，爷爷姓李（系韩某继父）。韩某为了报答继父20余年养育之恩，故向派出所提出让李某某随其爷爷姓氏，但该派出所未予以登记。法院认为，该登记申请“有不违反公序良俗的其他正当理由”,[1] 某派出所对李某某的户籍登记申请已无裁量空间。法院最终判令某派出所于判决生效之日起两个月内为原告办理户籍登记。

五、结　语

行政裁量是现代行政法学的研究重点，有效治理行政裁量是深入推进依法行政，加快建设法治政府的必然要求。在过去的数十年中，学者们更多是将目光投向行政裁量滥用，以遏制行政裁量权的恣意行使。但随着我国行政法治进程的加快，不仅需要关注传统的裁量滥用问题，而且需要研究日益凸显的裁量怠惰问题。行政裁量怠惰表现形态多样，较之其他裁量瑕疵，往往具有更强的隐蔽性、更大的危害性，因此需要对裁量怠惰问题予以重点关注。对于行政裁量怠惰的研究，需要依据目前的行政法学理论体系，并结合现有的行政法律规范，从法教义学的视角出发构建适合我国国情的行政裁量怠惰理论体系。同时，这种研究也需要在司法实践的基础上进行类型化的研究，从而为行政裁量怠惰的治理奠定坚实的理论基础。本文对行政裁量怠惰理论体系进行了初步探讨，但行政裁量怠惰是一个非常复杂的问题，需要更多的学者予以关注，进而推动行政裁量怠惰研究问题向纵深发展。

---

[1] 案情参见：北京市顺义区人民法院（2019）京0113行初413号判决书。

第四章
行政约谈研究

行政约谈是我国近年来兴起的一种新型行政行为。这种行政行为不再以强制为核心要素，而是通过与行政相对人协商、沟通以达到执法目的，从而突破了传统的行政行为框架体系，成为柔性执法的典型。这种柔性执法方式是在我国大力推进服务型政府建设的背景下产生的，顺应了合作式行政、参与式行政的发展趋势，在预防行政违法、促进相对人配合、调动相对人积极性等方面具有巨大优势，因此，行政约谈被我国行政机关越来越广泛地加以应用。但是，我国行政法学界对这种实践中已被广泛应用的新型行政行为的研究还不够重视，研究成果不多，无法为行政约谈的进一步发展提供理论支撑。本章拟对行政约谈的性质与特征、依据与原则、主体与对象、范围与程序、监督与救济等展开全面、系统研究，并根据研究结论，草拟《××省行政约谈办法（建议稿）》，以期对行政约谈制度的构建有所裨益。

一、行政约谈的基本问题

在对行政约谈的具体问题展开研究之前，有必要对行政约谈的概念与特征、性质与类型、历史与现状这些基本问题进行分析，以作为后续研究的基础。

（一）行政约谈的概念

1. 行政约谈的基本含义

（1）学界观点

对于行政约谈的含义，学界存在不同观点。邢鸿飞教授认为：“行政约谈是指当行政相对人涉嫌违法时，为防止违法行为的发生或蔓延，行政主体运用协商对话机制，通过与行政相对人‘秘密’交谈的方式传递警示信息，明确指出行政相对人行为可能存在的违法情形，加以必要的引导和教育，促使行政相对人做或不做某种行为的一种管理活动。”[1] 徐永涛教授认为：“行政约谈是指依法享有监督管理职权的行政主体，发现其所监管的行政相对人出现了特定问题，为了防止发生违法行为，在事先约定的时间、地点与行政相对人进行沟通、协商，然后给予警示、告诫的一种非强制行政行为。”[2] 郭少青博士认为行政约谈“指的是拥有职权的行政机关对辖区内所管理的部门或行政相对人的违法行为进行约见谈话，促其自纠或进行行政处分、行政处罚的系列行为”。[3] 莫于川教授认为：“约谈可以大致分为两种，一种发生于行政系统内部，是上级行政机关对下级行政机关的约谈，比如国务院领导人对地方政府负责人的约谈。另外一种是政府机关对公民、法人、其他组织的约谈，比如发改委对汽车企业、化工企业的约谈。”[4] 可见，学者们均认为行政约谈的主体是行政机关，但对于约谈的对象、约谈的性质等存在认识上的差异。

（2）笔者观点

相对于传统行政行为，行政约谈是一种不以行政强制为特征的新型行政行为。“约谈”，就其字面含义而言，是指“约请谈话”，即约请相对方进行谈话。借鉴莫于川教授的观点，本文认为，行政约谈有广义和狭义之分，前者包括内部约谈和外部约谈，后者仅指外部约谈。内部约谈是上级机关对下级机关进行问责的一种方式，外部约谈则是行政主体对行政相对人进行监督的一种措施。例如，环保约谈中，上级人民政府约见下级人民政府主要负责人为内部约谈，人民政府约见有关企业主要负责人为外部约谈。

内部约谈与外部约谈都以“约谈”为表现形式，都具有监督的功能，但是，二者存在明显区别。首先，性质不同。内部约谈是一种内部行政行为；外部约谈是一种外部行政行为。其次，对象不同。内部约谈的对象是下级行政机关，约谈者与被约谈者是“国家官僚科层体系间的内部关系”[5]；外部约谈的对象是公民、法人或者其他组织，约谈者与被约谈者是“国家—市场之间的外部关系”[6]。最后，法律效果不同。内部约谈影响公务员的权利、地位，与行政问责、政务处分等相衔接；外部约谈影响行政相对人的权利与义务，与行政处罚、行政强制等相联系。由于内部约谈与外部约谈存在重大差异，

---

[1] 邢鸿飞、吉光：《行政约谈刍议》，《江海学刊》2014 年第 4 期。

[2] 徐永涛、林树金：《我国行政约谈的理论基础及法治化》，《东岳论丛》2014 年第 12 期。

[3] 郭少青：《环境行政约谈初探》，《西部法学评论》2012 年第 4 期。

[4] 邹春霞：《国务院至少 20 个部委开展约谈 谈后不改将被处分》，《北京青年报》2014 年 6 月 16 日。

[5] 卢超：《社会性规制中约谈工具的双重角色》，《法制与社会发展》2019 年第 1 期。

[6] 卢超：《社会性规制中约谈工具的双重角色》，《法制与社会发展》2019 年第 1 期。

特别是外部约谈会影响行政相对人的权益，更需要受到法律的规范，本文仅就外部约谈展开研究。

综上所述，我们认为，所谓行政约谈，系指行政主体对有潜在违法、轻微违法等情形的行政相对人，在特定时间和地点进行告诫警示、沟通协商、教育指导，以实现行政目的的非强制性行政行为。例如，2017 年公安部曝光了全国 152 家安全隐患突出的运输企业后，各地公安交管部门立即会同相关部门全面排查清理，对存在安全隐患的运输企业的 428 名企业负责人及安全管理人员进行约谈问责。[1]这是一种典型的行政约谈。

2. 行政约谈与相关概念的区别

（1）行政约谈与行政指导

行政指导是指“行政机关为谋求行政相对人作出或不作出某种行为以实现一定行政目的而实施的指导、劝告、建议等不具有国家强制力且不直接产生法律效果的行为”。[2] 行政指导是传统行政行为的重要补充，在非强制性、灵活性、多样性方面与行政约谈有相同之处。

但是，行政指导和行政约谈也存在较大差异。首先，适用范围不同。行政指导既可以适用于特定人或事，也可以适用于不特定的人或事，而行政约谈仅适用于特定的人或事。其次，功能不同。行政指导的功能在于引导、建议、鼓励、提倡，而行政约谈的功能在于监督、督促、劝告、警示。另外，后果不同。行政相对人不遵从行政指导，行政主体不得采取制裁措施；行政相对人不按照约谈中的要求履行义务，行政主体可以采取处罚、强制等措施。

（2）行政约谈与行政检查

行政检查是“行政主体基于行政职权，依法对行政相对人是否遵守行政法规范和执行行政决定等情况作出的事实行为”。[3] 行政约谈前后，行政主体要进行检查、调查。因此，行政约谈和行政检查有关联。

但是，行政约谈与行政检查存在明显区别。首先，方式不同。行政约谈中，行政主体通过告诫警示、沟通协商、教育指导等方式，与行政相对人进行谈话和沟通；行政检查中，行政主体以检查、查验、查阅等方式了解行政相对人情况。其次，实施前提不同。行政主体之所以实施约谈，是因为发现行政相对人有违法行为或者很可能违法；行政主体实施检查的目的是发现事实、搜集证据，不以行政相对人违法或者可能违法为前提。另外，行政约谈

---

[1] 《公安交管部门约谈 152 家安全隐患突出的运输企业》，《法制日报》2017 年 9 月 17 日。

[2] 莫于川：《论行政指导的立法约束》，《比较法研究》2004 年第 5 期。

[3] 周佑勇：《行政法原论》，北京大学出版社 2018 年版，第 320 页。

属于行政法律行为（详见下文）；行政检查不产生设定、变更或者消灭相对人权利义务的法律效果，属于行政事实行为。[1]

（3）行政约谈与行政处罚

行政处罚是指“具有法定权限的行政主体，对违反行政法规范的公民、法人或者其组织所实施的一种行政制裁”。[2]

行政处罚是具有强制力的传统行政行为，与行政约谈这种新型行政行为存在明显差异。首先，对象不同。行政约谈针对的是已经违法或尚未违法的行政相对人；行政处罚针对的是已经存在违法行为的行政相对人。其次，程序不同。目前，行政主体实施约谈所依据的大多是行政规范性文件，这些文件对约谈程序的规定不统一，且不严格；行政处罚的依据是《行政处罚法》及单行法律法规，程序相对统一且严格。再次，法律效果不同。行政约谈具有非强制性，被约谈人有违法行为或者约谈后整改不到位的，行政主体才实施行政处罚、采取强制措施；行政处罚具有强制性，直接影响了行政相对人的人身权、财产权等。

3. 行政约谈的特征

为进一步掌握行政约谈的内涵，有必要对其特征进行剖析。行政约谈这种新型行政行为具有如下特征。

第一，行政约谈的主体是行政主体。行政机关可以在法定职权范围内实施约谈，法律、法规、规章授权的具有管理公共事务职能的组织也可以在授权范围内实施约谈。行政约谈由行政主体实施，受行政法调整。

第二，行政约谈的对象是行政相对人。行政约谈的对象是公民、法人和其他组织，而不是下级行政机关或者公务人员。行政机关对下级机关及其公务人员的约谈属于内部监督，而行政机关对公民、法人或者其他组织的约谈属于外部监督。后者才是本文所谓的行政约谈。

第三，行政约谈适用的范围是行政相对人存在轻微违法、潜在违法等行为。例如，2011 年 3 月底到 4 月初，宝洁、联合利华、立白、纳爱斯四大日化品牌未予正面回应全线涨价消息，国家发改委调查组紧急约谈上述企业，及时制止原价格调整计划。[3] 虽然无证据证明日化企业串通涨价，但国家发改委及时约谈日化企业维护了广大消费者的权益。类似上述事件中，行政相对

---

[1] 叶必丰：《行政法与行政诉讼法》，武汉大学出版社 2008 年版，第 167 页。

[2] 周佑勇：《行政法原论》，北京大学出版社 2018 年版，第 281 页。

[3] 《联合利华宝洁涉嫌联合操纵洗衣粉价格欧洲受罚》，http://www.pkulaw.com/news/6abb039eaf631aaabdfb.html。

人有潜在违法行为的，也属于行政约谈的适用范围。

第四，行政约谈具有非强制性。通过约谈这个平台，行政主体向行政相对人传递意愿，对行政相对人进行告诫警示、沟通协商、教育指导，行政相对人则向行政主体表达想法和诉求，双方共同协商探讨解决问题的对策。可见，行政约谈是一种不具有强制性的柔性执法方式，注重行政相对人的认同感和接受度，以平等的地位、对话的方式协商共治。

（二）行政约谈的性质与类型

1. 行政约谈的性质

行为的性质决定了该行为应当遵守的实体法规则、程序法规则以及救济途径。因此，有必要对行政约谈的性质进行深入分析。

（1）行政法律行为

我国学者对行政约谈的定性存在争议。有学者认为，行政约谈符合一般行政法律行为的构成要件，属于行政法律行为。[1] 也有学者认为，行政约谈只是一种“善意提示”行为，不影响相对人的权利义务，不产生、变更或消灭行政法律关系，属于行政事实行为。[2]

行政法律行为与行政事实行为相对应。行政法律行为是指行政机关依职权作出的能够产生法律效果的行为；行政事实行为则是指行政机关依职权作出的不具有法律效果的行为。两者的根本区别在于：第一，是否以产生一定的法律效果为目的，即行政机关是否有产生、变更或消灭行政法律关系的目的。第二，是否能够产生法律效果，即行政机关的行为是否产生、变更或消灭行政法律关系。行政约谈是行政主体希望达到一定行政目的而实施的行政行为，是由行政约谈双方的意思表示引起行政法律关系的产生、变更或消灭。行政约谈后双方达成合意形成《整改意见》，《整改意见》引起法律关系的变化，对行政相对人的权利义务产生直接影响。因此，应当将行政约谈定性为行政法律行为。

（2）独立的行政法律行为

行政约谈属于独立的，抑或阶段性的行为也是一个值得探讨的问题。如果属于独立行为，则行政约谈有独立存在的价值；如果属于阶段行为，则是在为其他法律行为做准备，没有独立存在价值。对这个问题的回答，需要从行政约谈的功能、效力和救济等方面分析。

首先，行政约谈过程中包含调查、了解，但行政约谈并不是调查、了解

[1] 邢鸿飞、吉光：《行政约谈刍议》，《江海学刊》2014 年第 4 期。

[2] 孟强龙：《行政约谈法治化研究》，《行政法学研究》2015 年第 6 期。

的基础，而是与调查、了解处于同等地位，调查、了解也可以作为行政约谈的具体环节。其次，行政约谈不存在强制性，行政相对人是否接受约谈取决于相对人的意愿。然而，行政约谈并非单纯以获取相对人的信息为目的，一旦在行政约谈中形成《整改意见》，该意见对被约谈人产生强制的效果。最后，“有权利必有救济，有侵害必有保护”。否定行政约谈的独立性会导致行政约谈无法受到有效监督，由约谈所造成的侵害无法得到及时救济。因此，应当赋予行政约谈独立法律行为的地位。

（3）未型式化的行政法律行为

未型式化行政行为与型式化行政行为相对应。型式化行政行为是行政行为在发展过程中逐渐类型化，并得到法律认可而制度化；未型式化行政行为是行政主体在行使行政权过程中，为适应社会管理的需要而实施的未经法律规定的各种形式的行政行为的总称。[1] 未型式化行政行为具有以下特征：自由裁量性、未经法定性、向型式化行政行为的过渡性和现实适应性等特征。[2] 为适应社会现实管理的需要，行政主体在法定范围内行使自由裁量权而产生了未型式化行政行为，此时该行政行为还没有被法律明确规定，但是却正在经历着由未型式化向型式化转变的过程。

行政约谈属于未型式化行政行为。首先，行政约谈是行政机关灵活运用行政权的结果，具有自由裁量性。其次，虽然实践中已被大量使用，但行政约谈还未完全上升至法律层面，约谈行为符合未经法定性这一特征。再次，行政约谈在实践中反复运用，终将会以法律形式定型化，成为型式化的行政行为。因此，行政约谈具有向型式化行政行为转化的过渡性。最后，当代社会行政任务日益艰巨、复杂，传统的行政行为无法满足行政管理的预期目的，而行政约谈则因其现实适应性、方式新颖性、行为灵活性及柔和性得到了行政机关的青睐。

2. 行政约谈的类型

以发挥的不同功能为标准，可以将行政约谈大致区分为调查型约谈、监管型约谈、指导型约谈和协调型约谈。

第一，调查型约谈。调查型约谈是行政主体通过与行政相对人进行谈话以搜集相关证据、信息、资料等的活动。行政执法必须以事实为根据，只有准确掌握相关证据、信息、资料才能做到公平、公正。通过调查型约谈，行政主体可以了解行政相对人的行为、原因，搜集有关证据、信息，为后续行

[1] 李傲：《未型式化行政行为初探》，《法学评论》1999 年第 3 期。

[2] 李傲：《未型式化行政行为初探》，《法学评论》1999 年第 3 期。

为奠定基础。如，2014 年 8 月 4 日，国家发改委反垄断调查小组约谈奔驰汽车公司多名高管，强行检查该公司办事处内多台电脑，目的是了解“奔驰整车价格和最低限价的经销商政策”。之后，奔驰汽车公司对保养价格和维修配件价格进行下调。[1]

第二，监管型约谈。监管型约谈是指行政主体对行政相对人未履行或未全面履行义务的行为进行质询、训诫的约谈。此类约谈一般针对的是已经发生违法行为的情形，一定程度上会影响行政相对人的权利义务，可视为行政主体履行监管职责的手段。例如，鉴于滴滴专车运营过程中存在违法行为，上海交通执法总队前后三次约谈了滴滴专车运营商及北京小桔科技有限公司上海办事处相关人员，要求其提供在专车平台上运营的车辆及驾驶员信息。[2]实践中，监管型约谈占行政约谈的“半壁江山”。

第三，指导型约谈。指导型约谈是指行政主体为行政相对人提供指导和建议，引导行政相对人停止违法行为或者作出合法行为的约谈。指导型约谈不同于行政指导，指导只是行政约谈的手段之一。较之于行政相对人，行政主体掌握更多有关政策、法律等方面的信息，指导性约谈有利于行政相对人获取相关信息，合法、合理作出或不作出一定行为。如《贵州省安全生产约谈制度》（黔府办发〔2010〕5 号）第 8 条规定：“约谈小组要指导帮助被约谈单位查找存在问题，提出加强安全生产工作的建议和要求，并督促落实。”甘肃省《工商行政管理机关消费维权行政约谈制度》（甘工商发〔2015〕4 号）第 7 条规定：“约谈可采取共性问题集中约谈、个性问题个别约谈的方式进行。同一事项的不同约谈对象应给予相同的约谈指导。”第 9 条规定：“指导经营者加强制度建设，完善落实长效管理机制。”

第四，协调型约谈。协调型约谈是指行政主体约请发生纠纷的当事人，对纠纷事项进行协商的约谈。此类约谈目的在于进行沟通以解决纠纷和矛盾。如，甘肃省《工商行政管理机关消费维权行政约谈制度》（甘工商发〔2015〕4 号）规定，推行消费维权行政约谈制度的重要目的是及时预防、有效处理社会普遍关注的重点和潜在的消费纠纷，预防和避免消费纠纷升级。[3]

---

[1] 《奔驰遭反垄断小组突查 疑下调配件价格幅度小》，http://www.pkulaw.com/news/5513f6daae7e9efdbdfb.html。

[2] 《上海交通执法总队欲给滴滴专车开罚单遭爽约》，http://www.pkulaw.com/news/f93efbab07962dddbdfb.html。

[3] 甘肃省《工商行政管理机关消费维权行政约谈制度》第 2 条：“推行消费维权行政约谈制度的目的是强化经营者自律，及时预防、有效处理社会普遍关注的重点和潜在的消费纠纷，预防和避免消费纠纷升级，促使消费纠纷由‘事后处理型’向‘事前服务型’转变，构建和谐社会。”

（三）行政约谈的历史与现状

1. 行政约谈的历史

行政约谈是历史的产物，随着时代的进步而不断发生着变化。只有追溯行政约谈的发展历程，才能把握行政约谈未来的发展趋势。行政约谈的发展历史可以大致分为萌芽、个别领域适用和广泛适用三个阶段。

第一，萌芽阶段。“约谈”最早出现于我国香港地区，通常被称为“喝咖啡”或者“会晤”。在我国内地的官方文件中，2002 年辽宁省地税局印发的《开展外籍人员个人所得征税约谈工作》（辽地税函〔2002〕296 号）第一次使用了“约谈”。但也有人认为，第一次使用“约谈”的是 2003 年北京市地税局印发的《税务函告、约谈工作实施办法》（京地税检〔2003〕543 号）。[1] 可以肯定的是，行政约谈首先被适用于税收征管领域。

第二，个别领域适用阶段。继税收征管领域之后，行政约谈逐渐扩展至消费者权益保护、药品监管、安全生产等领域。例如，晋江市工商局安海工商所在福建省内首创企业约谈制度，引导经营者和消费者沟通协商。[2] 宁波市工商局慈溪分局将空调行业作为行政约谈的第一个试点对象，创新维权机制，解决消费争议。[3] 另外，如，《山东省涉药单位约谈制度（试行）》（鲁食药监法〔2007〕183 号）、《宁德市安全生产约谈制度的通知》（宁政办〔2007〕26 号）等都对行政约谈有专门规定。

第三，广泛适用阶段。2010 年以后，行政约谈被广泛适用于环境保护、食品安全、网络监督等几乎所有的行政管理领域。例如，《北京市环境保护局约谈暂行办法》（京环办〔2017〕133 号）、《餐饮服务食品安全责任人约谈制度》（国食药监食〔2010〕485 号）、《互联网新闻信息服务单位约谈工作规定》（国家互联网信息办公室 2015 年）、《电力安全监管约谈办法》（国能发安全〔2018〕79 号）等。2015 年，修订后的《食品安全法》首次将行政约谈上升至法律层面。[4]

行政约谈在我国出现的历史不长，但发展迅速、方兴未艾，这背后隐藏

---

[1] 胡贲：《部委“约谈”：误解与真相》，《南方周末》2011 年 6 月 9 日。

[2] 王惠兵：《福建晋江市安海工商所首创企业约谈制》，《中国贸易报》2006 年 6 月 1 日。

[3] 宋玉池：《行政约谈：解决消费争议的一项好制度》，《中国工商报》2009 年 3 月 14 日。

[4] 《食品安全法》第 114 条规定：“食品生产经营过程中存在食品安全隐患，未及时采取措施消除的，县级以上人民政府食品药品监督管理部门可以对食品生产经营者的法定代表人或者主要负责人进行责任约谈。食品生产经营者应当立即采取措施，进行整改，消除隐患。责任约谈情况和整改情况应当纳入食品生产经营者食品安全信用档案。”

着深刻的社会历史原因。传统上，行政机关主要通过行政许可、行政处罚等强制性手段进行管理。但是，随着我国市场经济的发展，社会转型加快，公民的民主法治意识不断增强，传统的管理模式、管制手段无法适应这种发展变化。柔性执法、服务行政受到大力提倡，行政指导、行政合同、行政调解开始大量出现。在这种背景下，以协商、沟通、合作为特征的行政约谈应运而生、快速兴起。

2. 行政约谈的现状

经过近20年的发展，行政约谈已经在我国行政管理实践中得到了广泛适用，行政约谈制度初步建立，发挥了重要作用，但存在的问题也非常明显。简言之，成绩与问题并存。

第一，发布了大量文件，行政约谈制度初步建立。无论是中央还是地方，都发布了大量有关行政约谈的规范性文件，《食品安全法》《大气污染防治法》《网络安全法》《水污染防治法》等法律明文规定了约谈。虽然这些规定不系统、不统一，但基本构建起了我国的行政约谈制度体系。

第二，广泛应用于实践，行政约谈效果显著。行政约谈着眼于解决经济社会发展中的重点、难点、热点问题，取得了良好的社会效果。例如，它在保障食品药品安全、净化网络市场环境等方面都发挥了重要的功能与作用。

第三，法治化程度不高，行政约谈仍存在诸多问题。目前我国有关行政约谈的规定，主要见于行政规范性文件，位阶较低，权威不足，内容简单。实践中，行政约谈的作用还没有得到充分发挥。例如，网约车平台公司在被约谈时态度诚恳，但约谈后继续我行我素，有些企业被多次约谈仍漠视约谈，甚至变本加厉。[1] 类似问题的出现表明我国目前的行政约谈制度尚不健全，约谈的依据、原则、主体、对象、范围、程序、效力等方面仍存在亟待解决的问题。以下针对这些问题进行探讨。

二、行政约谈的依据与原则

约谈的依据是行政机关开展约谈的根据和正当性基础；约谈的原则是行政机关开展约谈时所遵循的指导思想。要构建完善的约谈制度，首先需要对这两个问题进行研究。

---

[1] 《交通部喊话网约车：别把约谈当耳旁风》，http://www.pkulaw.com/news/2b2132d8d451027cbdfb.html。

（一）行政约谈的依据

1. 行政约谈依据的层级问题

在“北大法宝数据库”以“约谈”为关键词，检索出部门规范性文件共计 18 件，地方规范性文件共计 319 件，但未检索到以“约谈”为题的法律、法规或者规章。[1] 其中，部门规范性文件所涉及的领域包括食品安全、电力安全、安全生产、互联网信息、重大事故、工程质量、社会组织等方面。地方规范性文件是行政约谈规范的“主力军”，广泛涉及安全生产、消费者权益、环境保护、食品药品等领域。这些文件虽然数量较多，但多以“通知”的形式发布，位阶较低，权威不足。当然，我国也有少量法律的某些条款涉及行政约谈，如《食品安全法》[2]《药品管理法》[3]《网络安全法》[4] 等，但关于行政约谈的专门性法律尚未出台。

我国目前有关行政约谈的依据位阶较低，导致行政约谈缺乏充分、坚实的法律基础。但是，近期制定一部专门的法律或者行政法规作为行政约谈的依据不太现实。因此，可以考虑制定专门的地方性法规、部门规章或者地方政府规章以夯实行政约谈的法律基础。待到行政约谈实践经验更加丰富、行政约谈理论更加成熟之后，再制定专门的法律或者行政法规。行政约谈的专业性较强，以地方性法规或规章的形式规范行政约谈，可以增强行政约谈的实用性、针对性和可操作性。同时，地方性法规和规章的制定有较严格的程序要求，能够保证行政约谈制度的合法性、科学性、民主性。一方面，制定有关行政约谈的地方性法规。省、自治区、直辖市的人民代表大会及其常务委员会、设区的市的人民代表大会及其常务委员会可以制定有关行政约谈的地方性法规。另一方面，制定有关行政约谈的部门规章。国务院各部门可以按照职权范围，分别对税收领域、食品药品领域、环保领域、价格领域、安

---

[1] 检索时间截止于 2020 年 5 月 27 日。

[2] 《食品安全法》第 114 条：“食品生产经营过程中存在食品安全隐患，未及时采取措施消除的，县级以上人民政府食品药品监督管理部门可以对食品生产经营者的法定代表人或者主要负责人进行责任约谈。食品生产经营者应当立即采取措施，进行整改，消除隐患。责任约谈情况和整改情况应当纳入食品生产经营者食品安全信用档案。”

[3] 《药品管理法》第 99 条：“对有证据证明可能存在安全隐患的，药品监督管理部门根据监督检查情况，应当采取告诫、约谈、限期整改以及暂停生产、销售、使用、进口等措施，并及时公布检查处理结果。”

[4] 《网络安全法》第 56 条：“省级以上人民政府有关部门在履行网络安全监督管理职责中，发现网络存在较大安全风险或者发生安全事件的，可以按照规定的权限和程序对该网络的运营者的法定代表人或者主要负责人进行约谈。网络运营者应当按照要求采取措施，进行整改，消除隐患。”

全生产领域、互联网信息领域等制定有关行政约谈的部门规章。另外，省、自治区、直辖市人民政府以及设区的市的人民政府也可以制定有关行政约谈的地方政府规章。

2. 行政约谈依据的内容问题

目前，我国有关行政约谈的规定大部分为行政规范性文件。这些行政规范性文件可以分为两个层级，一是国务院各部门的规范性文件；二是地方政府或者部门的规范性文件。这些文件是各级、各类、各地行政机关为满足各自的行政管理需要而制定的，在内容上存在如下明显问题：首先，这些文件的内容较简略，可操作性差，不利于对行政约谈的规范。如《互联网新闻信息服务单位约谈工作规定》被称为“约谈十条”，该文件仅以“十条”对约谈的范围、主体、对象、程序等作出规定，所使用的语言不够明确、严谨，缺少权利义务、监督、救济等内容。其次，这些文件的内容差异较大。如，同为安全生产领域的约谈，《威海市安全生产约谈办法》（威政办字〔2018〕35号）对约谈的程序规定较为完整，而《淄博市安全生产约谈制度》（淄政办字〔2015〕111号）则对约谈程序规定得非常简略。

之所以出现上述问题，主要是因为行政机关“将约谈方式作为过渡阶段的权宜之计”，“以效率为导向选取约谈方式回应规制任务”❶。相关文件内容简略、不统一会造成行政约谈的滥用和约谈的异化。针对这些问题，迫切需要对行政约谈依据的内容进行规范。首先，增强文件的可操作性。为避免出现内容过于简略、可操作性不强的问题，应当尽量细化行政约谈的文件内容，对行政约谈的适用情形、运行程序、监督救济等进行明确规范，形成系统、完整的行政约谈制度体系。其次，尽量统一文件的内容。为避免出现行政约谈的规定差异过大问题，应当通过地方性法规或者行政规章，对行政约谈的原则、主体、对象等进行统一规范。

（二）行政约谈的原则

1. 大多缺乏有关行政约谈原则的规定

行政约谈的原则是指导行政约谈文件制定与实施的宗旨或者准则，对整合优化行政约谈规范、弥补行政约谈规范的漏洞发挥着重要的功能与作用。然而，检视我国目前发布的与行政约谈相关的规范性文件后可以发现，对行政约谈原则进行规定的文件很少，大部分文件中没有涉及约谈原则。例如，

---

❶ 朱新力、李芹：《行政约谈的功能定位与制度建构》，《国家行政学院学报》2018年第4期。

安全生产、食品药品这两个领域的行政约谈规范性文件数量很多，但仅有个别文件规定了约谈原则。再如，《电力安全监管约谈办法》（国能发安全〔2018〕79号）、《互联网新闻信息服务单位约谈工作规定》（国家互联网信息办公室2015年4月28日发布）等作为部门规范性文件对行政约谈的原则只字未提。

行政约谈缺失原则会带来诸多问题。没有原则的宏观引领和统一协调，行政约谈就失去了“精神”或“灵魂”，无法解决约谈规则所固有的机械性、滞后性等问题。因此，迫切需要增加有关行政约谈原则的规定。

2. 所确立的行政约谈原则差异较大

有少量行政规范性文件规定了行政约谈的原则，但在确立原则时比较随意，所确立的原则之间存在很大差异，可谓五花八门，如“监管与指导、矫正与预防相结合原则”❶“属地管理和谁主管、谁负责原则”❷“合法合理、公开公平、互为平等、方式多样原则”❸“预防为主、风险管理、全程控制、社会共治原则”❹等。行政规范性文件有关约谈原则的规定详见表4-1。

表4-1 行政规范性文件有关行政约谈原则的规定

文件名称	约谈原则	备 注
《安徽省地方税务局涉外税收征管约谈工作暂行办法》	规范、合理、高效、诚信	皖地税函〔2004〕424号；第5条
《餐饮服务食品安全责任人约谈制度》	分级约谈、适时约谈、依法约谈	国食药监食〔2010〕485号；第1条
《甘肃省食品药品监督管理局食品安全约谈制度（试行）》	依法规范、及时审慎、注重实效	甘食药监发〔2014〕157号；第1条
《陕西省工商行政管理局维护消费者合法权益行政约谈制度（试行）》	合法、公平、公开、合理、自愿和效率	陕工商发〔2015〕86号；第5条
《社会组织登记管理机关行政执法约谈工作规定（试行）》	依法、合理、及时、有效	民发〔2016〕39号；第3条
《宁夏回族自治区食品药品安全责任约谈办法（试行）》	预防为主、依法规范、督促整改、注重实效	宁食药监〔2017〕5号；第4条
《大连市营商环境建设工作约谈制度》	依据事实、严肃认真、预防为主、一事一谈、分级实施	大政办发〔2018〕174号；第3条

❶ 参见《铁路专用设备产品质量安全监管约谈暂行办法》第5条。

❷ 参见《贵州省安全生产约谈制度》第4条。

❸ 参见《江苏省无锡工商行政管理局消费维权约谈制度（试行）》第4条。

❹ 参见《合肥市食品药品安全责任约谈制度》第1条。

我们认为，借鉴相关文件规定，结合行政法基本原理，可以将合法原则、合理原则、及时原则和公开原则确立为行政约谈的基本原则。

第一，合法原则。合法原则是行政约谈的首要原则。该原则要求，行政机关只能在法定职权范围内实施约谈；没有法律、法规、规章等的明文规定，行政机关不得作出影响被约谈人合法权益或者增加其义务的决定；行政机关实施约谈时不得违反法律、法规、规章的规定。[1] 例如，《陕西省工商行政管理局维护消费者合法权益行政约谈制度（试行）》（陕工商发〔2015〕86号）规定了合法原则。[2]

第二，合理原则。合理原则是合法原则的重要补充。该原则是指行政机关实施约谈，应当公平、公正，平等对待被约谈人，不偏私、不歧视；约谈应当符合法律目的，排除不相关因素的干扰；所采取的措施和手段应当必要、适当；约谈时应选择对相对人利益限制或损害最小的方式。[3] 例如，《江苏省无锡工商行政管理局消费维权约谈制度（试行）》（锡工商〔2010〕141号）规定了合理原则。[4]

第三，及时原则。及时原则要求行政机关在法定期限内，应当尽可能迅速、高效地发起并完成约谈。一方面，行政约谈的启动、实施、处理不得超过法定的时间界限。另一方面，在法定时间范围内，要尽快完成约谈。具体而言，行政约谈的启动要及时；启动后行政约谈的各项工作应当尽快进行；双方达成《整改意见》要及时；被约谈人未按《整改意见》要求整改的，约谈机关要及时进行处理。例如，《社会组织登记管理机关行政执法约谈工作规定（试行）》（民发〔2016〕39号）规定了及时原则。[5]

第四，公开原则。公开原则是指“行政主体在行使行政权力的过程中，应依法将行政权力运行的依据、过程和结果向行政相对人和社会公众公开，以使其知悉并有效参与和监督行政权力的运行”。[6] 行政机关应当公开行政约谈的依据，除涉及国家秘密、商业秘密和个人隐私外，还应当公开约谈的过程和结果。在行政约谈中贯彻公开原则，有助于提高约谈的透明度，保障公

[1] 参见《全面推进依法行政实施纲要》（国发〔2004〕10号）。

[2] 《陕西省工商行政管理局维护消费者合法权益行政约谈制度（试行）》第5条：“约谈应遵循合法、公平、公开、合理、自愿和效率的原则。”

[3] 参见国务院关于印发《全面推进依法行政实施纲要》（国发〔2004〕10号）的通知。

[4] 《江苏省无锡工商行政管理局消费维权约谈制度（试行）》第4条：“约谈应本着‘合法合理、公开公平、互为平等、方式多样’的原则进行。”

[5] 《社会组织登记管理机关行政执法约谈工作规定（试行）》第3条：“约谈应当遵循依法、合理、及时、有效的原则。”

[6] 周佑勇：《行政法原论》，北京大学出版社2018年版，第67页。

民的知情权和监督权；有利于防止秘密约谈，损害国家利益和社会利益。如，《江苏省无锡工商行政管理局消费维权约谈制度（试行）》（锡工商〔2010〕141 号）规定了公开原则。[1]

三、行政约谈的主体与对象

行政约谈的主体是指启动和组织约谈的行政主体，行政约谈的对象是指被行政主体约谈的行政相对人。以下围绕这两个问题进行探讨。

（一）行政约谈的主体

行政主体是指具有行政职能，以自己的名义运用行政权力，并能独立承担相应法律责任的社会组织，包括行政机关和被授权的组织。[2] 行政约谈被广泛适用于各领域，不同领域的行政约谈，其约谈主体当然会有所不同。但是，同一领域的约谈主体应当大致保持一致。然而，我国目前有关行政约谈的规范性文件，对同一领域约谈主体的规定存在较大差异。例如，食品药品领域的约谈，有的文件规定的约谈主体是食品药品监督管理局，有的规定的是人民政府，有的规定的是食品药品监督管理局和人民政府共同约谈，还有的规定的是质量技术监督局。另外，实践中还存在约谈主体与文件规定不一致的情况。如，《互联网新闻信息服务单位约谈工作规定》规定，互联网信息约谈的主体是国家互联网信息办公室或者地方互联网信息办公室。然而，“今日头条”“火山直播”“花椒直播”涉嫌违法违规时，却是由北京市网信办、北京市公安局、北京市文化市场行政执法总队联合实施约谈。[3] 部分行政规范性文件有关行政约谈主体的规定见表 4-2。

表 4-2　行政规范性文件有关行政约谈主体的规定

文件名称	约谈主体	备　注
《上海市环境保护约谈规定（试行）》	市、区环保局	沪环规〔2017〕2 号；第 2 条
《青岛市环境保护约谈办法（试行）》	市政府	青政办字〔2017〕50 号；第 2 条

---

[1] 《江苏省无锡工商行政管理局消费维权约谈制度（试行）》第 4 条：“约谈应本着‘合法合理、公开公平、互为平等、方式多样’的原则进行。”

[2] 周佑勇：《行政法原论》，北京大学出版社 2018 年版，第 103 页。

[3] 《北京依法查处今日头条、火山直播、花椒直播》，http://www.pkulaw.com/news/6f3b4a6b50748055bdfb.html。

续表

文件名称	约谈主体	备　注
《株洲市安全生产约谈制度（试行）》	上级人民政府	株政办发〔2011〕32号；第1条
《温州市安全生产约谈制度》	市人民政府或市安委办	温政办〔2013〕4号；第1条
《廊坊市食品安全工作约谈机制》	食品安全综合协调部门和监督管理部门	廊政办〔2012〕4号；第1条
《广东省食品药品监督管理局食品药品生产经营单位责任约谈办法》	各级食品药品监管部门	粤食药监局健〔2016〕281号；第2条

有关行政约谈主体的规定不明确、不一致，会造成需承担责任时各行政机关互相推诿，有利益时各行政机关争相约谈的问题。还会导致相关责任难以追究，行政相对人权利无法得到充分救济等问题。因此，必须明确行政约谈的主体，并保持同一领域约谈主体的一致性。首先，行政约谈的主体必须是行政主体，即行政机关和被授权的组织。各级各类行政机关有权实施约谈，而法律、法规和规章授权的组织也可以成为行政约谈的主体。除了这两类主体外，其他组织都不能成为行政约谈的主体。被委托组织可以具体实施行政约谈，但不得以自己的名义进行。其次，行政约谈的主体必须具有相应管辖权。行政主体只能在自己的职权范围内实施约谈，而不得突破事务管辖权、地域管辖权等。例如，食品药品领域应当由食品药品监督管理部门实施约谈，网络信息领域应当由互联网信息办公室实施约谈。如果涉及多个领域，则各行政机关可以联合实施约谈。另外，约谈主体不一定是处罚主体。有时，约谈是由下级行政机关实施的，但处罚却是由上级行政机关作出的。

（二）行政约谈的对象

有关行政约谈的规范性文件对约谈对象都有较为明确的规定。但是，综合分析这些规定可以发现，对约谈对象的限定过于严格：一是限定于法定代表人或者主要负责人；二是限定于法定代表人或者主要负责人亲自参加约谈。如《黑龙江省安全生产约谈制度》（黑安发〔2011〕32号）第7条规定：“约谈对象应准时参加约谈，不得委托他人。”部分行政规范性文件有关“约谈对象”的规定，见表4-3。

表 4-3 行政规范性文件有关行政约谈对象的规定

文件名称	约谈对象	备 注
《餐饮服务食品安全责任人约谈制度》	餐饮服务提供者主要责任人	国食药监食〔2010〕485 号；第 1 条
《成都市安全生产约谈制度》	生产经营单位的主要负责人或分管负责人	成安委〔2013〕42 号；第 2 条
《河北省环境保护厅约谈暂行办法》	企事业单位负责人	冀环办〔2014〕410 号；第 2 条
《陕西省工商行政管理局维护消费者合法权益行政约谈制度（试行）》	商品经营者和服务提供者	陕工商发〔2015〕86 号；第 2 条
《社会组织登记管理机关行政执法约谈工作规定（试行）》	社会组织负责人	民发〔2016〕39 号；第 2 条
《广东省食品药品监督管理局食品药品生产经营单位责任约谈办法》	食品药品生产经营单位的法定代表人或者主要负责人	粤食药监局健〔2016〕281 号；第 3 条
《电力安全监管约谈办法》	电力企业安全生产第一责任人、分管安全生产工作的负责人及有关人员	国能发安全〔2018〕79 号；第 5 条

我们认为，将约谈的对象限定于法定代表人或者主要负责人，有利于促使相关单位重视约谈，也有利于相关措施的落实。但是，行政约谈涉及的问题往往专业性较强，也较为具体，被约谈单位的法定代表人或者主要负责人往往并不清楚这些问题。仅与之进行约谈，难以达到约谈的目的。因此，有必要增加具体负责人参加约谈。具体负责人清楚相关的事实、过程及问题，有利于约谈的顺利进行。同时，应当允许被约谈对象委托他人参加约谈，以解决相关专业性问题。当然，法定代表人或主要负责人原则上必须参加行政约谈。有特殊情况确实无法参加约谈的，可以向约谈主体提出书面申请，另行确定约谈时间。另外，在以解决企业和公民间纠纷为目的的约谈中，不应仅约谈企业一方，还应当允许公民等利害关系人参与约谈，表达自己的意见。

四、行政约谈的范围与程序

行政约谈的范围是指约谈所适用的情形，而行政约谈的程序则是指约谈的步骤、顺序、时限等。以下探讨行政约谈的范围与程序问题，以构建完善的行政约谈制度。

（一）行政约谈的范围

有关规范性文件均规定了行政约谈的适用范围，但总体而言，规定比较杂乱，差异较大。例如，《株洲市安全生产约谈制度（试行）》（株政办发〔2011〕32号）规定行政约谈的范围为未按时完成重要安全生产工作任务的单位。[1]《互联网新闻信息服务单位约谈工作规定》规定行政约谈的范围为互联网新闻信息服务单位发生严重违法违规等情形。[2] 即使是相同的管理领域，约谈范围也存在较大差异。例如，《餐饮服务食品安全责任人约谈制度》（国食药监食〔2010〕485号）规定，行政约谈范围为发生食品安全事故、存在严重违法违规行为、未及时消除重大食品安全隐患等情形。[3]《合肥市食品药品安全责任约谈制度》（合政办〔2016〕59号）则规定，行政约谈的范围为发生食品药品安全事故（事件）、存在违法违规行为，情节轻微尚不足以立案查处的等。[4] 另外，约谈适用的范围过于广泛。例如，食品药品管理领域的约

---

[1] 《株洲市安全生产约谈制度（试行）》第2条："出现下列情况之一的，依照本制度接受约谈：……（三）未按时完成国家、省、市部署的安全生产工作重大专项任务的，县市区政府、市行业主管部门和生产经营单位的分管负责人接受约谈；（四）未按时完成国家、省、市政府安委会挂牌督办的重特大安全隐患整治任务的，县市区政府分管负责人和市行业主管部门分管负责人及生产经营单位主要负责人接受约谈……"

[2] 《互联网新闻信息服务单位约谈工作规定》第4条："互联网新闻信息服务单位有下列情形之一的，国家互联网信息办公室、地方互联网信息办公室可对其主要负责人、总编辑等进行约谈：（一）未及时处理公民、法人和其他组织关于互联网新闻信息服务的投诉、举报情节严重的；（二）通过采编、发布、转载、删除新闻信息等谋取不正当利益的；（三）违反互联网用户账号名称注册、使用、管理相关规定情节严重的；（四）未及时处置违法信息情节严重的；（五）未及时落实监管措施情节严重的；（六）内容管理和网络安全制度不健全、不落实的；（七）网站日常考核中问题突出的；（八）年检中问题突出的；（九）其他违反相关法律法规规定需要约谈的情形。"

[3] 《餐饮服务食品安全责任人约谈制度》第2条："餐饮服务提供者出现下列情形之一，应当进行约谈：一是发生食品安全事故的；二是存在严重违法违规行为的；三是存在严重食品安全隐患的；四是有关情况涉及食品安全问题，监管部门认为需要约谈的。"

[4] 《合肥市食品药品安全责任约谈制度》第6条："食品药品生产经营使用单位有以下情形之一的，市、县（市、区、开发区）食品药品监督管理部门应当对其法定代表人或者主要负责人进行责任约谈：（一）发生食品药品安全事故（事件）的。（二）存在违法违规行为，情节轻微尚不足以立案查处的。（三）日常监督检查中发现其生产经营使用过程中存在食品药品安全隐患，且未及时采取措施消除的。（四）经监督抽检或风险监测，发现存在安全问题或结果异常，可能存在食品药品安全隐患的。（五）拒绝接受依法进行的监督检查和抽检，情节轻微的。（六）有关部门通报、媒体曝光等渠道涉及的食品药品安全问题。（七）群众投诉举报较多或协查案件较多、影响较大的。（八）其他需要责任约谈的。"

谈可以针对“严重违法违规行为”[1]“企业股权变更”[2]等。针对严重违法违规行为适用行政约谈会有“以谈代罚”之嫌，而针对企业的内部问题实施约谈，会使约谈流于形式，甚至侵犯企业的经营自主权。

行政管理领域不同，约谈的适用范围应当有一定区别，但不应差异过大。行政约谈虽可发挥重要的功能与作用，但约谈的适用范围也不能完全没有限制。我们认为，在确定行政约谈的范围时，应当注意以下几方面：首先，行政相对人潜在违法的，可以对之实施约谈。对潜在违法的相对人进行约谈，可以达到告诫、警示相对人，预防违法行为发生的效果。其次，行政相对人行为轻微违法的，可以对之实施约谈。依据《行政处罚法》第 27 条的规定，“违法行为轻微并及时纠正，没有造成危害后果的，不予行政处罚”。“不予行政处罚”不意味着行政机关不能采取其他措施。对存在轻微违法，但不予处罚的相对人，行政机关可以进行约谈，警示其积极履行义务并纠正违法行为。另外，行政相对人的行为不违法，但造成一定损害的，也可以实施行政约谈。法律具有一定的滞后性，有的行为以现行法律衡量并不违法，但的确存在一定的社会危害性。这种情况下，行政约谈这种柔性执法方式可以发挥其作用。但是，我们认为，对于严重的违法行为不应该进行约谈。在这种情况下进行约谈，存在“以谈代罚”的嫌疑，可能会造成纵容相对人违法、损害法律权威的后果。行政约谈是独立的行政行为，其适用范围也应当相对独立，不宜与其他类型的行政行为，如行政处罚、行政强制等的适用范围相互重叠。

（二）行政约谈的程序

行政约谈的程序主要存在两个方面的问题：一是启动与实施程序简略；二是缺乏与其他程序的衔接。针对这两个问题，需要完善行政约谈启动与实施程序，加强与其他程序的衔接。

1. 行政约谈的启动与实施程序

行政约谈不仅要追求实体或者结果公正，程序公正也不容忽视。公正的约谈程序能够限制行政权的滥用，保障约谈对象的合法权益。我国目前大部分有关文件对行政约谈的程序有所涉及，但总体而言，还比较简略。例如，

---

[1] 《江苏省药品生产经营企业约谈制度（试行）》第 5 条：“药品生产、经营企业存在以下情形之一的，食品药品监管部门应对其进行约谈：（一）存在严重违法违规行为或屡次存在违法违规行为的……”

[2] 《海南省药品生产企业约谈告诫制度》第 4 条：“实施约谈的情形：（一）省局负责以下约谈告诫：……3. 企业股权变更、资产重组等重大事项发生改变的……”

《餐饮服务食品安全责任人约谈制度》(国食药监食〔2010〕485 号)仅在“五、有关要求”中简单提及了约谈的程序。[1]《贵州省安全生产约谈制度》(黔府办发〔2010〕5 号)仅就约谈通知、约谈记录和落实情况报告的程序进行了规定。[2]

就行政约谈的启动而言，大部分文件欠缺有关规定。少量文件涉及约谈的启动，但对启动约谈的具体步骤语焉不详，可操作性不强。如《互联网新闻信息服务单位约谈工作规定》规定约谈情况应及时报告，但没有规定申请和审批程序。[3] 就行政约谈的实施程序而言，大部分规范性文件规定得也比较简略。行政机关在实施约谈的步骤、时限等方面存在较大的裁量空间。如《河北省环境保护厅约谈暂行办法》(环发〔2014〕67 号)对约谈中说明事项、提出整改措施、发表意见、形成约谈纪要进行了规定，但行政机关应当于约谈前几日送达《约谈通知书》，以什么方式送达《约谈通知书》等，均未作明确规定。

我们认为，应当明确行政约谈的启动和实施程序。在行政相对人潜在违法、轻微违法等情况下，行政机关可以实施约谈。行政机关的部门或内设机构工作人员应当向机关负责人提出约谈建议。对符合约谈条件的，由分管负责人或者主要负责人批准。约谈通知应当以书面形式送达，在特殊情况或紧急情况下，行政机关可以口头通知。应当明确《约谈通知书》的送达时间，给行政相对人足够的准备时间。通知书要明确约谈事项、约谈时间、约谈地点、被约谈人及需要提交的材料以及行政相对人的权利和义务。行政约谈中至少有 2 名以上工作人员参加，应当告知被约谈人享有的权利和义务，说明

---

[1] 《餐饮服务食品安全责任人约谈制度》:“五、有关要求(一)各级餐饮服务食品安全监管部门要高度重视，认真落实餐饮服务食品安全责任人制度。出现约谈情形时，要依法及时进行约谈，确保约谈取得实效。(二)约谈应以《餐饮服务食品安全约谈通知书》形式通知被约谈人。《餐饮服务食品安全约谈通知书》应载明被约谈单位名称、被约谈人姓名、约谈事项、约谈时间、约谈地点等内容。(三)各级餐饮服务食品安全监管部门要将餐饮服务食品安全约谈工作，列为日常监管工作，建立餐饮服务食品安全约谈工作档案，详细记录约谈工作开展情况。约谈纪要及有关资料应及时归档备查。(四)被约谈单位应严格按照约谈要求，对约谈指出的问题进行全面整改，并在约谈后 5 日内以书面形式将整改报告报约谈部门。”

[2] 《贵州省安全生产约谈制度》第 9 条:“(一)约谈前，由组织单位发出书面通知，通知书上应注明被约谈单位名称，被约谈人姓名、约谈事项、约谈时间、约谈地点、需要提交的相关材料等。(二)约谈时，组织单位要安排专人记录，形成约谈书面备忘录或会议纪要，并及时发送有关单位。(三)约谈后，被约谈人要将约谈要求落实情况在 15 个工作日内以书面形式报告约谈小组各成员单位。”

[3] 《互联网新闻信息服务单位约谈工作规定》第 5 条:“国家互联网信息办公室、地方互联网信息办公室对互联网新闻信息服务单位实施约谈，应当提前告知约谈事由，并约定时间、地点和参加人员等。”

约谈的事由和目的，指出被约谈人存在的问题，分析问题的原因；听取被约谈人陈述，要求被约谈人对整改要求表态。应当做好约谈记录并由约谈参加人签名且形成约谈纪要。约谈对象应当根据约谈情况制定整改方案，落实整改措施，并于约谈结束后及时向约谈主体书面报告落实情况。约谈主体应当跟踪、督办整改方案的落实。未及时整改或者整改未达到要求的，责令被约谈人向行政机关作出书面说明，并依法进行处理。另外，约谈主体应当将约谈通知书、约谈记录、整改意见和整改情况报告等材料一并存档备查。

2. 行政约谈与其他程序的衔接

行政约谈必须与行政处罚、行政强制等其他程序相互衔接才能保证其功能的充分发挥。由于行政约谈本身不具有强制力，被约谈人有权选择是否接受约谈，约谈存在被拒绝的可能；对于行政约谈中所涉及的事项，被约谈人有权选择是否接受整改要求；《整改意见》出台后，被约谈人是否能够按时完成整改，整改之后是否还会出现之前的问题是不确定的。行政约谈暗含威慑，但如果约谈与其他程序不能衔接起来，约谈对象可能仅在当时感受到压力，“阵痛”过后压力消减而故态复萌。以价格约谈为例，行政机关约谈行政相对人后，行政相对人可能会暂时接受约谈的结果，但事后以各种理由上调价格，进而导致约谈目的落空。实践中，由于缺乏与其他程序的有效衔接，行政约谈往往仅起临时性作用，却不能从根本上解决问题。如此，约谈的功能与作用将难以发挥。

要保障行政约谈发挥预期作用，就必须加强约谈程序与其他程序的衔接，以强制性的后续程序保障约谈效果。进而言之，行政约谈需要与行政处罚、行政强制等程序相衔接，综合运用“刚柔相济”的执法方式，将行政约谈作为传统刚性行政行为的前置程序。当然，行政约谈不能代替行政处罚、行政强制，行政相对人严重违法的，行政机关应当及时采取强制措施或者依法给予处罚。需要注意，作出行政处罚和采取行政强制的前提并不是约谈本身，即不是由约谈失败而引起的。因为，实施惩罚性行为的依据是行政相对人先前已存在违法行为。行政机关在调查基础上发现约谈对象实际上不存在违法违规等行为的，应当及时终止约谈程序；若发现约谈对象严重违法的，应当依法及时采取强制措施或者实施处罚。

五、行政约谈的监督与救济

无监督则无制约，无救济则无权利。要构建系统、完善的行政约谈制度，必须建立有力的约谈监督机制和有效的约谈救济机制。

（一）行政约谈的监督

我国目前有关行政约谈的文件，侧重于对约谈对象提出要求，很少就约谈主体的监督制约进行规定。即使有规定，也非常简略。如《宁夏回族自治区药品生产企业约谈制度（试行）》（宁食药监〔2012〕181号）仅笼统规定："约谈不得增加企业负担，约谈人员不得有徇私舞弊、渎职失职等行为。"众所周知，"公开是最好的防腐剂"，然而，相关文件很少涉及约谈信息的公开。如《餐饮服务食品安全责任人约谈制度》（国食药监食〔2010〕485号）对约谈信息的公开只字未提。

行政约谈以平等为基础，以沟通协商为内容，但行政约谈暗含威慑力，会给约谈对象造成压力。而且，一旦被约谈，约谈对象往往会给社会公众留下负面印象，甚至被贴上违法的标签。行政约谈虽为柔性执法方式，但存在异化为行政命令的可能。实践中，有的行政机关为迅速实现管理目标，以强制或变相强制的方式要求行政相对人接受约谈。如果缺乏有力的监督，行政机关就有可能滥用职权，损害约谈对象的合法权益。要防止行政约谈被滥用，就必须建立强有力的监督制约机制。我们认为，应当建立"内部与外部结合、纵向与横向结合"的行政约谈监督体系。❶

首先，加强层级监督。国务院《全面推进依法行政实施纲要》（国发〔2004〕10号）要求："上级行政机关要建立健全经常性的监督制度，加强对下级行政机关具体行政行为的监督。"层级监督具有经常性、针对性和实效性，是行政监督体制的重要组成部分。上级行政机关应当加强对下级行政机关约谈活动的监督力度，及时发现约谈启动、实施中存在的问题，及时追责问责。

其次，加强人大监督。人大监督是最具权威的监督。各级人大可以采取听取和审议专项工作报告、开展专题询问、开展专题调研等方式对行政约谈实施监督。当然，人大监督对行政约谈的监督是宏观层面的监督，而非个案监督。

再次，加强司法监督。与其他监督方式相比，司法监督的中立性、公正性更强。将行政约谈纳入司法监督范围，有利于促进行政机关依法进行约谈，保障被约谈人的合法权益，化解双方的矛盾与冲突。

另外，加强社会监督。除涉及国家秘密、商业秘密和个人隐私之外，行

❶ 郑毅：《现代行政法视野下的约谈——从价格约谈说起》，《行政法学研究》2012年第4期。

政机关应当主动将约谈的依据、过程和结果等向社会公众公开，必要时，可以录音、录像的形式将约谈过程向社会公开。

最后，行政机关应当视情况邀请媒体、市民代表、专家学者等参加约谈，提高行政约谈的社会参与度，主动接受社会监督。

（二）行政约谈的救济

目前，行政约谈在救济方面存在的主要问题包括：行政约谈被排除在行政复议、行政诉讼的受案范围外；行政约谈赔偿责任模糊。因此，需要将行政约谈纳入行政复议和行政诉讼范围，落实行政赔偿责任。

法谚云“有权利必有救济。”现代行政法治要求，行政主体给行政相对人造成侵害的，必须予以法律上的补救。事前预防、事中控制与事后救济三者结合，才能保障行政行为合法有效。行政复议、行政诉讼、行政赔偿作为事后救济的方式，发挥着监督行政主体依法行使职权，保护公民、法人、其他组织合法权益的重要功能与作用。然而，由于行政约谈兴起时间不长，属于未型式化的行政行为，我国目前的《行政复议法》《行政诉讼法》和《国家赔偿法》均未明确将行政约谈纳入受案范围。

但是，行政约谈存在侵害被约谈人合法权益的可能性。不少有关约谈的文件规定了约谈对象不接受约谈和不履行相关义务的强制性后果。例如，依据《互联网新闻信息服务单位约谈工作规定》，互联网新闻信息服务单位未按要求整改，或经综合评估未达到整改要求的，将给予警告、罚款、责令停业整顿、吊销许可证等处罚；被多次约谈仍然存在违法行为的，依法从重处罚。行政约谈是一种柔性执法方式，但仍然是行政主体行使行政权的表现。行政约谈有两个阶段：一是提出整改要求之前；二是提出整改要求之后。前一个阶段中，约谈行为对约谈对象的权利义务不产生实际影响，但是后一阶段中，约谈行为对约谈对象的权利义务产生实际影响，存在损害约谈对象合法权益的可能。这种情况下，如果不给予约谈对象申请行政复议、提起行政诉讼、获得行政赔偿的机会，其权益无法得到有效保护。缺乏对行政约谈进行救济的机制，行政机关可能将约谈异化为行政强制性手段。

为了避免上述问题的出现，有必要将行政约谈纳入行政复议、行政诉讼以及国家赔偿的范围。行政复议作为行政系统内部解决行政争议的一项重要法律制度，是保护公民、法人或其他组织合法权益的重要途径。《行政复议法》第 6 条有关行政复议范围的规定中未明确列举行政约谈，但行政约谈也不属于第 8 条中被明确排除的行为类型。实际上，可以将行政约谈解释为

《行政复议法》第6条第11项中的“行政机关的其他具体行政行为”，从而将之纳入行政复议的范围。相应地，被约谈人认为行政机关侵害其合法权益的，可以依法申请行政复议以维护自己的合法权益。行政诉讼是解决行政争议、保护行政相对人合法权益的主要救济方式。我们认为，应当将行政约谈纳入行政诉讼的受案范围。首先，《行政诉讼法》以及2018年最高人民法院发布的《关于适用〈中华人民共和国行政诉讼法〉的解释》并未明确排除行政约谈。其次，行政约谈可能损害被约谈人的合法权益。另外，行政赔偿也是行政救济的重要途径。行政机关违法实施约谈，侵犯约谈对象人身权、财产权造成损害的，被约谈人可以依据《国家赔偿法》的有关规定申请行政赔偿。

六、结　语

行政约谈作为行政机关近年来广泛使用的规制工具，代表着强制性执法向柔性执法的转变。但是，目前行政约谈在我国仍处于初级发展阶段，有关行政约谈的法律制度存在诸多缺陷和问题。本章针对这些缺陷，围绕约谈的依据与原则、主体与对象、范围与程序、监督与救济等问题进行了研究，其目的在于构建系统完善的行政约谈制度体系，规范行政约谈的运行，促进行政约谈的健康发展，进而充分发挥行政约谈应有的功能与作用。

七、××省行政约谈办法（建议稿）

第一条【目的和依据】　为规范行政约谈的实施，保障和监督行政机关有效实施约谈，保护公民、法人和其他组织的合法权益，根据相关法律法规和文件规定，结合我省实际，制定本办法。

第二条【约谈定义】　本办法所称行政约谈，是指行政机关依法对未履行职责或未正确履行职责的组织的负责人进行告诫警示、沟通协商、教育指导，指出相关问题，提出整改要求并督促整改的行为。

第三条【约谈原则】　行政约谈的实施应当遵循合法、合理、及时、公开原则。

第四条【约谈主体】　行政约谈的主体是具有相关职能的行政机关和法律、法规、规章授权的组织（简称行政机关）。

第五条【约谈对象】　行政约谈的对象包括相关组织的法定代表人、主要负责人、分管负责人，行政约谈的对象可以委托1人共同参加约谈。

第六条【约谈方式】　行政机关可以单独实施约谈，也可以根据具体情况，邀请相关部门和机构联合实施约谈。约谈采用共性问题集中约谈、个性问题个别约谈的方式。

第七条【约谈情形】 有下列情形之一的，应当进行约谈：

（一）潜在违法行为；

（二）轻微违法行为；

（三）不违法，但具有一定社会危害性的行为；

（四）其他需要进行约谈的情形。

第八条【约谈启动】 具有第七条所规定情形的，承办部门提出约谈建议，并填写《行政约谈审批表》，由分管的负责人或该机关的行政首长批准。

第九条【约谈延期】 被约谈人因特殊原因不能参加约谈的，应提前3个工作日告知约谈机关并说明理由；约谈机关同意后，可重新约定时间。

第十条【约谈内容】 约谈的主要内容包括：

（一）约谈机关通报约谈的事由、目的，指出被约谈人存在的问题，向被约谈人宣传相关法律法规，明确其责任、义务和要求；

（二）听取被约谈人对事件基本情况的陈述，包括事件发生经过、事件性质、原因分析及应吸取的教训，下一步整改计划和措施等；

（三）约谈机关针对被约谈人存在的问题进行询问，指导、帮助查找存在的问题，并提出具体整改要求；

（四）被约谈人对落实整改要求进行表态；

（五）其他应约谈的内容。

第十一条【被约谈人权利】 被约谈人依法享有以下权利：

（一）要求约谈人表明身份；

（二）要求约谈人说明约谈理由；

（三）申请有利害关系的约谈人回避；

（四）针对约谈事由进行陈述和申辩；

（五）要求对约谈笔录记载内容进行更正；

（六）其他依法享有的权利。

第十二条【被约谈人义务】 被约谈人应当依法履行以下义务：

（一）按要求提交身份证明等材料；

（二）如实回答约谈提问；

（三）按照约谈机关的要求和时限采取整改措施；

（四）按规定时限报告整改落实情况；

（五）其他依法承担的义务。

第十三条【约谈程序】 行政机关应当成立约谈小组，以召开会议的形式进行。会议由约谈小组组长主持，按以下程序组织：

（一）约谈机关在约谈 7 日前向被约谈人送达书面通知。约谈通知书的内容包括约谈事项、约谈时间、约谈地点、被约谈人、被约谈人权利义务及需要提交的材料。特殊或紧急情况下，可通过电话等方式通知约谈；

（二）被约谈人收到约谈通知书后，应当签字确认，并加盖本单位公章，2 个工作日内将约谈通知书返回约谈部门；

（三）约谈时，约谈机关应当至少有 2 名以上工作人员参加。约谈机关应告知被约谈人所享有的权利义务。约谈过程中做好约谈记录。约谈记录应当载明受约谈单位的名称、约谈时间、约谈地点、约谈内容，并由约谈人员、受约谈人员和其他参加人核对无误后签字确认；

（四）约谈机关负责起草约谈纪要，约谈纪要印发至被约谈单位和参加约谈的所有单位；

（五）被约谈人应当在约谈结束后 15 日内将约谈内容的落实情况，以书面形式报约谈机关，问题重大或者情况复杂的可以适当延长。

第十四条【约谈处理】　约谈后，行政机关根据不同情形作出以下处理决定：

（一）约谈机关与被约谈人达成一致的，向被约谈人发出《整改意见》；

（二）责令向相应行政机关作出书面检查；

（三）通报批评；

（四）涉及严重违法违规或者轻微违法行为但造成危害后果的，移送有关部门依法依规给予处理。

第十五条【约谈终止】　行政机关在实施约谈过程中，被约谈人如明确表示不服或没有必要继续进行约谈的，行政机关可以终止约谈。

第十六条【约谈存档】　行政机关应当将约谈通知书、约谈记录、整改意见以及企业约谈后的整改情况报告存档。

第十七条【跟踪督办】　约谈机关应当组织相关单位、相关处室跟踪、督办整改方案执行情况，必要时进行现场检查。

第十八条【程序衔接】　被约谈人未履行或不完全履行《整改意见》，仍然存在违法违规行为或导致危害结果发生的，依法及时启动行政处罚、行政强制等程序。

第十九条【约谈派员】　约谈机关的上一级行政机关应当派员到场监督约谈的实施。

第二十条【其他参与人】　行政约谈中应当有相关领域专家、相关公民、社会组织和新闻媒体参加。

第二十一条【约谈监督】　行政约谈应当接受上级监督、人大监督、司法监督、监察监督和社会监督。

第二十二条【约谈公开】　除涉及国家秘密、商业秘密和个人隐私外，行政机关应向社会公开约谈过程及情况，有条件的可以进行录音、录像并向社会公开。

第二十三条【不得以谈代罚】　行政机关不得以行政约谈代替行政处罚。

第二十四条【约谈救济】　行政机关违法实施约谈侵害被约谈人合法权益的，被约谈人可以依法申请行政复议，提起行政诉讼，申请行政赔偿。

第二十五条【解释】　本办法由××省人民政府负责解释。

第二十六条【生效日期】　本办法自××年××月××日起施行。

第五章
明显不当行政行为研究

规范和控制行政裁量权是现代行政法的核心任务。行政行为明显不当属于实质意义上的裁量权滥用现象。2014 年我国《行政诉讼法》修改后，在法院可以判决撤销行政行为的情形中增加了“明显不当”；在法院可以判决变更行政行为的情形中，“显失公正”修改为“明显不当”。这意味着法院对行政裁量权审查范围的扩大和审查强度的提高。同时，这也标志着明显不当行政行为由学术概念转变为法律概念。但是，究竟什么是明显不当行政行为？如何认定明显不当行政行为？怎样对明显不当行政行为进行救济和预防？要回答这些问题，就必须对明显不当行政行为展开系统研究。本文拟围绕上述问题进行探讨。

一、明显不当行政行为概述

（一）明显不当行政行为的含义

界定明显不当行政行为的关键是明确何谓“明显不当”。“不当”是指“不合适、不正当、不恰当”，“明显”则是对“不当”的程度性描述。在行政诉讼法中，“明显不当”具有特殊内涵，属于专门法律概念，同时也是一个不确定法律概念。不同学者从不同的角度出发，对“明显不当”有不同的见解。胡建淼教授指出，“明显不当”是行政行为不违法但存在合理性问题。[1]何海波教授认为，所谓“明显不当”是指行政机关在行使自由裁量权时超越了合理的界限，构成了实质性违法。[2]沈岿教授主张，法院审查行政行为的“明显不当”就是要判断行政机关在行使裁量权时是否考虑了相关因素，行政裁量是否明显与立法精神和立法目的相违背，是否符合法治的基本原则、公

[1] 胡建淼：《行政法学》，法律出版社 2010 年版，第 491 页。
[2] 何海波：《行政诉讼法》，法律出版社 2016 年版，第 293 页。

平正义理念或者一般正常人的理性观念等。[1]

在国外，对“明显不当”的界定也有不同观点。在英国，对“明显不当”的说明多以判例的形式呈现出来，经典判例是1947年的韦德内斯伯里案件判决对不合理行政行为的解释。该判例认为，不合理行政行为是行政机关在行使自由裁量权时存在恶意、不诚实、忽视公共政策等情形。[2] 在德国，“明显不当”通常与“比例原则”联系在一起，不符合“比例原则”的行政行为即被认定为明显不当的行政行为。

我国《行政诉讼法》有关明显不当行政行为的规定主要是第70条[3]以及第77条[4]。依据第70条，“明显不当”是撤销和重作判决的适用情形之一，与其他几项适用情形处于并列关系。其中，前四项主要针对的是羁束行政行为，法院对羁束行政行为只进行合法性审查。后两项，即“滥用职权”和“明显不当”则属于裁量行政行为，法院对裁量行政行为进行合法性审查的同时，还要针对合理性进行审查。由第77条有关变更判决的规定中也可以发现，“明显不当”被限定在行政处罚和涉及款额的行政行为之中，而这两项内容也属于裁量行政行为的范畴。所以，明显不当行政行为是发生在裁量领域的行政行为。这种行为在形式上合法，但违反合理性要求，构成实质违法。

综合学者们的观点，结合我国《行政诉讼法》相关规定，笔者认为，所谓明显不当行政行为，系指行政主体不当行使行政裁量权，明显违反行政合理性原则，致使行政相对人合法权益遭受损害的实质违法行政行为。

（二）明显不当行政行为与相关概念的区分

明显不当行政行为与其他瑕疵行政行为有相同之处，却也存在明显区别。因此，有必要对明显不当行政行为与其他类型的瑕疵行政行为进行区分。

1. 明显不当行政行为与滥用职权行政行为

滥用职权行政行为，是指行政机关违背法律目的、恶意行使权力所作出的行政行为。明显不当行政行为与滥用职权行政行为都在行政裁量权限范围之内，但两者存在如下区别：

---

[1] 沈岿：《行政诉讼确立“裁量明显不当”标准之议》，《法商研究》2004年第4期。

[2] ［英］威廉·韦德：《行政法》，徐炳等译，中国大百科全书出版社1997年版，第64页。

[3] 《行政诉讼法》第70条规定：“行政行为有下列情形之一的，人民法院判决撤销或者部分撤销，并可以判决被告重新作出行政行为：（一）主要证据不足的；（二）适用法律、法规错误的；（三）违反法定程序的；（四）超越职权的；（五）滥用职权的；（六）明显不当的。”

[4] 《行政诉讼法》第77条规定：“行政处罚明显不当，或者其他行政行为涉及对款额的确定、认定确有错误的，人民法院可以判决变更。”

首先，认定角度不同。明显不当行政行为是从客观角度认定的，而滥用职权行政行为则是从主观角度认定的。滥用职权行政行为带有明显的主观恶意，这里的恶意包括打击报复、徇私枉法、任性专横、反复无常等，而明显不当行政行为更关注客观结果，注重行政主体非恶意状态下不当行使自由裁量权。其次，适用情形不同。明显不当行政行为可能源于行政主体的主观故意，也可能源于行政人员的过失，而滥用职权行政行为的范围相对较窄，主要是行政机关违背法律目的，恶意行使权力的情形。另外，法律后果不同。对于明显不当的行政行为，依法应予撤销、变更；对于滥用职权的行政行为，依法应予撤销或者确认无效，同时还应当依法追究行政机关的主管人员、直接责任人员的法律责任。❶ 例如，罗某某诉广州市公安局交通警察支队花都大队一案中❷，被告怀疑原告在发生交通事故时“调包”所涉案件的车辆，在没有任何证据的情况下恶意扣留原告车辆达 3 个月之久，这远远超过了法律规定的公安机关交通管理部门暂扣交通事故车辆的法定期限。在交通事故处理程序中，暂扣交通事故车辆的唯一执法目的应当是“因收集证据的需要”。但是，本案中，交警恶意串通交通事故当事人，以怀疑本案原告“调包”事故车辆为由，超期扣押原告名下小轿车。此行为并非是过失导致而是故意为之，并且给行政相对人造成了损害，属于典型的滥用职权行政行为，而非明显不当行政行为。

2. 明显不当行政行为与违法行政行为

违法行政行为，是指违反行政法律规范，侵害了行政相对人合法权益，但尚未构成犯罪的行政行为。对于违法行政行为有两种不同的理解：一是广义，包括形式违法行为与实质违法行为；二是狭义，仅指形式违法行为。

广义的违法行政行为包括明显不当行政行为，因为明显不当行政行为属于实质违法行为。狭义的违法行政行为与明显不当行政行为相对，认定前者的依据主要是法律、法规，而认定后者的依据主要是法律原则及事务的情理。例如，张某、陶某等诉四川省简阳市人民政府一案中❸，四川省简阳市人民政府于 1996 年 12 月以通告的形式，对本市区范围内客运人力三轮车实行限额管理，并对客运人力三轮车经营者每年收取有偿使用费。但是，简阳市人民政府又于 1999 年 7 月 28 日发布公告称，客运人力三轮车经营者使用权超过两年的，需要重新登记并且缴纳 8000 元的有偿使用费。张某、陶某等客运三轮

❶ 何海波：《论行政行为明显不当》，《法学研究》2016 年第 3 期。

❷ 参见广州市花都区人民法院行政判决书（2013）惠花法行初字第 26 号。

❸ 参见最高人民法院第 88 号指导案例。

车经营者，以行政机关未明确告知行政许可期限为由，请求法院撤销简阳市人民政府 1999 年发布的公告。在该案件中，被告的行政行为属于程序上不合理的情形，应当纳入明显不当行政行为的范畴。

3. 明显不当行政行为与无效行政行为

无效行政行为是指存在重大且明显违法情形而自始无效的行政行为。明显不当的行政行为与无效行政行为都属于具有严重瑕疵的行政行为，但也存在明显区别：

首先，效力不同。无效行政行为在效力上表现为自始当然无效，发生于实施主体不具有行政主体资格、实施该行为将导致犯罪等明显而重大的违法情形中。[1] 一旦行政行为被认定为无效，可以追溯至该行为作出之时，并且不受时效的限制。明显不当行政行为则属于推定有效行政行为，其效力可以持续到该行政行为被撤销之时。其次，违法程度不同。无效行政行为的违法程度要比明显不当行政行为的违法程度更为严重。最后，相对人是否有权拒绝履行方面不同。无效行政行为自始就不具有任何法律效力，行政相对人有权拒绝该行为为其设定的义务；而明显不当行政行为在未被撤销之前具有法律效力，行政相对人必须履行该行为所设定的义务。例如，在高某诉宁夏回族自治区贺兰县政府、贺兰县国土资源局一案中[2]，被告以工业园区建设项目为由征用农村集体土地。该项目未经宁夏回族自治区人民政府批准，越权发布土地征收批复，违法制定土地征收赔偿方案，以极低的补偿标准征收农村集体土地。本案中，被告的行为存在重大且明显违法，属于无效行政行为而非明显不当行政行为。

（三）明显不当行政行为的表现形式

明显不当行政行为究竟有哪些表现形式，学者之间存在不同观点。林莉红教授主张，失当行政行为包括结果失当与过程失当两种情形。[3] 何海波教授主张，行政行为的明显不当仅限于“实体裁量的明显不当”，即内容上的明显不当，而不包括程序上的明显不当。[4] 我们认为，明显不当行政行为的表现形式多样，主要包括内容明显不当、方式明显不当和程序明显不当三种情形。

首先，内容明显不当。内容明显不当，指行政行为的结果在法律规定的

[1] 应松年主编：《行政法与行政诉讼法学》，高等教育出版社 2017 年版，第 127 页。
[2] 参见最高人民法院行政裁定书（2017）最高法行审第 2096 号。
[3] 林莉红等：《行政诉讼法问题专论》，武汉大学出版社 2010 年版，第 18 页。
[4] 何海波：《论行政行为明显不当》，《法学研究》2016 年第 3 期。

范围和幅度内，但与待处理的事实明显不相适应或者不成比例。例如，在陈某诉济南市城市公共客运管理服务中心案中，陈某通过网络约车软件进行道路运输经营的行为，社会危害性较小。行政机关在依据现行法律法规对其进行处罚时，应当尽可能将对当事人的不利影响控制在最小范围和限度内，以达到实现行政管理目标和保护新生事物之间的平衡。另外，该案中究竟有几方主体受益、最终产生的车费是否已经实际支付或结算完毕，济南客运管理中心未提供证据予以证明。在上述事实尚不明确以及该行为社会危害性较小的情况下，将该行为的后果全部归于陈某，并对其个人作出较重处罚，违反比例原则，构成处罚内容上的明显不当。[1] 又如，某税务局对于举报发票违规的人仅给予 15 元的奖励，所领奖金还不够去打车领奖金的车费。该行政奖励属于内容上的明显不当。[2]

其次，方式明显不当。方式明显不当，指行政主体在作出行政行为时，选择了与待处理的事项明显不合理的处理方式。方式明显不当也会损害行政相对人的合法权益。例如，河南警察当场击毙持砖嫌疑犯案[3]中，一个手持砖头的盗窃嫌疑犯被群众围在院子里，为了防止群众被砖头砸伤，民警直接开枪将盗窃嫌疑犯击毙。该行政行为给相对人造成了过度侵害，明显不当。又如，安徽省和县一名少年溺水，赶来的民警仅站在岸上处置，后少年溺亡。[4] 此案中，民警采取的救助方式无法实现救助目的，属于明显不当行政行为。

另外，程序明显不当。程序明显不当，指行政主体作出行政行为的步骤、顺序、时限等明显不合理。例如，在张某某、陶某等诉四川省简阳市人民政府侵犯客运人力三轮车经营权案中，最高人民法院认为，简阳市政府在 1996 年实施人力客运三轮车经营权许可之时，未告知张某某、陶某等人人力客运三轮车两年的经营权有偿使用期限。张某某、陶某等人并不知道其经营权有偿使用的期限。简阳市政府 1996 年的经营权许可在程序上存在明显不当，导致被诉行政行为的程序明显不当。[5] 又如，有的执法人员故意拖延办理期限，手续材料不齐全时不一次性告知行政相对人。再如，城管在对流动小商小贩

---

[1] 《中华人民共和国最高人民法院公报》2018 年第 2 期（总第 256 期），第 45—48 页。

[2] 杨媛：《举报发票违规仅获 15 元奖励》，《羊城晚报》2011 年 10 月 27 日版。

[3] 《河南警察当场击毙持砖嫌犯网友质疑开枪必要性》，http://pic.people.com.cn/GB/31655/10541870.html。

[4] 《民警要不要全能》，《法制日报》2005 年 7 月 27 日。

[5] 最高人民法院指导案例 88 号（2017 年 11 月 15 日发布）。

进行处罚时简单粗暴，不认真听取行政相对人的陈述、申辩。❶ 此类处罚的结果可能是正确的，但程序明显不当。

（四）明显不当行政行为的产生原因

首先，裁量标准过宽。现代法律经常赋予行政机关裁量权，这有利于行政机关发挥其能动性，针对案件的具体情况作出适当的处理。但是，过于宽泛的裁量授权容易导致明显不当行政行为的出现。如，《反不正当竞争法》存在这方面的问题。该法“法律责任”一章规定：“可以并处违法经营额五倍以下的罚款”“处十万元以上三百万元以下的罚款”“处一百万元以上二百万元以下的罚款，可以吊销营业执照”“处五十万元以上五百万元以下的罚款”“处五万元以上五十万元以下的罚款”等。❷ 法律赋予行政机关如此宽泛的裁量权，很容易造成处罚决定的畸轻畸重。

其次，监督机制不健全。目前，我国主要通过立法和司法两种途径对行政裁量权进行控制。对行政裁量权的立法控制主要是通过尽可能详尽的法律规则对行政裁量权进行限制。对行政裁量权的司法控制则是法院通过行政诉讼对行政裁量的合法性进行监督、审查，以确保行政机关在法律规定的范围内作出决定。❸ 但是，行政机关行使裁量权的过程大部分处于“暗箱操作”之中❹，立法、司法这两种监督方式在很多情况下难以发挥作用。当然，行政系统内部也存在监督机制。然而，“当立法权和行政权集中在同一个人或同一个机构之手，自由便不复存在”❺，当监督权和裁量权集中在同一机关时，这种监督是很难达到预期效果的。当裁量权的外部控制和内部控制难以发挥作用的情况下，明显不当行政行为就会大量出现。

另外，预防机制不完善。由于利益的驱使，行政机关在行使裁量权时可能会考虑不相关因素。倘若预防机制不健全，行政机关可能萌发不正当动机，滥用行政裁量权进而作出明显不当的行政行为。例如，从立案、调查、审核、决定及执行，各个环节均由行政机关的一个部门负责，运行机制不公开、不透明。再如，行政机关在作出行政行为时不说明相关的事实根据和法律依据。如果行政机关在作出行政行为之前感受不到制度的约束，就可能作出不当行

---

❶ 胡峻：《论程序失当行政行为的规制》，《行政论坛》2015 年第 3 期。

❷ 参见《反不正当竞争法》第 18 条、第 19 条、第 20 条、第 21 条、第 22 条。

❸ 周佑勇：《行政裁量治理研究：一种功能主义的立场》，法律出版社 2008 年版，第 34—35 页。

❹ 王天华：《裁量标准基本理论问题刍议》，《浙江学刊》2006 年第 6 期。

❺ ［美］汉密尔顿、杰伊、麦迪逊：《联邦党人文集》，程逢如译，商务印书馆 1980 年版，第 248 页。

政行为。

当然，明显不当行政行为产生的原因还有很多，比如，行政机关工作人员法治意识淡薄，业务水平不高等。上述裁量标准过宽、监督机制不健全、预防机制不完善是其中的主要原因。

（五）规制明显不当行政行为的意义

首先，有利于深入推进依法行政。依法行政是行政法的核心原则。然而，依法行政有形式意义和实质意义之分。形式意义的依法行政要求行政行为符合法律的明文规定，与法律不相抵触。实质意义的依法行政则要求行政行为符合法律的理性精神。形式意义的依法行政是法治政府建设的基本要求，而实质意义的依法行政则是法治政府建设的更高要求。明显不当行政行为符合形式意义的依法行政要求，因为这种行为并未违反法律的明文规定。然而，这种行为却违反了法律的实质精神，是不合理的。因此，对明显不当行政行为进行规制，是深入推进依法行政、建设法治政法政府的必然要求。

其次，有利于维护行政相对人的合法权益。明显不当行政行为在形式上属于合法行政行为范畴，但是在处理结果或者处理过程中侵害了行政相对人的合法权益。为了维护行政相对人合法权益，必须采取措施对明显不当行政行为进行规制，特别是要畅通监督救济渠道。目前，我国已经建立了一套比较完善的以控制违法行政行为为中心的监督救济体系，但是对明显不当行政行为的监督救济体系尚不健全。尤其是当行政行为给行政相对人造成了侵害，但是根据法律又无法认定为违法行政行为的情况下，将该行政行为认定为明显不当的行政行为，可以起到保护行政相对人权益的作用。例如，河北邯郸馆陶县交警大队协警王某某持执法记录仪拍摄路边男女“车震”事件[1]，其行政执法方式明显不妥当，严重侵害了行政相对人的隐私。对于此类明显不当行政行为，必须予以规制，以保护行政相对人的合法权益。

另外，有利于实现公平与正义。公平正义是法律的基本价值追求，也是所有行政行为要达到的目标。一个合格的行政机关在作每一项决定的时候不仅要专注于该事务，而且更应该把秉公执法作为自己的一项义务。[2] 维护人民利益，实现公平正义，才能提高行政机关的威信和认同感。明显不当行政行为损害了公平正义，预防、控制此类行为的出现是实现公平正义、提高行政

---

[1] 王晓易：《河北馆陶一女子在警队服毒自杀，疑“车震”被拍并上传网络》，http://news.163.com/16/0903/08/C01A17QG00014SEH.html，2017-12-11。

[2] ［英］丹宁：《法律的训诫》，杨百揆、刘庸安、丁健译，法律出版社1999年版，第104页。

机关威信和认同感的现实需要。

二、明显不当行政行为的认定标准

总体而言，明显不当行政行为的认定标准是行政行为违反了行政合理性原则。行政合理性原则具体包括情理性原则、平等原则、比例原则和正当程序原则等。

（一）情理性原则

情理性原则是指，如果“一般理智的人都认为行政机关在正当地行使权力”[1]，那么行政机关所作出的行政行为就是合理的。情理性原则不同于其他几个原则。平等原则、比例原则以及正当程序原则是从法律原则方面对明显不当行政行为进行认定。这些原则是从法律层面对合理性的解释，是理性标准，具有一定的局限性；情理性原则则是从道德、人性的角度对合理性的理解，蕴含着人情的因素。“法律不外乎人情”，情理性标准可以弥补法律原则标准的不足。情理性标准要考虑社会公众的认同感、人际关系的调和以及当事人的具体情况。

首先，行政主体在作出行政行为时，应尽量考虑行政相对人的具体情况，行政行为应符合人之常情，为普通人的情感所能接受。例如，在姚某诉上海市公安局浦东分局交通警察大队一案中[2]，原告驾驶机动车去东方大厦上班，行驶至上海农商银行南面的停车区域时，看到有交警对其同事停靠在东方大厦南面草坪边上的汽车抄罚单，就将车停靠到警察边上，下车和警察说明同事上楼拿文件了。警察未予理睬，等先前的车辆抄罚完毕后，直接对其进行抄罚，理由是其机动车不在机动车道内行驶，属于违法行为。本案中，执法民警机械适用《道路交通安全法》对原告进行处罚，明显不符合情理。

其次，行政主体作出行政行为的方式和手段应该为社会所认可，应该考虑到行政相对人的情感、传统习俗、伦理道德。例如，三门峡市森林公安钓鱼执法一案中[3]，民警李某为求政绩假扮买家对经营根雕艺术品的吉某进行引诱，促使吉某将一只金雕标本（国家一级保护动物）、两只鸳鸯标本和三只红腹锦鸡标本（国家二级保护动物）以 1.45 万元的价格送到三门峡与之交易。之后，李某带领执法队前往交易地点将吉某抓获。此类“钓鱼式”执法不是

---

[1] ［英］威廉·韦德：《行政法》，徐炳译，中国大百科全书出版社 1997 年版，第 78 页。

[2] 参见上海市浦东新区人民法院行政判决书（2011）浦行初字第 228 号。

[3] 参见《大河报》，2012 年 3 月 23 日。

出于正当目的，不符合伦理道德以及正常的社会价值观，属于明显不当的行政行为。

（二）平等原则

平等原则是行政法的基本原则之一，要规范和控制行政裁量权就必须在行政裁量领域贯彻平等原则。行政主体在作出行政行为时应当相同情况相同对待、不同情况区别对待。否则，行政行为可能因违反平等原则而被认定为明显不当。

1. 禁止任意差别对待

禁止差别对待要求行政主体面对本质相同的案件，作出相同的处理，不得任意区别处理。无论是负担行政行为还是授益行政行为，均不得任意差别对待，否则属于明显不当的行政行为。

行政机关在作出增加行政相对人负担的行为时，必须相同情况相同对待，不得任意作出差别处理。例如，在李某诉深圳市南山区规划土地监察局等一案中[1]，被告在明知深圳某房地产开发有限公司开发的所有“纯水岸”房产阳台均存在违法加建扩建的情况下置之不理，却单单限制李某的阳台扩建行为并给予行政处罚，违反了禁止差别对待原则，属于明显不当的行政行为。又如，在某公司诉“台北市政府都市发展局”一案中，被告认为该公司所建加油站威胁“故宫”文物保存，故对其建设执照予以撤销。但是，某宴饮中心也邻近“故宫博物院”，该宴饮中心使用大量瓦斯、燃油等危险物质，其危险性不亚于加油站对文物的潜在威胁。该公司加油站与某宴饮中心对于“故宫”文物造成的危险性没有实质差别，但是，被告仅撤销该公司加油站的建设执照而对某宴饮中心没有任何处罚，属于明显不当的行政行为。再如，王某诉某市公安局一案中，原告王某因所卖西瓜未熟问题与张某发生纠纷，继而双方互殴，相互造成程度相当轻微伤。然而，公安局仅给予王某 15 天的行政拘留处罚，对张某则没有进行任何处罚。[2] 此案中，王某与张某违法情形基本相同，而公安局却对双方进行了区别对待，属于明显不当的行政行为。

行政机关在作出授益行政行为时也需要相同情况相同对待。在授予行政相对人利益时，对相同情况平等分配利益，禁止仅给少数人利益，否则属于明显不当的行政行为。如，在任某诉垦利镇渔洼村村民委员会一案中[3]，被告

[1] 参见深圳市盐田区人民法院行政判决书（2016）粤 0308 行初第 519 号。

[2] 参见曾宪义主编：《以案说法·行政处罚篇》，中国人民大学出版社 1999 年版，第 27 页。

[3] 案情详见：山东省垦利县人民法院政判决书（2005）垦行初字第 19 号。

以原告未缴纳税费为由，拒绝颁给其晚婚晚育奖。此案件，获得晚婚晚育奖是国家为提高人口素质给予所有符合条件家庭的一种奖励。没有缴纳税费与能够获得晚婚晚育奖没有本质关联。被告据此将原告与其他村民差别对待，属于明显不当的行政行为。

需要注意的是，平等原则并非要求行政主体对行政相对人不分情况地予以“一刀切”处理。只要具备合理理由，行政主体不仅可以而且应当区别对待。例如，在月眉国际开发股份有限公司诉“经济部智慧财产局”一案中，[1]法院认为，被告否定原告所申请的商标，依据的是商标个案审查原则，此案与之前的案件本质不同，可以区别对待。此案中，被告的区别对待是有理由的区别对待，并不违反平等原则，不属于明显不当行政行为。

2. 禁止偏离行政惯例

禁止偏离行政惯例要求，行政机关在作出行政裁量决定时，如果没有正当理由，应该受行政惯例或者行政先例的约束，对于相同或者同一性质的事件作出相同的处理。[2] 否则，属于违反平等原则，构成明显不当的行政行为。例如，在张某诉福州市某区交管行政机关一案中，[3] 被告对违章停车行为一般处以 100 元的罚款，原告之前因违章停车被罚款 100 元，但是在原告再次违章停车时却被处以 200 元的罚款。被告的处罚是在没有合理理由的情况下，偏离了行政惯例，属于明显不当的行政行为。

（三）比例原则

比例原则是行政法的“帝王条款”，该原则要求行政行为适当、必要且均衡。违反比例原则的行为属于明显不当的行政行为。

1. 适当性

适当性是指行政行为必须有助于行政目标的实现。如果行政行为无助于行政目标的实现，甚至与之背道而驰，则可能构成行政行为的明显不当。例如，警察机关要求饲养凶猛的狗的主人在带狗出门遛弯时，要求其在狗的身上挂上铃铛以示警示，不符合适当性要求。因为，要防止狗伤人事件的发生，最妥当的方法是给狗戴上口罩。[4] 又如，张某因贩卖变质的猪肉而被群众告发，后经县检疫局检测认定张某所贩卖的猪肉为病死猪肉。据此，检疫局对

---

[1] 台湾地区“最高行政法院”2005 年判字第 287 号行政判决书。

[2] 周佑勇：《行政法基本原则研究》，武汉大学出版社 2005 年版，第 218 页。

[3] 参见《福州日报》，2005 年 6 月 23 日版。

[4] 周佑勇：《行政法基本原则研究》，武汉大学出版社 2005 年版，第 52 页。

张某作出如下处理：一是挂牌游街，以告市民；二是印2000份悔过书。[1] 此案中，检疫局的处理措施无助于行政目标的实现，属于明显不当的行政行为。但是，实践中，以违反适当性作为明显不当行政行为的认定标准，有一定的局限性，因为，任何一项行政措施至少会部分地有助于行政目标的实现，法院很难认定一个行政行为违反了适当性要求，而构成明显不当。[2]

2. 必要性

必要性是指当行政主体拥有多种可以实现行政目的的手段时，应选择对公民权利的限制或者侵害最少的行政手段。换言之，行政主体应当采取最温和的手段实现行政目标。违反必要性要求的行政行为，属于明显不当。例如，在李某诉三台县城市管理行政执法局一案中，[3] 原告当年为响应政府号召，投入巨资，通过招商引资程序进入三台县蚕种场植物园内开发建设。原告修建的房屋虽然未办理建设工程规划许可证，但是，在长达几十年的时间里一直在此开发建设。对于此类历史遗留问题，被告本可以通过改正措施消除违章建筑对城市规划的影响。但是，被告在未听取原告陈述和申辩的情况下直接作出了限期拆除的决定，有悖于必要性要求，属于明显不当的行政行为。又如，某市纸品厂诉某税务局一案中，[4] 被告发现原告未按规定缴纳税款，当即作出限期缴纳的决定。之后，该厂因资金周转问题仍未能补足税款，于是被告作出查封该厂30吨纸杯的决定。这会导致该厂因不能按时发货承担巨额违约金，因此原告随即向该被告递交了变更强制措施的申请书，请求改为直接划款或者查封其他产品。但是，被告予以拒绝。本案中，被告通过直接划款或者查封其他产品的方式也能够实现行政目的，而没必要采取查封该厂30吨纸杯，进而导致其遭受更大损失的措施。简言之，这种措施是不必要的，是明显不当的行政行为。

3. 均衡性

均衡性是指行政机关对公民个人利益的干预不得超过其所追求的公共利益。如果行政机关所采取的手段对公民个人利益的损害明显与公共利益不成比例，那么该行政行为就属于明显不当的行政行为。我国《行政强制法》规定："行政机关不得查封、扣押属于公民个人或者其抚养家属所用的生活必需品，不得对公民采取停水、停电、停暖等方式迫使行政相对人履行某项行政

[1] 参见曾宪义主编：《以案说法·行政处罚篇》，中国人民大学出版社1999年版，第16页。

[2] 谢世宪：《论公法上之比例原则》，三民书局1994年版，第123页。

[3] 参见三台县人民法院行政判决书（2015）三行初字第5号。

[4] 参见湖北省国家税务局：《税收执法案例分析选编》，中国税务出版社1990年版，第192页。

决定。”此规定所体现的正是均衡性要求。如，某房屋属于违章建筑，但属于行政相对人的唯一住所。行政机关在决定拆除该房屋时，应当留出该相对人寻找临时住处的合理时间，不得直接予以拆除，否则，会导致行政相对人无家可归。虽然该房屋属于违章建筑，为了维护公共利益需要拆除，但是，行政机关不得为了维护公共利益而过度损害行政相对人的个人利益，导致公共利益与个人利益明显失去平衡。

（四）正当程序原则

正当程序原则也是行政法的重要原则。该原则要求行政机关作出行政行为的方式、步骤、顺序等要合理、正当。违反正当程序原则的行政行为也可能构成明显不当。与法定程序不同，正当程序是指未被法律明文规定但符合常理的程序要求。违反法定程序的行政行为是违法行政行为，而违反正当程序的行政行为是明显不当的行政行为。例如，在孔某诉国家工商总局商标评审委员会一案中，[1] 被告在 2016 年 7 月 18 日向原告发出《商标评审案件证据交换通知书》，要求其提供证据进行质证，通知书中载明原告提交质证材料的期限为收到通知之日起 30 日。但是，被告在提交期限未满，未对孔某在质证期间内提交的材料进行审查的情况下，于 2016 年 8 月 7 日作出行政决定，撤销了原告所持的“山林及图”商标。该行政行为的程序明显不合理，剥夺了行政相对人申辩的权利，损害了行政相对人的合法权益，属于明显不当的行政行为。

明显不当行政行为的认定标准还有很多。比如，法律效果与社会效果相统一原则、公平正义原则等。情理原则、平等原则、比例原则、程序正当原则仅是实践中适用较多、比较重要的几个标准。

三、明显不当行政行为的救济

明显不当行政行为违反了法律的实质精神，侵害了公民、法人或者其他组织的权益。为了深入推进依法行政，切实保护公民、法人或者其他组织的权益，必须对明显不当行政行为予以矫正，对其所造成的不利后果予以消除。简言之，必须对明显不当行政行为进行救济。以下对行政复议、行政诉讼、行政赔偿、信访、监察等主要救济方式展开论述。

---

[1] 参见北京市知识产权法院行政判决书（2016）京 73 行初字第 4727 号。

（一）行政复议救济

行政复议是指行政相对人认为行政行为侵犯其合法权益，向行政复议机关提出复查申请，行政复议机关依照法定程序对行政行为进行合法性、适当性审查，并作出决定的一种法律制度。

行政复议是对明显不当行政行为进行监督和救济的重要途径。我国《行政复议法》的立法目的之一即“防止和纠正不当的具体行政行为”。依据该法第28条的规定，具体行政行为明显不当的，行政复议机关可以撤销、变更或者确认该行为违法。与其他救济途径相比，行政复议的优势在于：第一，审查更全面。行政复议机关不仅可以对行政行为的合法性进行审查，还可以对行政行为的适当性进行审查。行政复议是一种行政系统内部的层级监督机制，行政复议机关是被申请人的上级机关，在对行政行为的适当性进行审查方面不存在障碍。第二，专业性较强。行政复议机关具有丰富的行政管理经验和专业知识，能够从专业角度准确判断下级行政机关的行政行为是否已经构成明显不当。第三，效果更明显。对于明显不当的行政行为，行政复议机关不仅有权予以撤销或者确认违法，还有权直接予以变更。

当然，行政复议救济也存在局限性。这主要表现为行政复议是一种行政系统内部的监督救济机制，存在“做自己案件法官”的嫌疑，其公正性可能难以得到保证。因此，需要其他的救济机制与行政复议相互协调配合，共同发挥作用。

（二）行政诉讼救济

行政诉讼是解决行政争议，纠正违法行政行为，保护公民、法人或者其他组织合法权益的重要渠道。与其他的救济途径相比，行政诉讼的优势在于：第一，公正性。行政诉讼案件裁判者是法院，法院独立于行政系统之外，其所作出的裁判中立性、公正性较强。第二，终局性。当事人对行政复议决定不服，可以向法院提起行政诉讼。法院对行政案件进行审理后，所作出的裁决具有最终法律效力。

对行政行为的合法性进行审查是我国行政诉讼的核心原则。但是，合法性审查并不排斥合理性审查或者适当性审查，实质的合法性审查就是合理性审查。行政行为的合法性要件中也包含着合理性要素。例如，行政行为的内容合法包含着符合法律原则、法律精神的要求。行政诉讼中，法院可以审查被诉行政行为的合理性，但这并不代表法院对存在合理性问题的行政行为均有权进行救济。法院的救济仅限于显著不合理，即明显不当的行政行为。我国修正后的《行政诉讼法》实际上已经规定了合理性审查。依据该法第 70 条，对于明显不当的行政行为，法院可以判决撤销或者部分撤销，并可以判决被告重新作出行政行为。依据第 77 条，对于明显不当的行政处罚，法院可以判决变更。上述条款对明显不当的行政行为的救济具有重要意义。这意味着法院对行政行为的审查从合法性原则拓展到了合理性原则。换言之，明显不当的行政行为已经被纳入行政诉讼救济的范围。

（三）行政赔偿救济

根据我国《国家赔偿法》的规定，行政赔偿实行违法归责原则，即只有违法行政行为造成损害的，才能申请行政赔偿。那么，对于明显不当的行政行为能否申请行政赔偿呢？笔者持肯定观点。理由是：第一，应当对“违法”作广义理解。“违法”既包括违反法律规范，侵犯相对人权益，也包括不合理行使行政裁量权，造成相对人权益损害。不合理行使行政裁量权达到一定程度的，构成明显不当。第二，“有损害必有赔偿，有侵权必有救济”，不当行政行为对行政相对人的权益造成损害的，行政相对人理应获得赔偿。

明显不当行政行为给行政相对人造成的损害，可以通过以下方式进行赔偿。第一，违法查封、扣押行政相对人的财产，应当予以返还。因查封、扣押造成行政相对人财产损失的应当赔偿损失。第二，造成行政相对人持有的物品状态发生变化的，应当恢复原状。因恢复原状所产生的费用由作出不当行政行为的行政机关承担。第三，给行政相对人造成损害而又无法恢复的，应当支付损害赔偿金。

（四）信访救济

广义上，信访包括人大信访、行政信访、司法信访以及社会团体、企业事业单位的信访等。《信访条例》所称信访特指行政信访。根据该条例第 2 条的规定，信访是指公民、法人或者其他组织采用书信、电子邮件、传真、电话、走访等形式，向各级人民政府、县级以上人民政府工作部门反映情况，提出建议、意见或者投诉请求，依法由有关行政机关处理的活动。信访是一项具有中国特色的救济制度。该制度在解决矛盾纠纷，救济明显不当行政行为方面发挥了重要作用。

根据《信访条例》第 14 条的规定，信访人可以对下列组织、人员的职务行为提出信访事项：（1）行政机关及其工作人员；（2）法律、法规授权的具有管理公共事务职能的组织及其工作人员；（3）提供公共服务的企业、事业单位及其工作人员；（4）社会团体或者其他企业、事业单位中由国家行政机关任命、派出的人员；（5）村民委员会、居民委员会及其成员。可见，能够进行信访的事项是非常广泛的，明显不当的行政行为可以提出信访。与行政复议、行政诉讼等救济方式相比，信访救济在程序、费用、救济范围和救济效力等方面具有明显优势。但是，对依法应当通过诉讼、仲裁、行政复议等途径解决的投诉请求，信访人应当按照法定程序向有关机关提出。也就是说，只有那些不能通过行政诉讼、行政复议途径解决的行政争议，才可以进行信访。

（五）监察救济

监察也是对明显不当行政行为进行救济的重要方式。根据我国《监察法》的规定，政府的公务员、法律法规授权或者受行政机关依法委托管理公共事务的组织中从事公务的人员均属于监察的对象。对这些人员，监察机关可以依法作出政务处分；对履行职责不力、失职失责的领导人员进行问责；对涉嫌职务犯罪的，移送人民检察院依法审查、提起公诉；向监察对象所在单位提出监察建议。监察通过对行政机关公务人员的监督，不仅可以达到监督违法行政行为的效果，而且可以起到救济明显不当行政行为的作用。各级监察委员会是行使国家监察职能的专责机关，依照法律规定独立行使监察权，不受行政机关、社会团体和个人的干涉。与其他救济途径相比，监察救济具有集中统一、权威高效、独立性强等明显优势。

上述救济方式各有优点，但也存在一定的局限性。因此，各种救济方式需要相互衔接、配合，才能充分发挥各自的功能与作用。另外，我国也可以借鉴瑞典、加拿大等国的经验，建立申诉专员制度，对明显不当行政行为进行更加灵活的救济。[1]

四、明显不当行政行为的预防

预防明显不当行政行为的发生，是深入推进依法行政，实现公正文明执法的必然要求。目前，我国学者对明显不当行政行为的事后救济已经进行了相对较为深入的研究，但并不太关注如何完善事前预防机制，进而最大限度地避免明显不当行政行为的发生。以下围绕明显不当行政行为的预防展

---

[1] 有关研究参见林莉红：《失当行政行为救济研究》，武汉大学出版社 2016 年版。

开分析。

(一) 细化裁量基准

裁量基准是控制行政裁量权滥用，预防明显不当行政行为发生的有效措施。为了加强对行政裁量权的规范和控制，我国各级各类行政机关已经发布了大量行政裁量基准。我们认为，应当从情节细化和效果细化两个方面，进一步完善裁量基准制度，以充分发挥该制度应有的功能与作用。

首先，情节细化。行政裁量中的情节是指那些对裁量结果具有直接影响的，除法定构成事实之外的其他各种主客观事实情况。[1] 裁量基准应当对这些事实情节进行全面、准确描述并加以类型化，以此构成指向适用不同效果的基础和依据。对事实情节的细化处理，有利于防止行政机关考虑不相关因素，进而产生裁量恣意或者不当。例如，《治安管理处罚法》第 42 条第 1 项规定："有下列行为之一的，处五日以下拘留或者五百元以下罚款；情节较重的，处五日以上十日以下拘留，可以并处五百元以下罚款。"对此，《湖南省公安厅公安行政处罚裁量权基准》[2] 将其细化为："违法行为情形和处罚基准：1. 情节较轻的违法行为情形：已满十四周岁不满十八周岁的未成年人或在校学生威胁他人人身安全，造成后果和影响较轻的。处罚基准：处三日以下拘留或者二百元以下罚款……"此裁量基准细化了《治安管理处罚法》的有关规定，不仅能够有效预防不当处罚的出现，而且有助于处罚的统一公平。

其次，效果细化。情节细化可能涉及是否违反法律保留原则的问题，而效果细化只是在上位法授权范围内，对上位法规定的具体化，不存在合法性和正当性的质疑。裁量基准通过对上位法所规定的法律效果进行细化，有利于防止行政裁量结果出现畸轻畸重、显示公平、明显不当等问题。例如，针对《城市公共汽车和电车客运管理规定》，南京市市政公用局出台了《南京市城市客运管理类行政处罚自由裁量规则》[3]："1. 损坏城市公共汽车电车客运服务设施，造成轻微损失的，责令改正，并处五百元以上一千五百元以下的罚款；2. 损坏城市公共汽车电车客运服务设施，造成车辆停驶的，责令改正，并处一千五百元以上两千五百元以下的罚款；3. 损坏城市公共汽车电车客运服务设施，造成线路中段运行的，责令改正，并处两千五百元以上三千元以下的罚款。"这一实施细则将"损坏城市公共汽车电车客运服务设施"的法律

---

[1] 周佑勇：《论行政裁量的情节与适用》，《法商研究》2008 年第 3 期。

[2] 湖南省公安厅湘公发〔2015〕56 号。

[3] 参见南京市公安局宁公法字（2006）第 246 号文件。

效果，细化为“五百元以上一千五百元以下的罚款”“一千五百元以上两千五百元以下的罚款”“两千五百元以上三千元以下的罚款”三种。

（二）加强行政听证

听证，即听取意见。行政机关在作出行政行为前充分听取当事人的意见，能够最大限度地保证行政行为的合法合理。但是，听证制度在我国建立的时间不长，尚存在诸多缺陷。笔者认为，应当重点从以下两个方面完善行政听证制度，以充分发挥其对明显不当行政行为的预防作用。

第一，扩大行政听证范围。我国目前尚无统一的行政程序法，行政听证由单行的法律法规等加以规定，例如，我国在行政许可、行政处罚、行政立法、价格决策等领域确立了听证制度。但是，其他领域尚未引入此制度。“公民不能蒙受不利而没有陈述意见的权利”是程序正义最低限度的要求。[1] 我们认为，应当扩大行政听证的范围，将所有对行政相对人不利的行政行为纳入听证范围，其中包括行政拘留。

第二，完善听证主持人制度。听证主持人是听证程序的主导者，对保证听证的顺利进行，提高听证的质量具有重要作用。首先，严格听证主持人的资格。鉴于听证主持人的特殊地位和作用，听证主持人应当具有法律专业知识背景，原则上应当通过法律职业资格考试。其次，确保听证主持人的独立性。目前，听证主持人大多是办理本案的行政机关工作人员，其中立性、公正性受到质疑。我们认为，可以考虑由各级政府司法厅（局）工作人员担任听证主持人，或者由司法厅（局）在通过法律职业资格考试的人员中选派。最后，赋予听证主持人建议权。听证主持人参与了听证的全过程，听取了行政机关及其当事人的举证、质证，对案件的情况比较熟悉。因此，应当赋予听证主持人行政决定的建议权。

（三）强化说明理由

说明理由制度是现代行政法中的重要程序制度。行政机关不仅要对羁束行政行为说明理由，而且要对裁量行政行为说明理由。要求行政机关对裁量行为所考虑的各种因素进行说明，有利于促使行政机关慎重考虑行政行为的事实证据、法律依据，最大限度地避免明显不当行政行为的出现。

章剑生教授指出：“说明理由的内容应归纳为损益性行政行为的合法性理

---

[1] 王名扬：《英国行政法、比较行政法》，中国政法大学出版社 2016 年版，第 153 页。

由和正当性理由两大类，每一类中又分为事实性依据和法律性依据两小类。”❶李春燕教授认为：“说明理由的内容应该包括事实性根据、法律性根据以及建立在事实和法律的客观基础之上，把事实和法律融为一体的行政主体的主观分析。”❷ 首先，行政机关应当说明行政行为的合法性理由，包括事实证据和法律依据。对于事实依据，行政机关要说明各项证据之间证明力、关联，还要说明这些证据的搜集过程；对于法律依据，行政机关要说明适用的法律有哪些，具体适用的是哪些条款，这些条款之间是什么关系。其次，行政机关应当说明行政行为的正当性理由。在行使法律所赋予的裁量权时，行政机关还应当说明裁量决定的正当性或者合理性依据。换言之，行政机关要证明其裁量决定是正当的，是符合情理、平等、比例以及正当程序等要求的。

（四）推进行政公开

“阳光是最好的防腐剂”，公开是控制行政权滥用的有效武器。推进行政公开，对于预防明显不当行政行为具有重要意义。

首先，公开行政职权。按照“以公开为原则，以不公开为例外”的要求，除涉及国家秘密、商业秘密以及个人隐私之外，其他行政职权均要公开。除此之外，对于行使行政权所依据的法律、法规、规章及其他规范性文件均应公开，以便公众查阅。其次，公开职权行使流程。应当公开每一项行政职权的行使流程并制作流程图。在流程图上注明行政权的行使方式、行使条件、行使时限等。最后，丰富公开的方式。为充分保障公众的知情权，应该进一步拓展行政公开的方式。对于需要向社会公开的行政信息，可以通过报刊、电视、广播、网络等大众传媒公开；对于需要向群众公开的信息，可以通过设立办公大厅、印发办事指南、设立咨询服务台等方式进行公开；对于需要向行政相对人公开的信息，可以通过电话、信函等方式进行公开。

（五）其他预防措施

首先，优化外部环境，加强舆论监督。法治环境不理想是明显不当行政行为发生的重要原因。预防和减少明显不当行政行为的根本措施是改善法律实施的外部环境。另外，要加强国家机关的监督，还要重视社会舆论、新闻媒体的监督。

其次，加强行政机关工作人员教育培训。行政机关能否做到严格、规范、

❶ 章剑生：《论行政行为说明理由》，《法学研究》1998 年第 3 期。

❷ 李春燕：《行政行为说明理由制度的构建》，《行政法学研究》1998 年第 3 期。

公正、文明执法，很大程度上取决于行政机关工作人员的素质。为了提高行政机关工作人员素质，必须加强教育和培训，尤其是法律知识教育培训。行政机关工作人员拥有丰富的法律知识，有利于其主动接受法律约束，从而避免明显不当行政行为的发生。

五、结　语

随着行政裁量权的不断扩张，行政行为的明显不当问题愈加突出。对此，修改后的《行政诉讼法》已经在制度层面作出了回应。行政法学界应当以此为契机，重视和加强对明显不当行政行为的研究，以预防、控制、监督、救济此类行为。同时，只有加强对明显不当行政行为的研究，才能深入推进法治政府建设，将我国的依法行政从形式合法层面提升至实质合法层面，切实保障公民、法人和其他组织的合法权益。

第六章
行政行为说明理由研究

行政行为说明理由是指行政行为对相对人或者利害关系人的权益产生不利影响的，除法律特别规定外，行政主体应当说明作出该行为的事实根据、法律依据及考量的裁量因素。要求行政主体说明行政行为的理由，有助于增强行政行为的说服力，提高行政行为的可接受度，获得行政相对人、利害关系人的信任与信赖。同时，也有利于督促行政主体审慎作出行政行为，防止行政行为违法或者不当。构建系统完善的说明理由制度是现代行政法学的重要任务。本章旨在探讨说明理由的范围、方式、内容、要求、瑕疵、救济等，为我国行政行为说明理由制度的构建提供理论支持。同时，在上述研究的基础上，起草一份行政程序法有关说明理由部分试拟稿，为相关立法实践提供参考。

一、行政行为说明理由概述

（一）行政行为说明理由的概念

1. 学界观点

对行政行为说明理由的概念进行界定是对其展开进一步研究的前提。目前，学界对何谓行政行为说明理由有不同观点。

姜明安教授认为，说明理由制度是指行政主体作出涉及相对人权益的决定、裁决，特别是作出对相对人权益有不利影响的决定、裁决时，必须在决定书、裁决书中说明其事实根据、法律根据或行政主体的政策考虑。除具体行政行为外，行政机关制定行政法规、规章或发布其他规范性文件时，在可能的条件下，也应在有关政府公报中说明其事实和法律根据。[1] 方世荣教授认为，说明理由制度是指行政机关在作出影响公民权利的行政决定时，要说明

[1] 姜明安：《行政的现代化与行政程序制度》，《法制与社会发展》1998 年第 2 期。

做出该决定的事实根据和法律依据的制度。[1] 章剑生教授认为，行政行为说明理由是行政主体在作出对行政相对人合法权益产生不利影响的行政行为时，除法律有特别规定外，必须向行政相对人说明该行为的事实因素、法律依据以及进行自由裁量时所考虑的政策、公益、形势、习惯等因素。[2]

可见，学者们对行政行为说明理由的认识差异主要表现在说明理由的范围方面。有的认为只有侵害相对人权益的行政行为才需说明理由，有的则认为所有具体行政行为，甚至抽象行政行为也需要说明理由。有的强调了裁量行为的理由说明，有的则未提及。

2. 笔者观点

在深入推进依法行政，构建服务型政府的背景下，说明理由制度的适用范围应当尽可能扩大，但也应有所限制。笔者认为，行政行为说明理由是指行政主体在作出行政行为时，对相对人或者利害关系人的权益产生不利影响的，除法律特别规定外，应当说明作出该行为的事实根据、法律依据及裁量理由。

第一，说明理由的范围是具体行政行为。抽象行政行为与具体行政行为在法律性质上、成立要件上存在较大差异。在说明理由方面，两者也存在明显区别，不宜笼统地对两者进行研究。本文将研究对象限定于具体行政行为的说明理由制度。

第二，说明理由的主体为行政主体。无论是行政机关，还是法律、法规、规章授权的组织，都应当对其作出的具体行政行为说明理由。如，作为事业单位的银行保险监督管理委员会在行使行政权，作出行政行为时应当说明理由。

第三，说明理由的对象是相对人和第三人。损益行政行为的相对人以及与授益行政行为有利害关系的第三人都属于说明理由的对象。应当注意，如果对第三人说明了理由，为了信息对称和攻防平衡，也必须对相对人说明理由。虽然我国的《行政处罚法》《行政许可法》《行政强制法》等对说明理由的对象没有明确规定，但地方立法有此类规定，如，《江苏省行政程序规定》[3] 第 46 条规定："行政机关在行政执法过程中应当依法及时告知当事人、利害

---

[1] 方世荣主编：《行政法与行政诉讼法》，中国政法大学出版社 1998 年版，第 132 页。皮纯协教授也持此观点，参见皮纯协主编：《行政程序法比较研究》，中国人民公安大学出版社 2000 年版，第 321 页。

[2] 章剑生：《论行政行为说明理由》，《法学研究》1998 年第 3 期。

[3] 2015 年江苏省人民政府令第 100 号。

关系人相关的执法事实、理由、依据、法定权利和义务。”

第四，说明理由的内容包括事实根据、法律依据和裁量理由。其中，羁束行政行为的理由包含事实根据和法律依据，而裁量行政行为的理由还应当包含裁量理由。将裁量理由独立于事实根据和法律依据，是为了突出裁量行政行为的特点，发挥说明理由制度对裁量行政行为的规制作用。

第五，说明理由属于行政行为的程序要件。说明理由制度是行政程序法的重要组成部分。一个实质上合法的行政行为，如果没有说明理由或者理由不充分，可能构成程序违法。

（二）行政行为说明理由的依据

第一，合法行政原则。行政行为说明理由是合法行政的必然要求。行政主体在作出行政行为时，必须找到作出行为的法律依据，分析是否具备法律所要求的事实要件。要求行政主体在作出行政行为时说明理由，能够督促行政主体认真寻找相关法律依据，搜集相关事实证据，避免恣意行政。在行政诉讼阶段，法院可以根据行政主体所说明的理由，审查判断行政行为是否合法，监督行政主体依法行政。

第二，程序正当原则。行政行为说明理由也是程序正当原则的必然要求。第一，行政行为说明理由是当事人行使申辩权的前提条件。听取当事人的申辩有利于行政主体全面查明案件事实，避免主观臆断，确保行政行为的合法性与合理性，避免当事人的合法权益受到损害。然而，当事人的申辩必须针对行政主体的理由提出，否则，申辩将是无的放矢。行政主体所说明的理由实际上是给当事人展示的依据、证据。要求行政主体充分说明理由，有助于当事人申辩权的有效行使。当事人的申辩既可以针对该行政行为所依据的法律、所收集的证据，同时也可以针对该行政行为的考量因素。第二，行政行为说明理由有助于在程序上控制行政权的行使。行政诉讼是控制行政权的重要机制，但是，行政诉讼是事后进行的，且成本较高。因此，在事前、事中，即通过行政程序控制行政权已成为各国行政法的共同发展趋势。美国于 1946 年，西班牙于 1958 年，挪威于 1967 年，瑞士于 1968 年，德国于 1976 年，瑞典于 1986 年，意大利于 1990 年，葡萄牙于 1991 年，日本于 1993 年，奥地利于 1991 年，荷兰于 1994 年分别制定了行政程序法。上述行政程序法对行政行为说明理由均作出了规定。在程序上要求行政主体说明行政行为的理由，可以促使行政主体审慎决定，保证行政行为事实清楚、证据确凿，适用法律法规正确。

第三，保障知情权原则。行政行为说明理由的另一个法理依据是有利于充分保障当事人的知情权。当事人是行政行为的利害关系人，有权知悉行政行为的相关信息。相关信息不仅包括行政行为本身，还包括作出行政行为的法律依据、事实根据等理由。当事人知悉行政行为的理由，可以提高行政行为的可接受性。行政主体作出一个没有列出理由的行政行为，即使该行为的实质内容是合法合理的，仍然难以被当事人所接受。另外，当事人知悉行政行为的理由，才能够及时决定是否申请行政复议或者提起行政诉讼。

（三）行政行为说明理由的作用

第一，自律作用。行政行为说明理由的自律作用主要体现为促使行政主体认真思考和对待作出的每一个行政行为。说明理由的过程实际就是行政主体自我反思的过程。通过这种反思，行政主体要梳理作出行政行为的证据，分析行政行为的法律依据，考量行政行为得以作出的各种因素。行政行为说明理由以一种低成本的方式督促行政主体严格按照法定权限，依照法定的程序、方式等作出决定。同时，行政相对人获知行政行为的理由后，就能有针对性地提出抗辩或者寻求法律救济，进而对行政主体形成压力，促使其合法、合理作出行政行为。

第二，说服作用。行政行为说明理由的过程实际是行政主体说服行政相对人接受行政行为的过程。通过说明理由，行政主体阐明其观点、依据、证据，有助于消减相对人的抵抗情绪，取得相对人的合作，降低行政复议和行政诉讼的发生概率，节约社会成本。例如，2010 年的昆明民众与城管冲突事件[1]暴露了行政机关在执法过程中滥用行政权，野蛮执法，民众不配合的问题。现代法治社会中的行政执法不是专横的以力服人，而应当是通过适当的方式以理服人。行政行为说明理由可以促使民众由消极服从向积极合作转化，进而有利于树立政府威信，保障行政行为顺利实施。

第三，证据作用。行政主体所说明的理由实际是行政主体作出行政行为的“证据”。一旦行政主体和行政相对人产生了争议需要诉之法院，行政行为的理由将成为行政主体对抗行政相对人的证据。当事人和行政机关可以根据说明的理由展开辩论，法院也需要围绕说明的理由进行审查。如果行政主体没有说明行政行为的理由，那么法院在审查行政行为时，将无从判断其到底

[1] 2010 年 3 月 26 日夜间至 27 日凌晨，昆明市五华区城管部门在执法中与违法占道经营者发生纠纷，引发群众围观并发生冲突，导致 10 多人受伤，多辆汽车损坏，https://baike.baidu.com/item/昆明民众与城管冲突事件/10737700? fr=aladdin。

是合法的还是违法的。为了保障司法审查的顺利进行，行政主体应当向法院说明作出行政行为的理由。法院则应当逐一对照行政行为的各项内容和行政主体给出的理由，分析理由能否支持行政行为。行政行为说明的理由还是法院作出裁判的基础。法院的裁判也需要说理，以使当事人信服和接受。法院的裁判理由必须围绕行政行为的理由展开。如果行政主体未说明理由，法院的说理将成为空中楼阁。

第四，保护作用。对于行政主体而言，说明行政行为的理由是其必须履行的一项义务。行政主体在履行说理义务时，需要充分展示自己理由的正当性。为达到此目的，行政主体会认真调查案件事实并寻求法律依据，以保证行政行为的合法合理。对于行政相对人或利害关系人而言，要求行政主体说明行为的理由是其享有的一项权利。行政主体阐明理由后，有利于当事人知悉行政行为的依据、证据，了解自身的合法权益是否受到了行政行为的侵害。认为行政行为侵犯其合法权益的，当事人可以申请行政复议或者提起行政诉讼，从而保障自己的合法权益。[1]

二、行政行为说明理由的产生与发展

我国目前尚无行政程序法对行政行为说明理由制度作统一规定。但是，一些单行的法律法规对行政行为说明理由制度已经有所规定。这些规定在促使行政主体说明理由，进而推进依法行政、建设法治政府中发挥了重要作用。本节拟追溯行政行为说明理由在国内外发展的历史，分析我国行政行为说明理由的现状，发现我国行政行为说明理由方面的不足。

（一）国外行政行为说明理由的兴起

第一阶段，“二战”前。在这个时期，对于行政行为说明理由虽有少量规定和相关判例，但该制度仍处于萌芽阶段。究其原因，“二战”前，西方国家秉持“管理论”的理念，认为政府和公民之间是一种管理与被管理、服从与被服从的关系，行政行为是行政机关行使管理权的方式，无须向行政相对人说明任何理由。[2]

第二阶段，“二战”后。在这个时期，“管理论”被“控权论”取代，政府与公民之间的关系转变成一种服务与被服务的关系。行政法的主要功能与作用是控制行政权的行使，以保障公民的权利和自由。在这种思想指导下，

---

[1] 洪家殷：《论行政处分之理由说明（上）》，《政法大学评论》1994 年第 52 期。

[2] 张淑芬：《处分理由说明之研究》，台湾“政治大学”2006 年博士学位论文，第 30—63 页。

诸多控制行政权行使的制度在行政法中发展起来，行政行为说明理由即是其中之一。行政行为由无须向行政相对人说明理由朝着应当向行政相对人说明理由的方向发展。例如，1946 年美国制定的《联邦行政程序法》第 557 条明确规定，所有的行政裁决应当包括根据案卷中所记载的实质性事实问题、法律问题、自由裁量问题所作的结论及其理由、根据。1979 年，法国在《行政行为说明理由和改善行政机关与公民关系法》第 1 条列举了行政机关应当向行政相对人说明理由的情形。1998 年，德国修改后的《联邦行政程序法》第 39 条对说明理由制度作了详细规定。英国虽然没有明确规定行政说明理由制度，但其已经在判例中阐明说明理由有利于控制和监督政府权力，是正义行政的基本要素。

（二）我国行政行为说明理由的现状

1. 取得的进展

随着我国《行政处罚法》《行政许可法》《行政强制法》《行政复议法》《行政诉讼法》的颁布或修订，我国对行政行为说明理由的要求越来越严格、越来越细致。

第一，说明理由的形式要求更加规范。分析《行政处罚法》《行政许可法》《行政强制法》的相关规定可以发现，有关行政行为说明理由的形式要求越来越严格。《行政处罚法》对行政处罚决定书的要求中没有关于理由的内容。[1]《行政许可法》规定，行政机关书面作出的不予许可决定，应当说明理由，但没有要求说明理由必须以书面的形式作出。[2]《行政强制法》针对查封、扣押、冻结的行政强制措施和行政机关的强制执行程序作出了必须书面说明理由的规定。[3]

---

[1] 《行政处罚法》第 39 条："行政机关依照本法第 38 条的规定给予行政处罚，应当制作行政处罚决定书。行政处罚决定书应当载明下列事项：（一）当事人的姓名或者名称、地址；（二）违反法律、法规或者规章的事实和证据；（三）行政处罚的种类和依据……"

[2] 《行政许可法》第 38 条第 2 款："行政机关依法作出不予行政许可的书面决定的，应当说明理由……"

[3] 《行政强制法》第 18 条："行政机关实施行政强制措施应当遵守下列规定：（五）当场告知当事人采取行政强制措施的理由、依据以及当事人依法享有的权利、救济途径……"第 24 条："行政机关决定实施查封、扣押的，应当履行本法第 18 条规定的程序，制作并当场交付查封、扣押决定书和清单。查封、扣押决定书应当载明下列事项：（二）查封、扣押的理由、依据和期限……"第 31 条："依照法律规定冻结存款、汇款的，作出决定的行政机关应当在三日内向当事人交付冻结决定书。冻结决定书应当载明下列事项：（二）冻结的理由、依据和期限……"第 37 条："经催告，当事人逾期仍不履行行政决定，且无正当理由的，行政机关可以作出强制执行决定。强制执行决定应当以书面形式作出，并载明下列事项：（二）强制执行的理由和依据……"

第二，说明理由的内容要求更加全面。《行政处罚法》第 31 条：“行政机关在作出行政处罚决定之前，应当告知当事人作出行政处罚决定的事实、理由及依据。”据此，理由和依据不同。依据包含事实依据和法律依据，但理由更加倾向于逻辑过程。理由具有独立于事实依据和法律依据的价值，尤其是裁量行政行为中，需要有裁量理由的说明。

第三，说明理由的时限要求更加严格。从《行政复议法》《行政复议法实施条例》《行政诉讼法》等的制定、修订历程分析，说明理由的时限要求越来越严格。说明理由的期限逐步被限定在了行政行为作出时。进入到诉讼阶段后，如果被告没有及时提交相关证据材料，将被视为没有相关证据和依据，法院可以作出撤销或确认违法的判决。《行政诉讼法》将行政行为收集证据和依据的时间限定在行政行为作出之时，除非有极个别的原因，行政主体才可以在诉讼阶段收集证据。❶

第四，地方立法先行。我国中央层面的行政程序法还没有出台，但近些年来，地方上陆续出台了一系列行政程序规定。如，湖南、山东、辽宁、江苏、宁夏，浙江等省级地方政府已经通过地方政府规章的形式制定了行政程序规定。❷ 这些规章对说明理由制度有所涉及，如《湖南省行政程序规定》第 78 条规定：“行政执法决定文书应当充分说明决定的理由，说明理由包括证据采信理由、依据选择理由和决定裁量理由。行政执法决定文书不说明理由，仅简要记载当事人的行为事实和引用执法依据的，当事人有权要求行政机关予以说明。”

2. *存在的问题*

第一，立法规定碎片化。目前，不仅很多地方政府规章有关于说明理由的规定，而且国家层面的许多法律法规也有关于行政行为应当说明理由的规定。如《行政处罚法》第 39 条❸、《行政许可法》第 38 条❹、《行政强制法》

---

❶ 《行政诉讼法》第 35 条：“在诉讼过程中，被告及其诉讼代理人不得自行向原告、第三人和证人收集证据。”第 36 条：“被告在作出行政行为时已经收集了证据，但因不可抗力等正当事由不能提供的，经人民法院准许，可以延期提供。原告或者第三人提出了其在行政处理程序中没有提出的理由或者证据的，经人民法院准许，被告可以补充证据。”

❷ 湖南省 2008 年制定《湖南省行政程序规定》，山东省 2011 年制定《山东省行政程序规定》，辽宁省 2011 年制定《辽宁省行政执法程序规定》，江苏省 2015 年制定《江苏省行政程序规定》，宁夏回族自治区 2015 年制定《宁夏回族自治区行政程序规定》，浙江省 2016 年制定《浙江省行政程序办法》。

❸ 《行政处罚法》第 39 条：“行政机关依照本法第 38 条的规定给予行政处罚，应当制作行政处罚决定书。行政处罚决定书应当载明下列事项：（一）当事人的姓名或者名称、地址；（二）违反法律、法规或者规章的事实和证据；（三）行政处罚的种类和依据……”

❹ 《行政许可法》第 38 条第 2 款：“行政机关依法作出不予行政许可的书面决定的，应当说明理由。”

第18条❶、《执业医师法》第15条❷、《集会游行示威法》第9条❸等。但是，这种分散的立法模式，导致行政行为说明理由在不同的法律中使用的语言不尽相同，容易产生歧义并且会遗漏部分应当说明理由的行政行为。另外，这种“碎片化”立法，容易导致各个单行法之间产生矛盾，进而造成类似的行政行为得到不同的处理。因此，我国应当制定统一的行政程序法典，对普遍性的、一般性的说明理由制度加以概括规定，再以单行法对特殊领域内的行政行为说明理由加以细化。这是适合我国说明理由制度发展的一条路径。

第二，说理瑕疵多样化。由于相关法律规定的“碎片化”，加之行政主体不重视，导致了行政行为在说明理由方面出现了多种多样的瑕疵。如，未依法说明理由、说明理由不充分、说明理由错误等，这些说理瑕疵降低了行政行为质量，难以取得行政相对人的信服，容易导致争议与纠纷，阻碍法治政府、服务型政府建设。因此，必须采取有针对性的措施予以应对。至于如何认定各种说理瑕疵，采取何种救济方式，将在下文展开论述，在此不赘。

当然，我国的行政行为说明理由制度还存在其他一些问题。以下重点围绕说明理由的范围、方式、内容、救济等问题展开进一步研究。

三、行政行为说明理由的范围与方式

（一）行政行为说明理由的范围

行政行为说明理由的范围是指行政主体应当对哪些行政行为说明理由，对哪些行政行为无须说明理由。科学合理设定说理的范围有利于说明理由制度在我国的顺利推行。范围过小会影响该制度充分发挥作用，而范围过大则可能会影响行政效率，阻碍该制度的发展。

1. 设定说理范围的原则

首先，抽象行政行为无须纳入说理范围。之所以不将抽象行政行为纳入

---

❶ 《行政强制法》第18条：“行政机关实施行政强制措施应当遵守下列规定（一）实施前须向行政机关负责人报告并经批准；（二）由两名以上行政执法人员实施；（三）出示执法身份证件；（四）通知当事人到场；（五）当场告知当事人采取行政强制措施的理由、依据以及当事人依法享有的权利、救济途径；（六）听取当事人的陈述和申辩……”

❷ 《执业医师法》第15条第2款：“受理申请的卫生行政部门对不符合条件不予注册的，应当自收到申请之日起三十日内书面通知申请人，并说明理由。申请人有异议的，可以自收到通知之日起十五日内，依法申请复议或者向人民法院提起诉讼。”

❸ 《集会游行示威法》第9条：“主管机关接到集会、游行、示威申请书后，应当在申请举行日期的二日前，将许可或者不许可的决定书面通知其负责人。不许可的，应当说明理由。逾期不通知的，视为许可。”

说明理由的范围，主要是因为此类行为与具体行政行为存在较大差异，难以遵循相同的规范。另外，要求抽象行政行为说明理由，存在操作上的难题。抽象行政行为的对象是不特定的，要求行政主体向不特定对象说明理由，必然极大增加行政主体的工作压力，严重影响行政效率。当然，这并不是说抽象行政行为可以没有理由。行政主体在作出抽象行政行为，例如，制定规范性文件时，需要写明制定文件的目的、依据，但是，这与具体行政行为的说理要求具有明显区别。笔者认为，暂时可以不将抽象行政行为纳入说理范围。

其次，具体行政行为，包括授益行政行为应当纳入说理范围。章剑生教授主张，说明理由的范围应当限定于损益行政行为。❶ 笔者认为，不仅损益行政行为应当纳入说理范围，而且授益行政行为也应当被纳入说理范围。尤其是，当第三人对授益性行政行为存在异议时，行政主体应当说明理由。授益行政行为的相对人取得了利益，不会对该行政行为提出异议。但第三人可能会因为这种行政行为而丧失某种利益。行政主体有必要对第三人说明理由，以消除第三人的困惑，或者借此给第三人寻求救济的机会。❷ 实际上，部分法律已经作出了此种要求。例如，《行政许可法》第 36 条规定："行政机关对行政许可申请进行审查时，发现行政许可事项直接关系他人重大利益的，应当告知该利害关系人。申请人、利害关系人有权进行陈述和申辩。行政机关应当听取申请人、利害关系人的意见。"《政府信息公开条例》第 23 条规定："行政机关认为申请公开的政府信息涉及商业秘密、个人隐私，公开后可能损害第三方合法权益的，应当书面征求第三方的意见；第三方不同意公开的，不得公开。但是，行政机关认为不公开可能对公共利益造成重大影响的，应当予以公开，并将决定公开的政府信息内容和理由书面通知第三方。"

2. 说理范围的例外

行政主体面临着纷繁复杂的社会事务。对于某些特殊的行政行为，行政主体可以不说明理由或者暂时不说明理由。德国《联邦行政程序法》明确列举了不适宜说明理由的行政行为。❸ 参考德国《联邦行政程序法》，结合我国

---

❶ 章剑生：《行政行为说明理由判解》，武汉大学出版社 2000 年版，第 33 页。

❷ 姜明安：《行政程序法典化研究》，法律出版社 2016 年版，第 160—161 页。

❸ 德国《联邦行政程序法》第 39 条："1. 书面或由书面证实的行政行为须以书面说明理由。其中须说明行政机关在作出决定时所考虑的重要事实和法律理由。属裁量决定，应说明行政机关行使其裁量权时依据的出发点。2. 下列情况不需要说明理由：（1）行政机关满足一请求或符合一声明的，且行政行为未损害其他人权利；（2）行政行为的相对人或涉及的人，已知道行政机关在法律或事实方面的观点，或不需书面说明理由也可以直接了解这种观点；（3）行政机关大量作出的同类行政行为，或借助自动设备作出的行政行为，根据具体情况，不需要说明理由；（4）法规规定不需说明理由；（5）公布的一般处分。"

实际，以下行政行为构成说明理由的例外。

（1）接受相对人申请的授益行为

德国《联邦行政程序法》规定，满足当事人申请且未侵害其他人权益的授益行政行为，行政机关无须说明理由。这种依申请的授益行政行为，相对人的要求得到满足后，自然不会关注其作出的理由，行政主体没必要向其说明理由。

但是，应当注意，授益行政行为可能同时是一个侵益或者不完全授益的行政行为。有的行政行为在授予相对人利益的同时，可能伴随着增加相对人的负担，例如，有限公共资源的开发许可要求相对人在享受利益的同时要承担一定的义务。对于此类行为，行政主体应当说明理由。另外，还应当注意，对行政相对人属于授益的行为，可能对第三人构成负担。对于此类行为，行政主体应当对第三人说明理由。同时，也应当视情况向行政相对人说明理由。如此，才能够保证行政相对人与行政第三人的信息对称、“武器平等”。如果第三人接受了该行政行为，那么行政主体无须向相对人说明理由。如果第三人不服，要求撤销或变更该行政行为，那么行政主体就应当向该行政行为的相对人和第三人说明理由。

（2）大量同类自动化行为

行政机关通过现代的自动化技术作出的大量同类行政行为，无须向相对人说明理由。如交通路口红绿灯指示。又如，政府通过微信公众号、手机客户端发布大气污染预警等。对于此类行政行为，民众一般都能理解和接受。基于行政程序经济和行政效率的考量，行政主体可以不说明理由。

（3）应对紧急事件的行为

对于紧急事件，行政主体必须迅速采取措施予以应对，往往来不及说明理由。为了防止事态的进一步扩大和保障公共利益，不能在说明理由方面苛求行政主体。[1] 如2020年年初，为了阻断新型冠状病毒传播，行政机关所采取的限制或者停止集市、影剧院演出或者其他人群聚集的活动等应急措施，未及时说明理由是可以被理解的。需要说明的是，紧急事件不能完全免除行政机关的说明理由义务。紧急事件平息后，行政相对人要求其说明理由时，行政机关应当对采取的措施说明理由。

（4）资格考试测试的评定行为

要求行政主体逐一向参加考试测试的当事人说明理由，工作量很大，行

---

[1] 洪家殷：《论行政处分之理由说明（上）》，《政大法学评论》1994年第52期。

政主体无力承担，因此，从可操作性角度考虑，资格考试测试的评定行为无须向相对人说明理由。例如，在董某诉司法部案中，原告认为该年的司法考试卷四阅卷存在不合理问题，要求被告公开 2015 年司法考试卷四的卷面及评分等情况。原告欲获知个人分数评定理由的诉讼请求，没有得到法院的支持，最终败诉。❶

另外，德国《联邦行政程序法》规定，如果行政相对人对于行政行为的事实和法律已经知晓，或者虽然行政机关没有说明理由而相对人也能够知晓理由的，免除行政机关的说明理由义务。❷ 笔者对此持不同意见：第一，这种笼统规定极易造成行政主体滥用权力。第二，这种规定可能促使行政主体以电话、口头等方式作出理由说明，而这样的理由说明无法使相对人获得完整、准确的信息。

（二）行政行为说明理由的方式

1. 形式要求

行政主体应当以书面的形式对行政行为的理由进行说明。1987 年法国《关于行政行为说明理由的通知》规定：“（1）以书面方式说明理由，严禁使用“有理由”“认为”等模糊词汇；（2）禁止通过引证某项建议、报告等文件来免除行政主体说明理由的义务；（3）说明理由要完整，存在多个理由时要全部列举；（4）一般情形下避免使用格式文本说明理由；（5）说明理由中要引用条文的内容。”❸ 日本《行政程序法》第 14 条规定：“不利益处分以书面为之时，前两项之理由，应以书面示之。”该法第 8 条规定：“前项本文所规定之处分以书面为之时，其理由应以书面示之。”❹

在我国，有关法律越来越倾向于要求行政机关以书面形式说明理由。以

---

❶ 北京市第三中级人民法院行政判决书（2016）京 03 行初 136 号。

❷ 德国《联邦行政程序法》第 39 条：“2. 下列情况不需要说明理由：（1）行政机关满足一请求或符合一声明的，且行政行为未损害其他人权利；（2）行政行为的相对人或涉及的人，已知道行政机关在法律或事实方面的观点，或不需书面说明理由也可以直接了解这种观点……”

❸ 王贵松：《论行政裁量理由的说明》，《现代法学》2016 年第 5 期，第 37—48 页。

❹ 日本《行政程序法》第 8 条：“理由之明示行政机关驳回许认可等请求之处分时，应同时对申请人明示该处分之理由。但依法令所定许认可等之要件或公告之审查基准已明确规定有数量指标或其他客观之指标时，由申请书之记载或附属书状即知其不符合者，得于申请人请求时，始予明示理由即可。前项本文所规定之处分以书面为之时，其理由应以书面示之。”第 14 条：“不利益处分理由之明示：行政机关为不利益处分时，应同时对其相对人，明示该不利益处分之理由。但有紧急之必要而无须明示该不利益处分之理由时，不在此限。前项但书之情形，行政机关除在相对人之所在不明或其他在处分后明示理由有困难之情事外，应于处分后相当之期间内，明示该项之理由。不利益处分以书面为之时，前两项之理由，应以书面示之。”

三部行政行为法为例，《行政处罚法》关于行政处罚决定书的规定中，仅仅要求载明事实、证据和依据，对于说明理由没有规定。除事实和法律法规外，裁量行政行为考量的其他因素是否要列明在处罚决定书中是不明确的；《行政许可法》明确要求，不予许可的书面决定，应当说明理由。该法第55条第3款规定："行政机关根据检验、检测、检疫结果，作出不予行政许可决定的，应当书面说明不予行政许可所依据的技术标准、技术规范。"此法条细化了说明理由的要件，并且要求行政机关必须书面作出；《行政强制法》针对查封、扣押、冻结的行政强制措施和行政机关的强制执行程序，必须以书面形式说明理由。

2. 时间要求

行政机关在作出行政行为时，应当一并说明理由。如《行政许可法》第38条第2款规定："行政机关依法作出不予行政许可的书面决定的，应当说明理由。"对此，应当理解为行政机关在作出不予行政许可时，应当同步说明理由。《行政强制法》第25条规定："延长查封、扣押的决定应当及时书面告知当事人，并说明理由。"对此，也应当理解为行政机关在作出查封、扣押的决定时，应当同步对相关理由进行说明。

但是，应当注意对《行政处罚法》有关"理由"条款的正确理解。《行政处罚法》第31条规定："行政机关在作出行政处罚决定之前，应当告知当事人作出行政处罚决定的事实、理由及依据，并告知当事人依法享有的权利。"这里的"告知"能否作为行政行为的说明理由？回答是否定的。该条中规定的"告知"是在"作出行政处罚决定前"。这里的理由应当是拟处罚决定书中的理由，或者是行政机关在采取行政处罚决定前对于当事人的一种口头告知。而且，这里的理由来自于行政机关的最初判断，还未听取和采纳当事人的陈述申辩。这和本文所探讨的理由不同。本文所探讨的理由，是指行政主体在听取当事人的陈述申辩和调查取证之后，记载于处罚决定书等法律文书上的理由。

四、行政行为说明理由的内容与要求

行政行为说明理由的内容是指行政主体需要对行政行为的哪些方面说明理由，行政行为说明理由的要求则是指说理应当达到什么程度。内容与要求是行政行为说明理由制度的重要内容。

章剑生教授将行政行为的理由划分为合法性理由和正当性理由，其中合法性理由包括行政行为作出时的事实依据和法律依据，正当性理由包括行政机关所考量的惯例公理、政府政策、公共利益等。[1] 前者主要是羁束行政行为应当说明的理由，而后者则主要是裁量行政行为应当特别说明的理由。羁束行政行为与裁量行政行为是行政行为的重要分类，二者在说理的内容与要求方面存在较大差异，以下对这两种情况分别进行探讨。

（一）羁束行政行为说明理由

羁束行政行为是指法律法规或者规章已经对行政行为的适用条件、程序、范围等作了明确具体的规定，行政主体必须严格按照规定作出行政行为，而没有自由裁量的空间。例如，《个人所得税法》第 6 条规定："应纳税所得额的计算：（一）居民个人的综合所得，以每一纳税年度的收入额减除费用六万元以及专项扣除、专项附加扣除和依法确定的其他扣除后的余额，为应纳税所得额。（二）非居民个人的工资、薪金所得，以每月收入额减除费用五千元后的余额为应纳税所得额；劳务报酬所得、稿酬所得、特许权使用费所得，以每次收入额为应纳税所得额。"当税务机关适用上述条款时，只能严格按照规定计算应纳税所得额。羁束行政行为所说明的理由应当包括以下两个方面。

1. 事实依据

行政主体必须说明羁束行政行为的事实依据，即证据。最高人民法院 2002 年出台的《行政诉讼证据若干问题的规定》第 53 条至第 73 条对于行政行为的证据作了详细规定，包括非法证据排除规则、禁止主观臆断规则等。当行政主体依据的事实不复杂且无争议时，行政主体扼要阐明事实即可。如果当事人对于行政行为所依据的事实存在争议，那么行政主体应当进一步深入调查取证。在天鹅湖歌舞厅诉河南省内乡县文化局管理费征收案中，被告对原告作出的征收管理费的决定是基于估算该歌舞厅日收入 200 元。[2] 这种做法严重违法了禁止主观臆断规则，法院最终认定，被告的行为主要证据不足，予以撤销。

行政主体对羁束行政行为事实依据的说明，应当符合以下要求：第一，事实依据不是简单描述行政主体认定的事实，而是需要同时说明支持该事实的证据；第二，涉及加处罚款、滞纳金、收费时，需说明计算公式或者依据。在上述天鹅湖歌舞厅诉河南省内乡县文化局管理费征收案中，被告对原告征收 200 元管理费，却未注明该费用的计算方式，不符合说明理由的要求。

---

[1] 章剑生：《行政行为说明理由判解》，武汉大学出版社 2000 年版，第 55 页。

[2] 最高人民法院中国应用法学研究所：《人民法院案例选（1992—1999 年合订本）行政卷》，中国法制出版社 2000 年版，第 260—263 页。

2. 法律依据

除事实依据之外，行政主体还必须说明羁束行政行为的法律依据。行政主体需要将行为所依据的法律法规完整清晰地展示给当事人。展示的法律法规应当翔实、完整，出现多部法律法规同时适用的情形时，行政主体应当列出所有的法律法规。行政主体关于法律依据的说明应当使相对人清楚地了解到法律法规等是如何运用到具体案件中的。如果案情简单，法律规定明确，不存在争议，行政主体不必深入解释。但是，行政主体未援引任何法律，或者笼统地援引法律名称而没有援引具体法律条文的，不符合说理要求。这可能构成《行政诉讼法》第 70 条中的“适用法律、法规错误”。如路世伟诉甘肃省靖远县人民政府收回土地使用权案中，被告靖远县政府对原告路世伟作出了撤销《国有土地使用权出让合同》、收回国有土地使用权文件的行为。由于该行为在作出时没有任何有关法律依据的说明，最终被法院认定为违法。[1]在宣懿成等诉浙江省衢州市国土资源局收回国有土地使用权案件中，被告在作出收回原告土地使用权的行政行为时，法律依据部分仅仅写明所依据的法律名称为《土地管理法》，没有注明具体法条。法院最终认定被告的行政行为没有法律依据，判决被告败诉。[2]

行政主体对羁束行政行为法律依据的说明，还必须说明所依据的法条与上位法的关系。鲁潍公司诉江苏省苏州市盐务局行政处罚案中，被告根据江苏省政府制定的《江苏盐业实施办法》对原告进行了行政处罚，但《江苏盐业实施办法》违反《盐业管理条例》这一上位法的相关规定。该处罚最终被法院撤销。[3] 被告在作出行政行为时仅引用了《江苏盐业实施办法》，未说明与应引用的上位法《盐业管理条例》的关系，不符合说明理由的要求。

（二）裁量行政行为说明理由

裁量行政行为是指法律法规或者规章对行政行为的适用条件和方式等规定了一定的范围和幅度，行政主体可以在法定的范围和幅度内根据具体情况作出行政行为。如《治安管理处罚法》第 61 条规定：“协助组织或者运送他人偷越国（边）境的，处十日以上十五日以下拘留，并处一千元以上五千元以下罚款。”据此，公安机关就可以根据案件的具体情形，在“十日以上十五日以下”以及“一千元以上五千元以下”作出裁量决定。裁量是现代公共行

[1] 甘肃省高级人民法院行政判决书（2000）甘行终字第 11 号。

[2] 浙江省衢州市柯城区人民法院判决书（2003）柯行初字第 8 号。

[3] 尚海龙、周觅：《行政法案例教程》，中国民主法制出版社 2015 年版，第 137—138 页。

政的典型特征，现代行政法赋予行政主体越来越多的裁量权限。实际上，大部分行政行为属于裁量行政行为，而非羁束行政行为。较之于羁束行政行为，裁量行政行为的说明理由问题更加复杂，也更加重要。

裁量行政行为必须说明事实依据和法律依据。除此之外，行政主体应当重点针对裁量行为所考虑的因素进行说明，具体包括以下两方面：首先，说明裁量基准。实践中，行政主体经常依据裁量基准作出行政行为。在这种情况下，行政主体应当对作为行政行为依据的裁量基准进行说明。其次，对决定性影响因素作特别说明。与羁束行政行为不同，裁量行政行为要考量政策因素、惯例先例、具体案情、相关利益等。行政主体应当对具有决定性影响的因素作特别说明。如果当事人对这些考量因素提出异议，那么行政机关还应当对是否采纳当事人的观点，为何考量此种因素而不是其他因素作说明。

行政主体对裁量因素的说明，应当符合以下几方面的要求：第一，说明应当全面。行政主体要对直接影响行政行为的规范因素、事实因素进行全面说明，不应遗漏；第二，说明应当细致。行政主体应当对裁量因素之间的关系进行深入分析，简单描述裁量因素达不到说理的要求；第三，要回应行政相对人的主张，而且这种回应要具有针对性；第四，说明应当符合比例原则。比例原则要求，行政行为情况越复杂、影响越大、争议越大，则理由说明应当越详细；反之，理由说明可简化。

五、行政行为说明理由的瑕疵与救济

（一）行政行为说明理由的瑕疵

行政行为说明理由的瑕疵是指行政主体负有说明理由的义务，但没有说明理由或者存在说明理由不足、说明理由错误、说明理由不当等问题。

1. 没有说明理由

未说明行政行为的理由是最严重的说理瑕疵。这种说理瑕疵的成因可能是行政主体在作出行政行为时忘记附加理由，也可能是该行为没有任何合法理由，行政主体故意为之。与其他类型的说理瑕疵相比，这种瑕疵比较明显。需要强调的是，行政主体在作出行政行为时没有说明理由，但在后续的行政复议、行政诉讼阶段，向行政复议机关或者法院提交相关证据材料的行为不能认定为这里的说明理由。在上文提及的路世伟诉甘肃省靖远县人民政府收回土地使用权案中，被告对原告作出了撤销《国有土地使用权出让合同》、收回国有土地使用权文件的行为，但没有说明任何法律依据。二审法院认定被告行政行为违法，作出被告败诉的判决。此案所涉及的正是此类没有说明理由的情形。

2. 说明理由不足

说明理由不足是指行政主体在作出行政行为时，虽然说明了理由，但理由不够完整充分，无法真正发挥说明理由应有的作用。说明理由不充分是最常见的一种说理瑕疵。这种瑕疵较为隐蔽，难以被当事人发现。说明理由不足包括事实依据不足和法律依据不足。事实依据不足主要表现为行政主体所认定的事实缺乏相关证据材料支撑。法律依据不足主要表现为行政主体援引法律不充分、不详细。行政执法人员疏忽大意或者存在违法目的，都有可能导致上述瑕疵的出现。需要注意的是，行政行为所说明的理由在充实度上也应当有所限制。理由越详细，越能起到抑制行政主体滥用权力、方便当事人申请救济的作用。但是，理由要求越详细，则行政主体的负担越重，越有可能降低行政效率，因此，说明理由时需要在保障当事人合法权益与保证行政效率之间保持必要的平衡。

在黄某某诉南宁市交警支队五大队一案中，原告驾驶无牌电动自行车上路，被告暂扣了原告的电动自行车并罚款 5 元。该处罚决定书中，被告对原告的违法事实仅标注了 282100 的代码，法律依据部分空白。法院最终判决被告败诉。[1] 本案中，被告所说明的理由无法让原告清楚知悉相关违法事实和所适用的法律条文，在说明理由方面存在严重不足。这样的说明理由实际上是行政机关懒政的一种体现，属于典型的说明理由瑕疵。又如，在宣某某等诉浙江省衢州市国土资源局一案中，被告在作出收回原告土地使用权的行政行为时，对行为的理由进行了说明，但仅指明所依据的法律名称为《土地管理法》，也属于说理不足。

3. 说明理由违法

说明理由违法是指行政主体在作出行政行为时，已经说明了理由，但所说明的理由本身违法。说明理由违法可能表现为事实依据违法、法律依据违法、理由之间互相矛盾、所说明的理由与行政行为毫无关系等。说明理由不足是指行政主体仅说明了部分理由，而说明理由违法则是指行政主体所说明的理由错误。说明理由违法也是说明理由瑕疵的重要表现。如，在鲁潍公司诉江苏省苏州市盐务管理局一案中，被告在对原告的处罚决定中，所引用的《江苏盐业实施办法》的相关条款违反上位法，就属于说明理由违法的情形。

---

[1] 违法代码“282100”指《道路交通管理条例》（已失效）第 82 条规定的情形：“非机动车驾驶人、行人、乘车人违反本条例规定的，处 5 元以下罚款或者警告。”

这种瑕疵具有一定的隐蔽性，如果行政相对人不熟悉相关法律，则难以发现此类违法行为。

4. 说明理由不当

说明理由不当是指行政主体所说明的理由本身不适当，不能有效支撑裁量行为的合法性与合理性。这实际上属于裁量理由瑕疵。与事实依据瑕疵、法律依据瑕疵不同，裁量理由瑕疵特指裁量行政行为在裁量理由说明方面存在的问题。行政主体对裁量行政行为的说理不能仅限于说明事实依据和法律依据，还必须说明裁量的理由。另外，裁量理由瑕疵的救济不同于事实依据瑕疵、法律依据瑕疵的救济。对于前者，法院撤销该行为的理由是“明显不当”；对于后者，法院撤销该行为的理由是“主要证据不足”或者“适用法律、法规错误”。

（二）行政行为说明理由瑕疵的救济

“无救济则无权利”，当事人对存在说理瑕疵的行政行为，可以通过申诉、申请行政复议、提起行政诉讼等方式保护自己的合法权益。行政行为说明理由的瑕疵类型不同，所采取的救济措施也有所区别。

1. 补正替换

对于说理不充分或说理错误的瑕疵，行政机关可以主动补充欠缺的理由或替换错误的理由。为了避免行政资源的浪费，对于说明理由的轻微瑕疵应当允许行政主体进行补正和替换。但是，补正和替换应当加以限制，否则易导致说明理由制度流于形式，无法真正发挥其作用。[1] 德国《行政程序法》对于说明理由的补正和替换主要规定于第 45 条。[2] 由于该规定允许行政机关在行政诉讼前补正或替换理由，甚至允许部分行政行为在诉讼过程中补正理由，受到了学者的批评。[3]

我国对行政行为说明理由的补正和时限要求越来越严格。1990 年的《行

[1] 王贵松：《论行政裁量理由的说明》，《现代法学》2016 年第 5 期，第 37—48 页。

[2] 德国《联邦行政程序法》第 45 条（程序及形式瑕疵的补正）：“1. 不导致第 44 条规定无效的对程序或形式的违反，在下列情况中视为补正：（1）事后方提交引起行政行为所需的申请；（2）事后提出所需的说明理由；（3）事后补作对参与人的听证；（4）须协作的委员会，事后作出行政行为所需的决议；（5）其他行政机关补作其应作的共同参与。2. 第一款第 2~5 项所列的行为，仅允许在前置程序结束前，或未提起前置程序时，在提起行政诉讼之前补作。3. 行政行为未附具必需的理由说明，或在作出行政行为之前未按要求听取参与人意见，以致其不能及时对行政行为表示复议的，未遵守法律救济期限视为无过错。按第 32 条第 2 款规定恢复期限所依之事实，以补作原未作的程序行为的时刻为开始。”

[3] 张淑芬：《处分理由说明之研究》，台湾“政治大学”2006 年博士学位论文，第 235 页。

政复议条例》第 42 条第 2 款规定，行政复议机关认为具体行政行为存在程序上不足的，可以要求被申请人予以补正。❶ 据此，在行政诉讼前，行政主体仍有补充修正理由的机会。这种较为宽松的规定，容易造成行政主体作出行政行为时不认真履行说明义务的问题。1999 年的《行政复议法》、2007 年的《行政复议法实施条例》以及 2014 年修订后的《行政诉讼法》，摒弃了 1990 年《行政复议条例》的相关规定。首先，将行政主体说明理由的期限限定在行政行为作出时，体现了“先取证，后裁决”的正当程序理念。进入诉讼阶段后，被告没有提交相关证据材料的，被视为行政行为没有证据和依据，法院可以作出撤销或确认违法的判决。其次，关于理由的替换，《行政诉讼法》作出了严格规定，❷ 除有特殊情况外，行政主体必须在行政行为作出之前收集证据。❸

2. 予以撤销

行政行为的理由存在方式、内容、裁量理由等方面瑕疵的，行政复议机关以及法院可以依法予以撤销。

第一，对于程序上的瑕疵。行政主体应当书面告知，但以口头方式告知相对人，或者超过法定时限说明理由的，属于程序上的瑕疵。对此，行政复议机关可以依据《行政复议法》第 28 条第 1 款第 3 项作出撤销决定，法院则可以依据《行政诉讼法》第 70 条第 3 项作出撤销判决。

第二，对于内容上的瑕疵。行政机关所说明的理由在事实依据和法律依据方面存在瑕疵的，行政复议机关可以根据《行政复议法》第 28 条第 1 款第 3 项中的“主要事实不清、证据不足的”和“适用依据错误的”作出撤销决

---

❶ 1990 年《行政复议条例》（已废止）第 42 条：“复议机关经过审理，分别作出以下复议决定：（一）具体行政行为适用法律、法规、规章和具有普遍约束力的决定、命令正确，事实清楚，符合法定权限和程序的，决定维持；（二）具体行政行为有程序不上足的，决定被申请人补正；（三）被申请人不履行法律、法规和规章规定的职责的，决定其在一定期限内履行；（四）具体和行政行为有下列情形之一的，决定撤销、变更，并可以责令被申请人重新作出具体行政行为：1. 主要事实不清的；2. 适用法律、法规、规章和具体普遍约束力的决定、命令错误的；3. 违反法定程序影响申请人合法权益的；4. 超越或者滥用职权的；5. 具体行政行为明显不当的。”

❷ 《行政诉讼法》第 67 条：“人民法院应当在立案之日起五日内，将起诉状副本发送被告。被告应当在收到起诉状副本之日起十五日内向人民法院提交作出行政行为的证据和所依据的规范性文件，并提出答辩状。人民法院应当在收到答辩状之日起五日内，将答辩状副本发送原告。被告不提出答辩状的，不影响人民法院审理。”

❸ 《行政诉讼法》第 35 条：“在诉讼过程中，被告及其诉讼代理人不得自行向原告、第三人和证人收集证据。”第 36 条：“被告在作出行政行为时已经收集了证据，但因不可抗力等正当事由不能提供的，经人民法院准许，可以延期提供。原告或者第三人提出了其在行政处理程序中没有提出的理由或者证据的，经人民法院准许，被告可以补充证据。”

定，法院则可以依据《行政诉讼法》第 70 条第 1 项和第 2 项中的“主要证据不足的”和“适用法律、法规错误的”作出撤销判决。

第三，对于裁量理由的瑕疵。对于此类瑕疵，行政复议机关可以依据《行政复议法》第 28 条第 1 款第 3 项，[1] 作出撤销决定，法院则可以依据《行政诉讼法》第 70 条第 5 项和第 6 项中的“滥用职权的”和“明显不当的”作出撤销判决。

3. 确认违法

要求行政机关说明理由有利于促进依法行政，保障公民权利，但这方面的要求过于严格则可能影响行政效率。行政机关每天作出大量的行政行为，瑕疵、疏漏在所难免。对于那些事实清楚、适用法律正确，但存在轻微说明理由瑕疵的行政行为，不宜撤销，确认违法即可，以节约行政资源。《行政诉讼法》第 74 条规定：“行政行为程序轻微违法，但对原告权利不产生实际影响的，人民法院判决确认违法，但不撤销行政行为。”对于存在轻微说明理由瑕疵的行政行为，法院可据此作出确认违法判决。行政复议中确认违法决定与撤销决定、变更决定混同规定于《行政复议法》第 28 条中，适用界限不明确。笔者认为，应当参考《行政诉讼法》的相关规定，对《行政复议法》进行修改。

4. 决定变更

对于行政行为说明理由错误，行政复议机关可以适用变更决定。因为复议机关是被申请人的上级，而且行政复议本身具有内部纠错的功能。但是，对于行政行为说明理由错误，法院不能适用变更判决。因为，变更判决是针对行政行为实体结果作出的，而说明理由瑕疵属于程序方面的瑕疵。而且，法院不应当代替行政机关说明理由或者变更行政机关所说明的理由，否则，将出现司法权过度干预行政权的问题。

六、结　语

行政行为说明理由制度是现代行政法的重要制度。该制度应当在控制行政权滥用与提高行政效率之间取得恰当的平衡。本文主张，抽象行政行为无

[1] 《行政复议法》第 28 条：“行政复议机关负责法制工作的机构……按照下列规定作出行政复议决定：（一）具体行政行为认定事实清楚，证据确凿，适用依据正确，程序合法，内容适当的，决定维持；（二）被申请人不履行法定职责的，决定其在一定期限内履行；（三）具体行政行为有下列情形之一的，决定撤销、变更或者确认该具体行政行为违法；决定撤销或者确认该具体行政行为违法的，可以责令被申请人在一定期限内重新作出具体行政行为：1. 主要事实不清、证据不足的；2. 适用依据错误的；3. 违反法定程序的；4. 超越或者滥用职权的；5. 具体行政行为明显不当的……”

须说明理由，而具体行政行为需要说明理由。但是，对于接受相对人申请的授益性行政行为、大量同类自动化行政行为、应对紧急事件行为以及有关资格考试测试的评定行为等可以不说明理由或延迟说明理由。行政主体在作出行政行为时应当一并书面说明理由，说明的理由包括行政行为所依据的事实证据、法律依据等。对于裁量行政行为，还应当包括裁量理由。行政行为说明理由的瑕疵主要包括“没有说明理由”“说明理由不足”“说明理由违法”和“说明理由不当”四种。对于说明理由所存在的瑕疵，行政主体可以补正替换，行政复议机关可以根据情况作出撤销决定、确认违法决定和变更决定，法院则可以作出撤销判决或确认违法判决。以上述观点为基础，笔者试拟一份行政程序法中关于说明理由部分的建议稿，希望能够对我国将来的行政程序立法以及说明理由制度的完善有所裨益。

七、行政程序法说明理由部分（建议稿）

第一条　作出对行政相对人的利益产生不利影响的行政行为时，或利害相关人要求说明理由的，行政机关应当说明理由。以书面形式作出行政行为的，行政机关应当书面说明理由。

第二条　行政机关说明的理由应当包括行政行为所依据的事实证据、法律依据和法律适用于相应事实的论证理由。对于裁量行政行为，还应当说明裁量所考量的主要因素。

第三条　对下列行政行为，行政机关可以不说明理由：

（一）接受相对人申请的授益行政行为，但第三人提出异议的除外；

（二）大量同类自动化行政行为；

（三）应对紧急事件行政行为。紧急情形消除后，当事人要求说明理由的，行政机关应当补充说明理由；

（四）考试测评类行政行为；

（五）法律规定可以不说明理由的行政行为。

参考文献

一、著作类

[1] 王名扬．法国行政法［M］．北京：中国政法大学出版社，1988.

[2] 王名扬．英国行政法、比较行政法［M］．北京：中国政法大学出版社，2016.

[3] 罗豪才．现代行政法的平衡理论［M］．北京：北京大学出版社，2008.

[4] 应松年．当代中国行政法（下卷）［M］．北京：中国方正出版社，2005.

[5] 应松年．外国行政程序法汇编［M］．北京：中国法制出版社，2004.

[6] 应松年．行政法与行政诉讼法学［M］．北京：法律出版社，2009.

[7] 姜明安．行政法与行政诉讼法［M］．北京：北京大学出版社，高等教育出版社，2019.

[8] 姜明安．行政诉讼案例评析［M］．北京：中国民主法制出版社，1993.

[9] 姜明安．行政程序法典化研究［M］．北京：法律出版社，2016.

[10] 姜明安．行政程序研究［M］．北京：北京大学出版社，2007.

[11] 皮纯协．行政程序法比较研究［M］．北京：中国人民公安大学出版社，2000.

[12] 马怀德．行政法与行政诉讼法［M］．北京：中国法制出版社，2015.

[13] 叶必丰．行政行为原理［M］．北京：商务印书馆，2014.

[14] 叶必丰．行政法的人文精神［M］．武汉：湖北人民出版社，1999.

[15] 叶必丰．应申请行政行为判解［M］．武汉：武汉大学出版社，2000.

[16] 叶必丰．行政法学［M］．武汉：武汉大学出版社，1996.

[17] 叶必丰，周佑勇．行政规范研究［M］．北京：法律出版社，2002.

[18] 方世荣．行政法与行政诉讼法［M］．北京：北京大学出版社，2005.

[19] 胡建淼．行政法学［M］．北京：法律出版社，2015.

[20] 江必新．新行政诉讼法专题讲座［M］．北京：中国法制出版社，2015.

[21] 杨建顺．日本行政法通论［M］．北京：中国法制出版社，1998.

[22] 林莉红．中国行政救济理论与实务［M］．武汉：武汉大学出版

社，2000.
[23] 林莉红．失当行政行为救济研究［M］．武汉：武汉大学出版社，2016.
[24] 周佑勇．行政法基本原则研究［M］．武汉：武汉大学出版社，2005.
[25] 周佑勇．行政法专论［M］．北京：中国人民大学出版社，2010.
[26] 周佑勇．行政裁量基准研究［M］．北京：中国人民大学出版社，2015.
[27] 周佑勇．行政裁量治理研究：一种功能主义的立场［M］．北京：法律出版社，2011.
[28] 周佑勇．行政法原论［M］．北京：北京大学出版社，2018.
[29] 章剑生．行政行为说明理由判解［M］．武汉：武汉大学出版社，2000.
[30] 章剑生．行政程序法基本理论［M］．北京：法律出版社，2003.
[31] 余凌云．行政自由裁量论［M］．北京：中国人民公安大学出版社，2005.
[32] 杨解君，温晋锋．行政救济法［M］．南京：南京大学出版社，1997.
[33] 杨解君．行政责任问题研究［M］．北京：北京大学出版社，2005.
[34] 何海波．行政诉讼法［M］．北京：法律出版社，2016.
[35] 于安．德国行政法［M］．北京：清华大学出版社，1999.
[36] 章志远．行政诉讼类型构造研究［M］．北京：法律出版社，2007.
[37] 关保英．行政法的价值定位：效率、程序及其和谐［M］．北京：中国政法大学出版社，1999.
[38] 梁凤云．行政诉讼判决之选择适用［M］．北京：人民法院出版社，2012.
[39] 张峰振．违法行政行为治愈论［M］．北京：中国社会科学出版社，2015.
[40] 毕克志．论行政救济［M］．北京：北京大学出版社，2005.
[41] 翟月玲．行政责任法律规制研究［M］．北京：中国社会科学出版社，2014.
[42] 郑春燕．现代行政中的裁量及其规制［M］．北京：法律出版社，2015.
[43] 莫于川．柔性行政执法方式法治化研究．从建设法治政府、服务型政府的视角［M］．厦门：厦门大学出版社，2011.
[44] 王贵松．行政裁量的构造与审查［M］．北京：中国人民大学出版社，2016.
[45] 陈贵民．现代行政法的基本理念［M］．济南：山东人民出版社，2004.
[46] 杨临宏．行政规划的理论与实践研究［M］．昆明：云南大学出版社，

2012.
［47］江利红．日本行政诉讼法［M］．北京：知识产权出版社，2008.
［48］王彦．行政诉讼当事人［M］．北京：人民法院出版社，2005.
［49］贺荣．行政执法与行政审判实务［M］．北京：人民法院出版社，2005.
［50］季卫东．法治秩序的建构［M］．北京：商务印书馆，2014.
［51］肖铭，潘安平．建设法规［M］．北京：北京大学出版社，2012.
［52］郭庆珠．行政规划及其法律控制研究［M］．北京：中国社会科学出版社，2009.
［53］黄学贤．中国农村城镇化进程中的依法规划问题研究［M］．北京：中国政法大学出版社，2012.
［54］黄凤兰．行政法与行政诉讼法案例教程［M］．北京：中国政法大学出版社，2013.
［55］最高人民法院中国应用法学研究所．人民法院案例选（行政卷）［M］．北京：人民法院出版社，1997.
［56］最高人民法院中国应用法学研究所．人民法院案例选（行政·国家赔偿专辑）［M］．北京：人民法院出版社，2004.
［57］尚海龙．行政法案例教程［M］．北京：中国民主法制出版社，2015.
［58］尚海龙，周觅．行政法案例教程［M］．北京：中国民主法制出版社，2015.
［59］翁岳生．行政法（上册）［M］．北京：中国法制出版社，2009.
［60］翁岳生．行政诉讼法逐条释义［M］．台北：五南图书出版股份有限公司，2002.
［61］吴庚．行政法之理论与实用［M］．北京：中国人民大学出版社，2005.
［62］城仲模．行政法之一般法律原则（一）［M］．台北：三民书局，1999.
［63］陈敏．行政法总论［M］．台北：三民书局，1998.
［64］王和雄．行政不作为之权利保护［M］．台北：三民书局 1994.
［65］叶俊荣．环境政策与法律［M］．北京：中国政法大学出版社，2003.
［66］陈清秀．行政诉讼法［M］．北京：法律出版社，2016.
［67］蔡茂寅，李建良，林明锵，等．行政程序法实用［M］．台北：新学林出版股份有限公司，2007.

二、译著类

［1］［法］孟德斯鸠．论法的精神（上册）［M］．张雁深，译．北京：商务印

书馆，1961.
［2］［德］卡尔·拉伦茨．法学方法论［M］．陈爱娥，译．北京：商务印书馆，2003.
［3］［德］奥托·迈耶．德国行政法［M］．刘飞，译．北京：商务印书馆，2002.
［4］［德］哈特穆特·毛雷尔．行政法学总论［M］．高家伟，译．北京：法律出版社，2000.
［5］［德］平特纳．德国普通行政法［M］．朱林，译．北京：中国政法大学出版社，1999.
［6］［日］室井力，芝池义一，浜川清．日本行政程序法逐条注释［M］．朱芒，译．上海：上海三联书店，2009.
［7］［日］盐野宏．行政法总论［M］．杨建顺，译，北京：北京大学出版社，2008.
［8］［英］丹宁．法律的训诫［M］．杨百揆，刘庸安，丁健，译．北京：法律出版社，1999.
［9］［英］威廉·韦德．行政法［M］．徐炳，译．北京：中国大百科全书出版社，1997.
［10］［英］弗里德利希·冯·哈耶克．自由秩序原理［M］．邓正来，译．上海：三联书店出版社，1997.
［11］［美］伯纳德·施瓦茨．行政法［M］．徐炳，译．北京：群众出版社，1986.
［12］［美］肯尼斯·卡尔普·戴维斯．裁量正义［M］．毕洪海，译．北京：商务印书馆，2009.
［13］［美］汉密尔顿，杰伊，麦迪逊．联邦党人文集［M］．程逢如，译．北京：商务印书馆，1980.
［14］［美］E. 博登海默．法理学：法律哲学与法律方法［M］．邓正来，译．北京：中国政法大学出版社，2004.
［15］［美］约翰·克莱顿·托马斯．公共决策中的公民参与：公共管理者的新技能与新策略［M］．孙柏瑛，译．北京：中国人民大学出版社，2005.
［16］［韩］金东熙．行政法Ⅰ［M］．赵峰，译．北京：中国人民大学出版社，2008.
［17］［印］M. P. 塞夫．德国行政法——普通法的分析［M］．周伟，译．济

南：山东人民出版社，1991.

三、论文类

[1] 姜明安．行政的现代化与行政程序制度［J］．法制与社会发展，1998（2）．
[2] 叶必丰．行政行为的治愈——具体行政行为错误的更正和瑕疵的补正［J］．政府法制研究，2014（2）．
[3] 林莉红．行政救济基本理论问题研究［J］．中国法学，1999（1）．
[4] 余凌云．对行政自由裁量概念的再思考［J］．法制与社会发展，2002（4）．
[5] 周佑勇．行政不作为构成要件的展开［J］．中国法学2001（5）．
[6] 周佑勇．论行政不作为［C］//行政法论丛（第2卷）．法律出版社，1999.
[7] 周佑勇．裁量基准司法审查研究［J］．中国法学，2016（6）．
[8] 周佑勇，尚海龙．裁量不作为的要件分析——基于法院判决的观察［J］．法制与社会发展，2011（5）．
[9] 章剑生．论行政行为说明理由［J］．法学研究，1998（3）．
[10] 关保英．论行政合理性原则的合理条件［J］．中国法学，2000（6）．
[11] 朱新力．论行政诉讼中的事实问题及其审查［J］．中国法学，1999（4）．
[12] 何海波．论行政行为明显不当［J］．法学研究2016（3）．
[13] 胡建淼，杜仪方．依职权行政不作为赔偿的违法判断标准——基于日本判例的钩沉［J］．中国法学，2010（1）．
[14] 崔卓兰，刘福元．非强制行政行为制度化探微［J］．法制与社会发展，2011（6）．
[15] 崔卓兰，卢护锋．我国行政行为非强制化走向之述评与前瞻［J］．北方法学，2007（2）．
[16] 王世涛．论行政不作为侵权［J］．法学家，2003（6）．
[17] 吴偕林．关于不作为行政行为与不作为案件范围的思考［J］．行政法学研究，1995（1）．
[18] 莫于川．论行政指导的立法约束［J］．比较法研究，2004（5）．
[19] 王锡锌．公众参与和中国法治变革的动力模式［J］．法学家，2008

(6).
[20] 朱新力，李芹．行政约谈的功能定位与制度建构［J］．国家行政学院学报，2018（4）．
[21] 王万华．新行政诉讼法中“行政行为”辨析［J］．国家检察官学院学报，2015（4）．
[22] 王万华．论我国尽早制定行政程序法典的必要性与可行性［J］．中国法学，2005（3）．
[23] 肖金明．论行政合理性［J］．中国行政管理，2000（4）．
[24] 章志远．城镇化与我国行政法治发展模式转型［J］．法学研究，2012（6）．
[25] 孟鸿志．行政规划裁量与法律规制模式的选择［J］．法学论坛，2009（5）．
[26] 王贵松．行政裁量权收缩之要件分析——以危险防止型行政为中心［J］．法学评论，2009（3）．
[27] 王贵松．行政裁量权收缩的法理基础——职权职责义务化的转换依据［J］．北大法律评论，2009（2）．
[28] 王贵松．行政裁量收缩论的形成与展开——以危险防止型行政为中心［J］．法学家，2008（4）．
[29] 王贵松．行政裁量的内在构造［J］．法学家，2009（2）．
[30] 王贵松．论行政裁量理由的说明［J］．现代法学，2016（5）．
[31] 郑春燕．论行政行为补充说明理由［J］．行政法学研究，2004（2）．
[32] 郑春燕．论“行政裁量理由明显不当”标准［J］．国家行政学院报，2007（4）．
[33] 李春燕．行政行为说明理由制度的建构［J］．行政法学研究，1998（3）．
[34] 沈岿．行政诉讼确立“裁量明显不当”标准之议［J］．法商研究，2004（4）．
[35] 郭庆珠．论行政规划变更的正当性及其法律规制［J］．河北法学，2009（4）．
[36] 郭庆珠．论行政规划利害关系人的权利保障和法律救济［J］．法学论坛，2006（3）．
[37] 李傲．未型式化行政行为初探［J］．法学评论，1999（3）．

［38］宋华琳．英国行政决定说明理由研究［J］．行政法学研究，2010（2）．
［39］赵银翠．论行政行为说明理由——以行政过程为视角［J］．法学杂志，2010（1）．
［40］齐建东．城镇化进程中规划变更的法律规制［J］．苏州大学学报（哲学社会科学版），2011（2）．
［41］云凤飞．试论行政规划的法律规制［J］．华中师范大学学报（人文社会科学版），2012（4）．
［42］伊士国．新型城镇化过程中行政规划的法律规制［J］．社会科学家，2015（5）．
［43］宋雅芳．论行政规划变更的法律规制［J］．行政法学研究，2007（2）．
［44］蔺耀昌．行政行为说明理由制度比较研究［J］．行政论坛，2005（3）．
［45］张传新，司献英．法律推理过程的形式分析［J］．当代法学，2003（3）．
［46］甘霖．向不作为的公安局索赔 364 万元［J］．政府法制，2001（11）．
［47］陈良刚．行政不作为的国家赔偿责任［J］．人民司法·案例，2008（14）．
［48］王天华．裁量基准与个别情况考虑义务［J］．交大法学，2011（1）．
［49］王天华．裁量标准基本理论问题刍议［J］．浙江学刊，2006（6）．
［50］陈海嵩．雾霾应急的中国实践与环境法理［J］．法学研究，2016（4）．
［51］周泽中．行政约谈的规制功能及其法治约束［J］．学习论坛，2019（12）．
［52］卢超．互联网信息内容监管约谈工具研究［J］．中国行政管理，2019（2）．
［53］卢超．社会性规制中约谈工具的双重角色［J］．法制与社会发展，2019（1）．
［54］王虎．风险社会中的行政约谈制度：因应、反思与完善［J］．法商研究，2018（1）．
［55］孟强龙．行政约谈法治化研究［J］．行政法学研究，2015（6）．
［56］马迅，杨海坤．行政约谈实效性的保障机制建构［J］．山东大学学报（哲学社会科学版），2017（1）．
［57］郑宁．互联网信息内容监管领域的约谈制度：理论阐析与制度完善［J］．行政法学研究，2015（5）．
［58］郑毅．现代行政法视野下的约谈：从价格约谈说起［J］．行政法学研

究，2012（4）.
[59] 范兴嘉. 环境行政约谈检视［J］. 甘肃政法学院学报，2018（1）.
[60] 邢鸿飞，吉光. 行政约谈刍议［J］. 江海学刊，2014（4）.
[61] 王利. 我国环保行政执法约谈制度探析［J］. 河南大学学报（社会科学版），2014（5）.
[62] 邓禾. 环境行政约谈的实践考察及制度完善［J］. 重庆大学学报（社会科学版），2018（4）.
[63] 任丙强，靳子乐. 环保行政约谈制度探析［J］. 中国特色社会主义研究，2018（2）.
[64] 黄爱宝. 生态行政约谈制度. 创新价值与完善方向［J］. 江苏行政学院学报，2013（1）.
[65] 胡敏洁. 论行政相对人程序性权利［J］. 公法研究，2005（1）.
[66] 张峰振. 不当行政行为的危害及救济的必要性［J］. 决策与信息，2016（1）.
[67] 张峰振. 不当行政行为救济方式的立法完善［J］. 法学，2013（5）.
[68] 张峰振. 论不当行政行为的司法救济［J］. 政治与法律，2016（1）.
[69] 张峰振. 论不当行政行为救济途径［J］. 民主与法制，2014（6）.
[70] 杨临宏. 行政法中的比例原则研究［J］. 法制与社会发展，2001（6）.
[71] 郝明金. 论可诉性是行政行为的本质属性［J］. 法学论坛，2006（3）.
[72] 贾小路. 约谈式经济法执法方式研究［J］. 经济法学评论，2013（13）.
[73] 朱志梅. 柔性执法与社会组织监管机制的创新［J］. 河北法学，2014（2）.
[74] 蔡维专. 对行政诉讼法中明显不当标准的思考［J］. 人民司法，2016（16）.
[75] 史笔，曹晟. 新行政诉讼法中行政行为“明显不当”的审查与判断［J］. 法律适用，2016（8）.
[76] 仇天宇. 人情关系对警察执法的影响［J］. 江苏警官学院学报，2013（4）.
[77] 胡峻. 论程序失当行政行为的规制［J］. 行政论坛，2015（3）.
[78] 赵学云，刘晓军. 现代司法理念下的司法独立与司法公正［J］. 东北师范大学学报，2006（3）.
[79] 郭志龙. 试论行政违法预防［J］. 甘肃行政学院学报，2007（3）.

［80］罗豪才,王锡锌．行政程序法与现代法治国家［C］//行政法论丛（第3卷）．北京：法律出版社 2000.
［81］吴德星．行政程序法论［C］//行政法论丛（第2卷）．北京：法律出版社，1999.
［82］杨伟东．行政裁量问题探讨［C］//行政法论丛（第3卷）．北京：法律出版社，2000.
［83］洪家殷．论行政处分之理由说明（上）［J］．政大法学评论，1994（52）．
［84］蔡志方．论行政违法不作为之国家赔偿要件［J］．植根杂志，1995（7）．
［85］蔡志方．拟制行政处分之制度［J］．东吴法律学报，1994（2）．
［86］刘宗德．行政不作为之国家赔偿责任［J］．政大法学评论，1987（6）．
［87］李建良．论行政裁量之缩减［C］//当代公法新论（中）．台北：元照出版公司，2002.
［88］葛克昌．国会保留与税法裁判［J］．月旦财经法杂志，2013（11）．
［89］程明修．禁止过度侵害与禁止保护不足［J］．月旦法学教室，2004（3）．
［90］罗明通．英国行政法上法定权限不作为之国家赔偿责任［C］//宪法体制与法治行政——城仲模教授六秩华诞祝寿论文集（第2册）．台北：三民书局，1998.
［91］李庭熙．第三人之法律救济——行政诉讼上之非相对人诉讼（上）［J］．植根杂志，1991（8）．
［92］熊菁华．论行政不作为的救济［D］．北京：中国政法大学，2001.
［93］叶俊荣．行政裁量与司法审查［D］．台北：台湾大学法律学研究所，1985.
［94］廖瑞珍．违章建筑取缔不作为之行政救济［D］．嘉义：中正大学法律学研究所，2008.
［95］卢文琦．行政立法请求权之研究［D］．台中：私立东海大学法律学系研究所，2004.
［96］张淑芬．处分理由说明之研究［D］．台北：政治大学，2006.
［97］李平．行政行为说明理由研究［D］．北京：中国政法大学，2006.
［98］左金霞．行政行为说明理由制度研究［D］．吉林：吉林大学，2012.
［99］刘莹．明显不当行政行为的司法审查标准研究［D］．长春：长春理工大

学，2017.
［100］赵蕾．明显不当审查标准问题研究［D］．重庆：西南政法大学，2016.
［101］岳文可．参与式行政视角下行政约谈的法治化研究［D］．南宁：广西大学，2017.
［102］刘晨辰．行政约谈的规范化研究［D］．郑州：郑州大学，2017.
［103］孙利春．行政约谈法律问题研究［D］．沈阳：辽宁大学，2017.
［104］梁晓楠．行政约谈行为研究［D］．北京：中国社会科学院研究生院，2015.
［105］陈乾．我国行政约谈制度法治化路径探索［D］．上海：华东政法大学，2016.

四、报纸、网络类

［1］孙娟．举报与己无关的违章建筑无答复 市民起诉执法局［N］．郑州晚报，2005-04-19.
［2］李罡．状告市卫生局不作为 福寿螺患者一审败诉［N］．北京青年报，2008-03-08.
［3］裴晓兰．北京福寿螺患者认为卫生局不作为 索赔一审败诉［N］．京华时报，2008-03-08.
［4］沙林．画家严正学一审输官司得民心［N］．中国青年报，2001-01-08.
［5］朱乔夫，由拳．署名举报不查处 一怒状告国税局［N］．浙江青年报，2001-02-18.
［6］万学忠．少年诉烟草专卖局及烟厂被驳回［N］．法制日报，2001-09-08.
［7］才雪冬，王小星．球袜能否印国旗 广州一律师状告公安部［N］．北京晨报，2000-02-01.
［8］人民法院关于行政不作为十大案例之三［N］．人民法院报，2015-01-16.
［9］陈洪东．怠于查处违法用地国土局被诉不作为［N］．法治快报，2007-03-26.
［10］林沈节．行政程序的中止事由如何确定［N］．中国医药报，2010-05-15.
［11］胡晓瑜，李太生．申请退休劳动局不办 法院依法判限期办理［EB/OL］．（2005-05-08）［2020-06-17］．http://www.hncourt.gov.cn/public/

detail. php? id=44589.

[12] 张昌民，张春玲．有人擅改房屋开诊所 城管接举报不作为被判违法[EB/OL]．(2009-10-13)[2020-06-19]. http://www. dyzxw. org/html/article/200910/13/60462. shtml.

[13] 思文．两次体检身高相差 1. 1cm 考生状告人事局被驳回[EB/OL]. (2011-02-24)[2020-06-12]. http://china. findlaw. cn/info/guojiafa/gwyf/gwyfal/20110224/193222. html.

后 记

行政行为是行政法的核心范畴。行政法体系的各组成部分均围绕行政行为而展开。行政组织法、公务员法、公物法等的目标是为行政行为提供组织、人员、物质等保障；行政复议法、行政诉讼法等的目标是监督违法或者不当的行政行为；行政处罚法、行政许可法、行政强制法以及正在研究制定中的行政程序法等的目标是在实体和程序方面规范和控制行政行为。

行政行为是我国行政法研究的重点。学者们围绕行政行为的界定、分类、法律效力、成立要件、合法性要件等基础理论展开了系统研究。同时，围绕行政立法、行政处罚、行政许可、行政强制、行政征收、行政裁决、行政补偿等行政行为模式进行了深入探讨，取得了丰硕成果。但是，现代政府的职权范围广泛，所管理的社会事务纷繁复杂。相应地，行政行为的表现形态丰富、类型多样。我国的行政法学研究侧重于传统行政行为，在一定程度上忽视了新型行政行为的研究。虑及此种研究之不足，本书重点围绕行政不作为、行政规划、行政约谈、行政裁量怠惰、明显不当行政行为等新型行政行为展开专题分析，以期对我国行政行为研究体系的进一步完善有所裨益。

本书的写作分工如下（按章节先后为序）：第一章，尚海龙；第二章，伊士国；第三章，刘逸凡；第四章，李梦露；第五章，于磊；第六章，梁国柱。全书由尚海龙统稿，并经作者同意对个别章节内容作了必要修改。

本书出版得到河北大学燕赵文化高等研究院 2020 年度重大委托项目“燕赵法治文化实践形态中的几个重大问题研究”资助。感谢河北大学燕赵文化高等研究院、河北大学法学院孟庆瑜教授、陈玉忠教授等对本书出版的大力支持！感谢知识产权出版社韩婷婷编辑对本书的精心策划和辛勤劳动！

本书系国家社科基金项目“行政不作为治理研究”（17BFX043）的阶段性研究成果。在此，对国家社科基金的资助表示感谢！

尚海龙

2020 年 6 月 20 日

于河北大学